男子网球运动员
无氧有氧能力训练方法

雷正方◎著

人民体育出版社

图书在版编目（CIP）数据

男子网球运动员无氧有氧能力训练方法/ 雷正方著
. -- 北京 : 人民体育出版社, 2022 (2025.8重印)
ISBN 978-7-5009-6081-2

Ⅰ.①男… Ⅱ.①雷… Ⅲ.①男性－网球运动－运动员－气体代谢（运动生理）－运动训练－研究 Ⅳ.①G845.2

中国版本图书馆CIP数据核字(2021)第188284号

男子网球运动员无氧有氧能力训练方法

雷正方 著
出版发行：人民体育出版社
印　　装：廊坊市蓝华印刷有限责任公司

开 本：710×1000　16开本　　印 张：13　　字 数：230千字
版 次：2022年6月第1版　　印 次：2025年8月第3次印刷
书 号：ISBN 978-7-5009-6081-2
定 价：70.00元

购买本社图书，如遇有缺损页可与发行与市场营销部联系
联系电话：（010）67151482
社　　址：北京市东城区体育馆路8号（100061）
网　　址：https://books.sports.cn/

序　言

在2024年巴黎奥运会上，中国网球队夺得1金1银，实现奥运会参赛历史上的重大突破，中国网球以惊艳表现向世界证明了自己的崛起。中国网球运动员郑钦文、王欣瑜、张之臻在奥运赛场上展现出精湛的技艺与顽强的品质，为中国网球的发展注入了新活力，他们也为年轻网球运动员树立了榜样。中国职业网球的成功与突破，极大地推动了网球运动在中国的快速发展，不断引领着中国网球训练理念与思路的创新，全面推动了网球训练方法与手段的变革。

全面认识运动项目特征与竞技规律是开展科学化运动训练活动和提升专项化竞技运动水平的基本前提。网球是一项集技术、战术、体能和心理等综合能力的竞技运动，其中，专项体能是网球比赛中运动员技战术能力高水准发挥和心理状态稳定性保持的重要保障，扮演着基础性、支撑性和决定性的角色。科学化、专项化的体能训练已成为职业网球运动员日常训练的重要内容。前国家网球队总教练蒋宏伟先生提出过"能力网球"的训练理念，并相应提出"能力发展优先""有效专项强度积累""恢复是训练组成部分""以赛促练，以赛带练""能力网球带动攻势网球"等训练思路与观点。也正是在"能力网球"训练思想的指导下，经过一代代教练员、运动员、科研人员的不懈努力与辛勤付出，才取得了当前中国网球的历史突破与成就。当前，男子网球水平发展迅速，竞技对抗更加激烈，也推动着网球运动科学研究的不断深入。针对网球专项体能与技战术训练的有效结合、网球运动员专项体能表现竞技性等问题，需要更多教练员及科研人员的进一步研究与探索。

本书以男子网球运动员无氧和有氧能力的专项特征为切入点，探求男子网球运动员无氧和有氧能力专项训练方法设计体系的构建思路，通过总结归纳现代男子网球运动的专项特征和比赛需求（跑动、动作、回合与间歇等），结合人体能量代谢机理与网球运动供能特征等相关理论，构建出男子网球运动员无氧和有氧能力专项训练的目标、内容、方法手段及负荷监控等设计理论体系，并利用科学的监控仪器或设备对男子网球运动员无氧和有氧能力的专项训练方法设计理论进行验证，检验设计理论体系的可行性与实效性。在理论研究方面，本书丰富了网球专项训练研究的理论内容，为男子网球运动员无氧和有氧能力专项训练方法的设计、评价与监控等方面提供了理论依据；在实践应用方面，本书为教练员正确认识现代男子网球运动的比赛特征与规律提供借鉴，为科研教练、体能教练应用高科技监控设备控制网球训练和比赛负荷提供了依据，为教练员科学化设计与安排网球专项训练方法提供了实践借鉴。

鉴于作者水平有限，本书难免存在不足和欠缺，恳请诸位同仁批评与指正！

雷正方

2025 年 7 月 18 日

摘 要

目的：通过对男子网球比赛特征进行归纳分析，结合人体能量代谢机理、网球运动能量代谢特点及相关研究理论依据，构建男子网球运动员无氧和有氧能力的专项训练方法设计理论体系，并通过实证研究对设计理论进行验证与分析，旨在为男子网球运动员无氧和有氧能力的专项训练方法的科学化设计与实施提供参考。

方法：采用文献资料法对男子网球运动员无氧和有氧能力的专项训练方法相关的文献资料进行梳理与综述；采用专家访谈法获取理论构建与实证研究的相关论点论据；采用问卷调查法确定理论构建的相关指标；采用录像分析法对 10 名顶尖男子网球运动员的 50 场单打比赛的运动与间歇特征等进行归纳分析；采用测试法对 MT-Sports 监控系统进行信效度检验、评价受试运动员最大移动速度和心率以及对模拟比赛与专项训练的负荷特征等进行测试；采用实验法对所设计的专项训练方法进行实验论证；采用数理统计法对相关数据进行检验分析等。

结果：（1）男子网球比赛特征表现为在 9s 以下的每分回合中发球、正手、反手等技术应用频次的高比例特征和急起、急停及变向等爆发性动作的高频次特点，在发球分与接发球分之间存在显著性差异，且运动间歇比为 1∶7.2～1∶3.1；在 9s 以上的每分回合中正手、反手、急起、急停及变向等动作表现的高频次特征，在发球分与接发球分之间仅跳跃动作频次存在显著性差异，且运动间歇比为 1∶2.3～1∶1.1；比赛的总运动时间约为 86.95min，有效运动时间仅占 17.44%；男子网球比赛运动员跑动特征表现为平均跑动距离为 2923.65m、1m/s～2m/s 和 2m/s～3m/s 的跑动速度在总跑动速度区间中的比例较高且分别占 30%和 29%，低、中和高强度跑动距离的比例分别为 46.02%、29.97%和 24.01%。（2）男子网球运动员无氧和有氧能力的专项训练方法设计理论体系主要由训练目标设计体系、训练内容设计体系、训练方法与操作设计体系和训练负荷控制设计体系等构成。(3) MT-Sports 训练监控系统的心率与 GPS 采集单元在网球专项测试中的信效度较高；对男子网球运动员模拟比赛监控发现处于 70%~79% HRmax 心率强度区间和 1m/s~2m/s 速度强度区间的比例最高，分别为 36.89%和 41.51%。(4) 男子网球运动员无氧和有氧能力专项训练方法设计的实证结果表明，采用 5s 或 10s 的运动时间、1:5 的间歇形式和大范围高速跑动等训练形式可以达到男子网球运动员无氧无乳酸能力专项训练方法设计的要求；采用 20s 运动时间、1:2 或 1:4 的间歇形式、固定击球路线、多向折返移动和 20s 运动时间、1:2 或 1:3 的间歇形式、变换击球方式、半场进攻击球等形式可以达到男子网球运动员无氧能力乳酸生成性专项训练方法设计的要求；采用 20s 运动时间、1:1 或 1:2 间歇形式的正手侧身移动击球，40s 运动时间、1:1 或 1:1.5 间歇形式的重复折返移动击球和 60s 运动时间、1:1 或 1:1.5 间歇形式的“2vs1”底线横向移动轮换击球等形式均可以达到男子网球运动员无氧乳酸耐受性专项训练方法设计的要求；采取 6min 的持续性的底线对拉练习，设置与不设置得分要素均可以达到低强度有氧能力专项训练方法设计的要求；3min 运动时间、2:1 恒定间歇或递减间歇、单球对抗且半场短距离折返移动等要素可以达到中强度有氧能力专项训练方法设计的要求；采用 1min 30s 运动时间、1:1 恒定间歇或变换间歇形式、横向折返跑动形式等可以达到高强度有氧能力专项训练方法设计的要求；采用每分间不同间歇时间的比赛训练形式可以达到不同强度有氧能力专项训练方法设计的要求。

结论：(1) 男子网球运动的比赛特征表现为发球、正手、反手等技术应用频次的高比例和急起、急停及变向等爆发性动作的高频次特点，且在发球分与接发球分之间存在差异；比赛持续运动时间较长，而实际运动时间较短、大部分时间处于间歇状态的特征；运动员在中速和中低速区间的跑动比例相对较高，反映出有氧低强度跑动比例高于有氧中强度和有氧高强度比例等特点。(2) 男子网球运动员无氧和有氧能力专项训练方法设计理论体系主要由训练目标、训练内容、训练方法及训练负荷控制等构成。(3) MT-Sports 训练监控系统可以满足对网球专项训练与比赛监控研究的需要。(4) 男子网球运动员在模拟比赛与专项训练中的心率强度、跑动强度均存在较大的差异性。(5) 实证研究证实男子网球运动员无氧和有氧能力的专项训练方法设计理论具备实践可行性。

目 录

1 引 言

1.1 问题的提出

1.1.1 研究背景

纵观我国竞技网球运动的发展历程，虽然女子网球在国际赛场上曾取得过辉煌的成绩，但是整体的网球运动水平，尤其是男子网球还远远落后于世界其他国家，并一直处于我国的弱势体育运动项目行列。究其原因，我国网球运动的发展起点低、进程短，对网球训练理念、项目规律的认识不足。其中对专项体能训练的忽视可能是直接影响运动员训练效果与竞技能力提升的重要因素之一，尤其在当前高密集比赛形势和高对抗比赛需求特点的前提下，专项体能训练设计与实施以及提高专项训练的科学性与有效性等方面还存在不足。现代训练观念向专项化、个性化、科学化转变，部分传统训练理念对我国大多数网球训练从业者产生了负面影响，使其对网球运动的本质特征、发展规律、训练方法和手段等缺乏科学认识，这也是导致我国网球运动陷入发展缓慢甚至停滞不前的现实困境的原因之一[1]。因此，应该舍弃与现代训练和竞技网球发展规律相悖的落后观念与认识，积极获取先进的训练理念和科学的方法手段，从比赛特征深入了解网球运动的专项特点与本质规律。在训练中有效发展技战术的同时，注重技战术与体能相结合的网球专项训练质量应该是促进现代网球运动科学化、高效化发展的重

[1] 蒋宏伟．试论中国网球从“专业化”向职业化的转变［J］．南京体育学院学报（社会科学版），2011，25（3）：1-6.

要途径之一[1]。

网球运动是一项以无氧供能（击球、变向冲刺、急起、急停等）为主、以有氧供能（每分或每局间歇、1~4h 的持续比赛时间等）为基础，并表现出长时间、重复间歇、运动与恢复交替等特征的运动项目。具备对抗性更强、竞争更激烈、赛事更密集、商业化水平更高等特征的现代竞技网球运动使运动员体能的重要作用更加显著[2]。如何有效提高网球运动员的专项体能也是当前诸多研究集中的焦点。现阶段，针对网球专项体能的研究主要集中在力量、耐力、灵敏性等非专项训练对发球、正反手等技术表现的影响以及关节或肌肉伤病的损伤等方面的探索。部分研究仅注重归纳网球运动员无氧和有氧能力特征，但从运动员无氧和有氧能力的比赛需求特征出发，针对无氧和有氧能力的专项训练方面的研究甚少。专项训练的有效刺激是通过实现机体内部负荷的适应性变化，最终使得运动表现的应答性提高，而对运动员机体的适应性改变只能从科学的训练设计着手，以达到提高运动员竞技水平的目的。网球运动员在比赛中技战术的稳定发挥以机体无氧和有氧代谢能力高效率输出为基础，而专项训练往往只注重技战术的质量而忽略了机体无氧和有氧能力的代谢需求，这是造成训练效率低能化的原因。在专项训练中做到以比赛需求和特征为依据，充分采用专项技战术与机体代谢能力共发展的训练形式，才能最大化地符合比赛需求，提高训练效率；此外，面对高密集赛事的竞赛安排，运动员与教练员的训练时间非常有限，训练目标应更具针对性，以保障运动员能在比赛中保持竞技状态。符合比赛特征的技战术与代谢能力相结合的训练形式，针对不同代谢能力特征的专项训练设计，合理且适宜的训练方法与内容，科学的设备与监控手段，能有效保证网球运动员专项训练的高效化与科学化，实现在比赛中成功"复现"训练，进而提高网球运动员的竞技能力，帮助运动员取得优异的运动成绩。因此，全面认识网球比赛特征对运动员不同代谢能力的需求，探索网球运动员无氧和有氧能力的专项训练设计理论与实践，有助于教练员和运动员根据实际需求进行科学化的训练安排，有助于提高网球运动员专项训练的针对性与有效性，也能为网球运动员进行科学化无氧和有氧能力的专项训练提供借鉴与参考。

---

[1] 孙晋芳．中国竞技网球发展的战略思考［J］．北京体育大学学报，2010，33（5）：1-4.

[2] 蒋宏伟．理顺脉络　打通节点　突破瓶颈——关于建立网球训练新模式的思考［J］．北京体育大学学报，2011，34（6）：1-8.

1.1.2 选题依据

1.1.2.1 现代网球训练科学化、系统化、高效化的需求不断显著

现代科技技术与理论对运动训练领域全面、深入的渗透已成为当今竞技体育发展的主要趋势，先进的科学理论与技术能够使运动员的培养过程更加系统化、科学化和经济化，使运动员的竞技能力得到充分的挖掘和最佳的发挥，使运动成绩得到突破性提高[1]。一名优秀的网球运动员从运动选材开始，会经历基础训练阶段、专项提高阶段、最佳竞技阶段和竞技保持阶段，不同的训练阶段都应该遵循该阶段训练的基本规律与原则，保持不同训练阶段之间的连贯性，尽可能促进运动员竞技能力的不断提高。网球运动员在持续多年、不间断、复杂多变的训练过程中，必然受到多方面因素的影响，只有借助多学科的成果，在不同训练时期及时采集准确的训练信息，并进行有效的训练监控，才能保证训练的系统性和科学性。随着网球运动员竞技水平的不断提高，机体各器官与系统的协作日益接近生理极限，尤其进入顶尖训练阶段后，竞技能力发展的可塑空间慢慢变小，对训练方法、训练负荷、训练安排以及训练形式的要求明显增强，并且竞技能力增长与运动损伤之间的矛盾日益突出。此时，只有依靠科学、先进的训练理念与方法，才能不断打破“瓶颈”，实现运动成绩的进一步提高[2]。此外，随着网球赛事的举办日益频繁，不同级别、不同层次、不同场地类型的比赛安排较为密集，对运动员选择合理、高效的比赛提出更高的要求，在有限的比赛准备期更应该提高训练的有效性，对运动员竞技能力存在的不足应采取科学有效的诊断措施和解决方法，在每站比赛之间、每场比赛之间，根据比赛对手的特点及比赛中发现的问题，应该有针对性地安排赛间训练，更要保持赛间不间断的专项体能训练，从而做到练有效果、赛有质量。因此，现代网球训练的科学化、系统化、高效化的发展需求，对全面准确认识专项能力训练的理论与实践提供了重要参考。

[1] 陈小平. 当代运动训练热点问题研究——理论与实践亟待解决的问题 [M]. 北京：北京体育大学出版社，2005：16.

[2] 孙晋芳. 锐意改革　不断进取　努力实现中国网球更大突破 [J]. 北京体育大学学报，2009，32（2）：1-7.

1.1.2.2 专项体能训练在网球运动员训练中的地位不断提升

网球运动不仅是一项以技能为主导的隔网对抗性项目，还是以体能为重要基础的运动。在顶尖竞技比赛中，由于顶尖运动员之间技术水平差别不大，或各有所长，因而体能逐渐被看成是取胜的关键。就网球项目特征而言，运动员的肌肉平衡能力、协调能力、核心稳定性以及无氧和有氧供能能力的改善是顶尖运动员竞技能力提高的基础。在网球比赛中，在比拼技战术、心理的同时，充沛的体能保障是比赛关键时刻比拼的基础，并且良好的体能发展水平也是预防伤病、延长运动寿命的保证。专项体能是运动员竞技能力的重要组成部分，是直接参与与完成专项技术动作和满足专项竞技需要的特定动作模式供能系统、神经肌肉和骨骼系统、心理调控机制以及人体多种机能协同发挥作用所产生的身体运动能力[1]。无氧和有氧能力是网球运动员专项体能的重要因素，一名优秀的网球运动员不仅需要顶尖的无氧无乳酸能力（即爆发力、速度以及灵敏等），也要具备较高的无氧有酸和有氧能力（即速度能力和耐力等），是运动员在长回合、高强度的比赛中抵抗乳酸疲劳、及时清除乳酸和保持长时间、持续供能能力的基础。虽然一般体能训练（如长跑等）也可以提高网球运动员的无氧和有氧水平，但是满足不了运动员结合球训练与类似比赛情景中训练的要求，并且，随着参赛日益密集，网球运动员非赛期的专项训练备赛时间更加有限。因此，结合球、模拟比赛情景、重现比赛负荷等专项无氧和有氧能力训练更符合现代网球的训练需要。除此以外，在网球比赛中，运动员的良好的无氧和有氧能力水平是通过稳定的技术水平、有效发挥体现出来的。属于技能主导类项群的网球运动，在较多的训练时间里都在围绕技战术进行训练，因此，在顶尖网球运动员训练体系中，就更应该注重技战术与代谢能力并存的专项训练，使运动员机体处于接近比赛中的生理负荷情境下的技战术水平，达到“训练如比赛、比赛如训练”的境界，而不是既浪费时间又脱离比赛实际的割裂式训练模式。网球运动员的专项体能训练更应该在训练中提高一定的比例和地位。

1.1.2.3 网球运动员无氧和有氧能力的专项训练设计理论与实践研究匮乏

体育理论起源于人们对体育规律的理性追求，是人们在对体育现象和体育实

---

[1] 胡杨．体能训练新理念新方法［M］．北京：北京体育大学出版社，2011：26.

践抽象、概括和总结基础上形成的专门化、系统化的理性认识，是对体育现象和事实的抽象概括和间接反映，它既是一种事实性的认识，又是一种价值性的认识，同时也是一种相对性的认识[1]。理论的宏观指导和系统完善对运动训练实践具有重大的指导意义，对合理调控运动训练过程和方向、及时更新训练理念和方法有着重要的指导作用。理论对训练实践的指导意义是深刻的，周期训练理论、项群训练理论以及“三从一大”训练指导思想等都对运动训练产生了深远的影响，促进了竞技体育的不断发展与突破。但是，随着时代的进步、科技的发展、项目的演变，导致了原有理论经验与当前训练实践相冲突的困境，进而有一些新的理论与方法不断涌现，去弥补理论的指导缺陷与矛盾沟壑，因此，只有结合运动专项的特点、运动员的个性化特征，吸取不同训练理论的精髓与长处，互相弥补、扬长避短，才能使训练理论更科学地指导运动训练实践。如中国女子网球队就曾成功地结合网球运动规律与运动员的实际特点，大胆打破传统训练的惯性，提出了“能力网球”“进攻网球”“速度网球”“无形技术”以及“能力强则技术强”的新理念，最终实现了成绩突破[2]。虽然整体、系统的竞技体育训练理论和网球运动训练理念都对网球运动训练提供了重要的指导作用，但是通过对现阶段国内外网球研究文献的分析得知，针对网球运动专项无氧和有氧能力训练设计的理论与实践的研究相对较少，尤其结合网球项目特征与实际比赛需求的专项无氧和有氧能力的研究更是匮乏。因此，在全面认识现代网球运动项目特征与发展规律，从实际比赛需求出发，提出更为科学、有效的网球专项无氧和有氧能力训练设计理论与方法，对完善和丰富我国网球运动训练理论具有重要意义。

1.1.2.4 训练负荷监控是实现网球运动员无氧和有氧能力专项训练效果的重要途径

训练负荷是指由完成练习所引起的机体功能活性的增加程度以及在这种情况下承受困难的程度[3]。一方面，负荷量与负荷强度贯穿于训练的始终，是运动训练活动中最为活跃的因素，训练中应该准确把握和控制运动训练活动的各个方

[1] 方新普．体育理论与体育实践相互作用的再认识 [J]．天津体育学院学报，2007，22（2）：146-148.

[2] 蒋宏伟．国家女子网球队训练若干问题的探索与实践 [J]．北京体育大学学报，2009，32（7）：101-104.

[3] 列·巴·马特维也夫．体育理论与方法 [M]．姚颂平，译．北京：北京体育大学出版社，1994：42-43.

面或运动训练过程的各个阶段，训练的内容、负荷量度和实施，并对它们进行及时的和必要的调节，以使运动训练活动能够按照预先设计的方式进行，从而保证训练目标的实现[1]；另一方面，运动训练研究成果的重要趋势是将研究的重点更多地投向训练的质量。运动成绩的快速发展主要是训练质量的提升，而不是单纯训练量的增加，训练质量的评定与把握是训练设计、训练安排以及训练监控等的综合体现。因此，没有监控的训练负荷很难准确地刺激运动员的机体产生适应性改变，降低了训练质量和效率，背离了训练的科学化趋向。网球运动员的专项无氧和有氧能力训练应当是一个动态的过程，教练员应该时刻关注运动员的状态变化，结合有效、科学的监控方法，对运动员训练中的状况进行及时性、经常性、客观性的检查和评价，对运动员无氧和有氧能力的专项化训练进行有效调控。相关专家指出，网球专项无氧和有氧能力训练的计划和实施过程应符合项目以无氧无乳酸为主的代谢需要，应当能够根据具体选手的正手、反手、发球等动作和移动中的特点，预测其不同部位损伤的可能性并对其进行专门强化，且根据选手在击球过程中的用力特点建立符合肌肉收缩类型以及生物力学特征的训练方法和手段。在以运动员身体机能刺激为基础的专项无氧和有氧能力训练中，利用便携、有效的监控手段和设备，实时跟踪训练负荷强度对运动员机体的刺激反应，使负荷强度分层次、分级别，有的放矢、紧凑缜密地安排于不同的训练任务中，最大化地提高网球运动员专项无氧和有氧能力训练的效果与质量。

1.1.2.5 网球技战术主导下无氧和有氧能力专项训练的新探索

网球运动的技战术与体能是一个不可分割的统一体。在一场激烈的网球比赛中，运动员运用灵活的战术打法、完成不同技术的击球、保证技战术的充分发挥与心理活动的稳定等均离不开体能的保障，尤其在盘末、关键局、关键分的体能支持更是运动员把握得分机会的重要影响因素。运动员竞技能力的提高是运动训练负荷刺激的结果。训练负荷分为外部负荷与内部负荷，外部负荷的负荷量和负荷强度都通过各自不同的指标体现出来，且对有机体产生不同的刺激反应；内部负荷是指由练习引起的机体内部发生的一系列生理、心理变化（准确地说是对外部负荷的反应），可以通过检测心率、血压、血乳酸等生理、生化指标进行统计

[1] 田麦久. 运动训练学 [M]. 北京：人民体育出版社，2000：97.

和衡量[1]。网球运动员无氧和有氧能力专项训练中的负荷强度（击球质量、移动速度、练习密度或难度等）和负荷量（练习次数或组数、练习时间、跑动距离等）均是专项训练的外部负荷特征，会对运动员的机体产生重要的刺激与影响，过大或过小的刺激产生的训练效应差异很大，运动员机体内部器官和系统的协同性适应才是专项无氧和有氧能力训练的外部负荷刺激的最终目的，并通过技战术水平的改善和提高表现出来。然而，在实际训练中，如果只注重专项能力训练的外部负荷特征，而忽略了机体内部负荷特征的刺激表现，将会导致训练效率降低和竞技能力停滞不前等结果。因此，网球技战术主导下的专项无氧和有氧能力训练模式才能达到网球专项训练的需求。

1.2 选题的目的、意义和价值

1.2.1 选题目的

现代竞技体育职业化、商业化、国际化程度的不断提高，极大地推动了男子网球运动的快速发展，使男子竞技网球表现出对抗性越加激烈、赛事安排日益频繁等的新特征，相应地，也对男子网球运动员的体能储备与训练效率有更高的要求。无氧和有氧能力是男子网球运动员体能的重要基础，通过借助高科技技术和多学科知识，实现男子网球运动员无氧和有氧能力专项训练的科学化、高效化是促进男子网球运动员竞技能力提升和运动成绩提高的必然途径或趋势。因此，本研究以人体的能量代谢以及运动训练等相关理论为支撑，深入探索网球运动的项目特征和比赛特点，遵循网球运动高强度间歇性的运动特征，从男子网球运动员无氧和有氧能力培养角度着手，对男子网球运动员无氧和有氧能力的专项训练方法设计进行理论构建与实证，以评定 MT-Sports 可穿戴设备在网球比赛、训练中负荷监控的可行性，归纳总结现代男子网球运动的比赛特征与规律，检验男子网球运动员无氧和有氧能力的专项训练方法设计理论的实践性，探索男子网球运动员无氧和有氧能力的专项训练方法设计的过程与规律。

[1] 过家兴．运动训练学［M］．山东：山东教育出版社，1986.

1.2.2 选题意义

意义一：对优秀男子网球运动员比赛特征的分析与归纳，有助于教练员在专项训练实践中提升男子网球运动训练安排的针对性。

意义二：从网球运动项目特征出发，对当代优秀男子网球运动员不同强度的专项训练方法和手段进行归纳，并构建其相关的设计理论，以此提高教练员从运动生理学角度分析专项训练合理性和有效性的认识水平。

意义三：对男子网球运动员无氧和有氧能力专项训练方法设计的理论与实证研究，有助于丰富网球专项训练理论体系，为进一步提升网球专项训练实践的科学性、系统性提供一定的借鉴。

1.2.3 选题的理论价值与应用价值

本选题以男子网球运动员无氧和有氧能力的专项特征为切入点，探求男子网球运动员无氧和有氧能力专项训练方法设计体系的构建思路，通过总结归纳现代顶尖男子网球运动的专项特征和比赛需求（跑动、动作、回合与间歇等），结合人体能量代谢机理与网球运动供能特征等相关理论，构建出网球运动员无氧和有氧能力专项训练的目标、内容、方法手段及负荷监控等设计理论体系，并利用科学的监控仪器或设备对男子网球运动员无氧和有氧能力的专项训练方法设计理论进行验证，检验设计理论体系的可行性与实效性。在理论价值方面，本选题丰富了网球专项训练研究的理论内容，为男子网球运动员无氧和有氧能力的专项训练研究提供理论基础，为男子网球运动员无氧和有氧能力专项训练方法的设计、评价与监控等提供理论依据和支撑；在应用价值方面，本选题为教练员正确认识现代男子网球运动的比赛特征与规律提供参考，为科研教练、体能教练提供了高科技监控设备对网球训练和比赛负荷控制的应用性依据，为教练员提供了网球专项训练方法设计与安排的实践性借鉴。

2 文献综述

2.1 国内外研究现状

2.1.1 人体能量代谢系统的特征

代谢是机体维持生命的所有化学反应之和，产能反应引起能量的释放，而吸能反应引起能量的储存。生物能学涉及机体内的能量转化，它主要从碳水化合物、脂肪和蛋白质中提取能量，虽然碳水化合物、脂肪和蛋白质是食物中的能源物质，但这些生物大分子必须要经过生化反应来转化为骨骼肌蛋白所能利用的化学能量。生命的维持和运动均需要持续的化学能供应，大量储存的或来自食物中的潜在能量均可被转化为肌肉所利用的能源，而这种高能化合物即为三磷酸腺苷（ATP）[1]。人体运动是在能量供应下肌肉收缩牵动骨绕关节的运动，不同肌肉的这种组合收缩就表现为动作，任何单一动作的完成都需要人体通过代谢提供能量来完成。肌肉收缩做功的直接能量来源是 ATP，但是 ATP 在肌肉内的储量非常有限，只够肌肉进行 3~4 次最大收缩或者 1~2s 的最大持续做功[2-3]，为了保证机体长时间运动，肌肉需要通过其他途径合成 ATP，以保证机体持续或重复进

[1] Jacobs I，Baror O，Karlsson J，et al. Changes in muscle metabolites in females with 30s exhaustive exercise [J]. Medicine and science in sports and exercise，1982，14 (6)：457-460.

[2] Harris RC，Hultman E，Nordesjo LO. Glycogen，Glycolytic Intermediates and High-Energy Phosphates Determined in Biopsy Samples of Musculus Quadriceps Femoris of Man at Rest. Methods and Variance of Values [J]. Scandinavian journal of clinical and laboratory investigation，1974，33 (2)：109-120.

[3] Hermansen L. Muscular fatigue during maximal exercise of short duration [J]. Medicine and sport science，1981，13 (6)：45-52.

行大强度运动，而其合成物质主要包括磷酸原、糖酵解和葡萄糖与脂肪等的氧化三种途径，其相对应的也被称为人体能量代谢的三大供能系统[1-2]。磷酸原供能、糖酵解供能和有氧氧化供能因产生乳酸代谢产物的形式也分别称为无氧无乳酸供能、无氧乳酸供能和有氧氧化供能。在代谢特点、供能形式、能源物质、代谢时间及最大供能速度等方面均具有较大的差异性[3]：无氧无乳酸供能的能量物质主要是 ATP 或 CP（即磷酸肌酸），ATP 的供能时间较短，为 2~3s，而 CP 的供能时间相对较长，为 5~7s，但是 CP 在 15~30s 就可以快速恢复至一半水平，是机体完成大强度重复性运动最主要的能量来源[4]；无氧乳酸供能的能源物质主要是糖，其供能的持续时间相对较长，为 45~90s，但其在代谢过程中会产生乳酸代谢产物，在次大强度的持续运动中无氧乳酸供能则成为主要的代谢物质[5]；而有氧氧化代谢供能的主要能量物质为糖和脂肪，供能持续时间最长，是保证机体长时间运动的基础，并在促进机体运动中快速清除乳酸和保证机体有效恢复等方面发挥着重要的作用。人体在运动中的能量代谢动员特征主要随着运动时间与强度产生变化，尤其在大强度的持续运动中，ATP-CP 首先被动员，是保证机体在 10s 以内进行大强度运动的主要能量来源，但其供能持续时间较短，大约在8~10s 以后主要由糖酵解参与供能继续维持机体保持大强度运动，且随着强度的继续保持，糖酵解供能大约在 90s 以内产生的能量水平逐渐降低，而随后有氧氧化供能的比例逐渐加大，以保持机体持续运动。而且，人体在运动中的三种能源物质的供能作用并不是孤立的，而是一个能量的统一体，其彼此之间相互协同、相互影响，只是每个阶段参与的供能比例不同（见图 2.1）。在运动训练活动中可以通过不同形式的训练方法促进人体能量代谢能力的有效发挥或无氧和有氧能力

[1] 黎涌明．不同运动方式的能量代谢——共性与区别［J］．体育科学，2013，33（12）：81-86.

[2] Green S，Dawson BT，Goodman C，et al. Anaerobic ATP production and accumulated O_2 deficit in cyclists［J］. Med Sci Sports Exerc，1996，28（3）：315-321.

[3] 陈小平．有氧与无氧能力训练的动态关系及其对当前我国能力训练的启示［J］．体育科学，2010，30（4）：63-68.

[4] Mc-Lester JR. Muscle contraction and fatigue：the role of adenosine 5'diphosphate and inorganic phosphate［J］. Sports Med，1997，23（5）：287-305.

[5] Bogdanis GC，Nevill ME，Boobis LH，et al. Recovery of power output and muscle metabolites following 30s of maximal sprint cycling in man［J］. J Physiol，1995，482（2）：467-480.

表现的提高[1-4]。

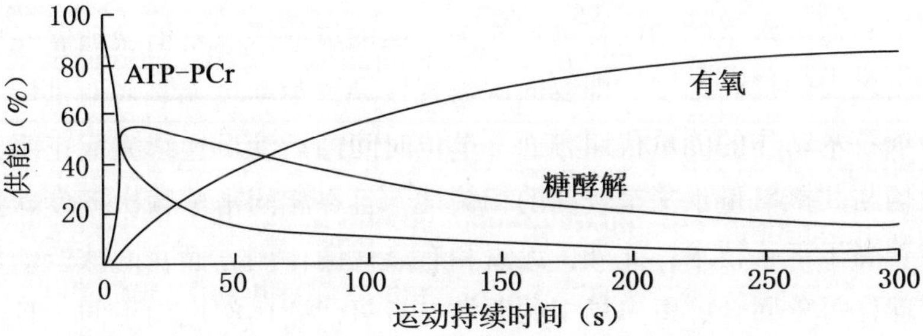

图 2.1 人体运动时间、运动强度和供能方式的关系图[5]

2.1.2 网球运动的能量代谢与间歇特征

网球运动员在比赛中主要的运动表现包括不同形式的击球、跳跃、变向、急起、急停以及不同速度的冲刺跑等活动，是运动员完成每一分回合的重要动作形式。对网球运动员专项运动表现的能量代谢特点与比赛中运动表现的需求特征的把握是本研究针对男子网球运动员无氧和有氧能力的专项训练方法设计的重要依据和理论支撑。网球运动员在比赛中不同运动表现的能量代谢特征不同，且均受运动形式、运动强度以及持续时间等因素的影响，而表现出无氧与有氧代谢供能比例的差异性。Botton F 等[6]的研究对网球运动的供能特点进行了深入的研究，其研究结果表明：网球运动员专项折返移动的能量消耗与变向次数和移动速度有

[1] Buchheit M, Laursen PB. High-Intensity Interval Training, Solutions to the Programming Puzzle [J]. Sports medicine, 2013, 43 (5): 313-338.

[2] Laursen PB. Training for intense exercise performance: High intensity or high volume training? [J]. Scandinavian journal of medcine & science in sports, 2010, 20 (2): 1-10.

[3] Laursen PB, Jenkins DG. The scientific basis for high-intensity interval training: Optimising training programmes and maxi-mising performance in highly trained endurance athletes [J]. Sports medcine, 2002, 32 (5): 53-73.

[4] Bishop D, Girard O, Mendez-Villanueva A. Repeated-sprint ability—Part II: Recommendations for training [J]. Sports medcine, 2011, 41 (5): 741-756.

[5] Gastin PB. Energy system interaction and relative contribution during maximal exercise [J]. Sports Medicine, 2001, 31 (10): 725-741.

[6] Botton F, Hautier C, Eclache JP. Energy Expenditure During Tennis Play: A Preliminary Video Analysis and Metabolic Model Approach [J]. Journal of Strength and Conditioning Research, 2011, 25 (11): 3022-3028.

关，在低速的慢走形式下机体的摄氧量水平较低，其供能特征以有氧供能为主，而在不变向形式下的直线移动跑的摄氧量水平会随着运动时间的持续逐渐升高，但在相同移动速度水平的变向移动形式中，运动员的摄氧量值会随着变向频率的增加表现出较大的提高幅度，即变向次数直接导致运动员无氧代谢供能需求的增加；在专项技术动作的能量代谢方面，单位时间内运动员连续完成正手击球或发球的频次均与其摄氧量水平呈较高的相关性，且在相同击球频次下发球技术的能量消耗显著高于正手技术；此外，无氧和有氧代谢比例方面，网球运动员的正手击球、发球在每分回合、每一局中的无氧与有氧代谢比例也均不同，具体表现为运动员在完成发球和正手击球动作的无氧代谢供能的比例为94%，而有氧代谢供能的比例仅为6%，在每分回合中的无氧供能占总供能的67%，高于有氧供能，但在每局中的有氧供能代谢比例为68%，高于无氧比例，由此反映出网球运动员的单一技术动作和每分回合的供能主要来自无氧代谢供能，而每一局的能量来源主要以有氧代谢为主等；随着每局中比赛时间的流逝，网球运动员的能量消耗逐渐累积，局末阶段摄氧量水平将接近最大值。

间歇性运动中运动员机体疲劳的产生对运动表现的发挥有着重要的影响。其中，间歇时间与高强度运动的持续时间是影响运动员疲劳产生与恢复的重要因素[1]，具有高强度间歇特征的网球运动在比赛中的运动（5~10s）间歇（10~20s）比一般在1:1~1:4[2]，虽然，比赛中的间歇时间是相对固定的，如竞赛规则规定网球比赛每分间的休息时间不超过20s，而每局、每盘间的休息时间分别低于90s和120s[3]。但是，网球比赛的每分回合与整体持续时间却具有波动性，通常运动员在比赛中每分持续时间不长于10s，但也会出现持续20s甚至更长时间的情况，且一场网球比赛会持续3h左右甚至更长时间。因此，网球比赛中的高对抗运动时间是疲劳产生的最主要原因。

相关研究通过固定间歇时间与延长高强度运动持续时间的方式，以探求不同程度的运动疲劳积累对专项运动表现的影响。比如，Davey PR等[4]通过网球专

[1] Balsom PD, Seger JY, Ekblom B. Maximal-intensity intermittent exercise: Effect of recovery duration [J]. International Journal of Sports Medicine, 1992 (13): 528-533.

[2] Kovacs M. A comparision of work/rest intervals in men's professional tennis [J]. Medicine and Science in Tennis, 2004 (3): 10-11.

[3] ITF. Official rules of tennis [J]. Chicago, IL: Triumph Books, 2002: 10-11.

[4] Davey PR, Thorpe RD, Williams C. Fatigue decreases skilled tennis performance [J]. Journal of Sports Sciences, 2002, 20 (4): 311.

项多球测试法以 6∶1（即 4min∶40s）运动间歇比的负荷安排使运动员产生最大的疲劳积累，并采用专项技术与生理指标测试，发现运动员在最大疲劳阶段的正反手移动击球的准确性下降了 69%，血乳酸浓度达到了 8.7mmol/L，且发球准确性与测试前相比下降了 30%；Lyons M 等[1]的研究发现网球运动员在中度疲劳（70%）与高度疲劳（90%）刺激下的正反手击球准确性分别为 73.4% 和 64.8%，且存在显著性差异，影响程度与运动水平有关，运动水平越低其影响越大；技术稳定性的下降是运动疲劳对运动表现产生负面影响的反映之一，其主要与疲劳导致运动员的注意力、本体感觉以及神经肌肉的控制水平等下降有关[2]。

间歇时间的长短也对网球运动员的疲劳产生与恢复具有重要的影响，间歇时间相对越长，机体的恢复水平越充分。Ferrauti A 等[3]的研究分别让运动员以 10s 和 15s 的组内间歇进行 6 组（组间间歇 1min）每组 5 次的 80%最大速度强度的连续正手击球练习，发现运动员的血乳酸（9.04mmol/L、5.01mmol/L）、RPE（17.0、14.3）、区间移动时间（1.41s、1.37s）和正手击球速度（105.6 km/h 、114.4km/h）均存在显著性差异，反映出运动员在长间歇状态下的运动表现和生理反应均优于短间歇；如果从能量供应特征与疲劳产生的内部机制来看，诸如网球等具有高强度、重复冲刺特征的运动中，ATP-CP 是其主要的供能物质，但 CP 的持续供能时间较短（约 10s），恢复一半需 30~60s，而完全恢复需要 2min 左右[4]，在比赛中，当运动员的 CP 恢复不完全的情境或在持续进行 10s 以上的多拍回合条件下，糖酵解则成为维持运动员继续进行反复高强度运动的主要能量物质，并伴随着血乳酸的生成、肌肉中 pH 值的下降，在肌动球蛋白的交互作用中钙离子与肌钙蛋白的结合度下降，能量的恢复速度与 ATP 的再合成速率下降，负面影响了中枢神经系统的活化经由感知觉系统的输出与传入[5]。所以，

---

[1] Lyons M, Alnakeeb Y, Hankey J, et al. The Effect of Moderate and High-Intensity Fatigue on Groundstroke Accuracy in Expert and Non-Expert Tennis Players [J]. Journal of Sports Science & Medicine, 2013, 12 (2): 298-308.

[2] Myers JB, Guskiewicz KM, Schneider RA, et al. Proprioception and neuromuscular control of the shoulder after muscle fatigue [J]. J Athl Train, 1999, 34 (4): 362-367.

[3] Ferrauti A, Pluim BM, Weber K. The effect of recovery duration on running speed and stroke quality during intermittent training drills in elite tennis players [J]. Journal of Sports Science, 2001, 19 (3), 235-242.

[4] Ratel S, Tonson A, Cozzone PJ, et al. The rate of PCr resynthesis is not a reliable index of skeletal muscle oxidative capacity [J]. European Journal of Applied Physiology, 2014, 14 (1): 217-218.

[5] Abdessemed D, Duche P, Hautier C, et al. Effect of recovery duration on muscular power and blood lactate during the bench press exercise [J]. International journal of sports medicine, 1999, 20 (6): 368-373.

CP 的消耗与糖酵解供能产物的影响等因素是运动员表现出力量、移动速度等运动能力下降现象的主要因素[1-2]。

此外，运动员在比赛中产生的疲劳又具有持续性与累积性特点，比赛持续时间越长，疲劳的反应越明显。Girard O 等[3]利用等动力量与肌电测试，发现在一场持续近三小时的网球比赛中，运动员的下肢最大力量、峰值力矩等表现在不同时间点与赛前相比均有下降，尤其在比赛下半段时显著下降了 13%。

总之，在具有高强度间歇性特征的网球比赛中，间歇时间与高强度运动持续时间是运动员疲劳产生与恢复的重要因素，且对运动员的技术表现与生理机能产生了重要的影响，然而，如何在充分结合间歇特征的基础上，最大化地提高运动员的抗疲劳能力和运动表现，以及在有限的间歇时间内保证与促进机体的快速恢复，将是网球运动员专项训练设计的重要目标和内容。

2.1.3 专项特征及构成要素

特征是一个客体或一组客体特性的抽象结果，人们通常根据事物客体所共同拥有的特征或特性进行抽象的总结和归纳[4]，且因不同领域对同一事物客体的诸多特性侧重有所不同，所以对事物特征的描述表现出多样性。在某个专业领域中，反映客体根本特性的特征，也称本质特征，而反映此事物区别于其他事物的特征，又称区别特征。本质特征是因概念所属专业领域而异的，反映了不同专业领域的不同侧重点，区别特征则体现出事物有别于其他事物的特殊属性。因此，每个事物既具有本质特征又具有区别特征。在体育领域，运动项目众多，每个项目所具备的特征也是本质特征与区别特征的共同体，通常称为运动专项特征。

有关专项特征的本质与概念，已有相关学者从不同的角度进行了较为系统的

[1] Gaitanos GS, Williams C, Boobis LH, et al. Human muscle metabolism during intermittent maximal exercise [J]. Journal of applied physiology, 1993, 75 (2): 712-718.

[2] Blonc S, Casas H, Duche P, et al. Effect of recovery duration on the force-velocity relationship [J]. International journal of sports medicine, 1998, 19 (4): 272-276.

[3] Girard O, Lattier G, Maffiuletti NA, et al. Neuromuscular fatigue during a prolonged intermittent exercise: Application to tennis [J]. Journal of electromyography & kinesiology off, 2008, 18 (6): 1038-1046.

[4] 特征 [EB/OL]. [2017-10-20] [2021-11-30]. http://baike.so.com/doc/152515.html.

解释与论述。陈小平[1-2]指出，专项特征是指一个运动项目在比赛规则的允许下，将获得最大的运动效率为目标，在力学、生物学等方面表现出的主要运动特点，是一个具体运动项目的专门特点；在细节上对专项训练进行指导，是其项目特点的集中表现，是区别不同运动项目之间异同的主要标志；从训练实践的角度分析，专项特征是专指那些对专项成绩具有重要支持作用，对专项训练具有直接指导作用的环节、过程和因素等。刘大庆[3]则主要从竞赛的角度对竞技专项特征中反映的项目制胜因素的竞技运动相关指标进行阐述，并提出运动专项特征是指在比赛规则的允许下，运动项目在能量供应、体能、技战术能力、心理能力及运动智能等方面所表现出来的特征；以追求运动成绩和极限竞技能力为目标和基本特征的竞技体育运动，其制胜因素是训练与研究的根本所在，而竞技专项特征就是每个运动项目制胜因素的体现，准确认识运动项目的专项特征和本质规律是项目发展与成绩提高的关键。此外，项目专项特征的主要内涵是运动员在训练或比赛中依据比赛规则取得最优异训练和比赛成绩时的外在生物力学机制、解剖学机制、心理学机制、机械学机制与环境学机制与内在的运动员人体运动生物学机制的高度和谐和统一的前提下，彰显的本项目专项体、技、战、心、智等运动训练学指标的最优化方案，是区别于其他运动项目专项属性的主要标志[4]。研究运动项目的专项特征最主要的目的是筛选、识别出最能影响提升本专项运动成绩与获得比赛优异成绩的主要因素，并探寻这些因素相互之间的内在关联，用于指导实际训练和比赛。

总之，对每个专项运动的发展规律和基本特征的深入了解，是促进运动项目发展和提高的首要前提，只有正确认识和全面把握运动项目的专项特征，才能准确把握运动项目的发展方向并高效地推动其向前发展，而在训练实践中对运动项目专项特点和基本规律的深入把握是制订训练目标与计划、选择训练内容与方法、保证训练质量与效率、提高运动成绩与竞技能力、确保运动训练活动可持续发展的基本前提。

[1] 陈小平．论专项特征——当前我国运动训练存在的主要问题及对策［J］．体育科学，2007，27（2）：72-74.

[2] 陈小平．竞技运动训练实践发展的理论思考［M］．北京：北京体育大学出版社，2008：17.

[3] 刘大庆．运动训练学研究进展与理论探蹊［M］．北京：北京体育大学出版社，2013：125.

[4] 孙有平．运动训练实践问题探索［M］．上海：华东师范大学出版社，2013：41.

2.1.4 网球比赛的运动特征

众多研究主要通过网球运动员在比赛中的跑动距离、移动速度、运动间歇比例及击球等运动学表现来反映网球运动的专项运动特征与规律。网球比赛除男子网球运动员在四大满贯与戴维斯杯比赛中采用五盘三胜制以外，其他男子网球比赛及所有女子网球赛事均采用三盘两胜制，因赛制规则的不同，运动员在比赛中的持续时间与总跑动距离也有所不同。如三盘两胜制比赛中的平均持续时间约为90min，跑动总距离约为2km，而五盘三胜制比赛的平均持续时间为120min左右，跑动总距离在3km以上，而决胜盘采用长盘决胜制的比赛持续时间会更长。虽然网球比赛的赛制导致比赛持续时间和跑动距离不同，但是运动员在比赛中的每分回合持续时间主要因球场材质、运动员性别及运动水平的不同具有差异性。Donoghue PO等[1]的研究表明，大满贯单打比赛中男子网球运动员的平均每分回合持续时间为5.2s，显著低于女子运动员的7.1s，且运动员在红土比赛中的平均每分回合持续时间［（7.7±1.7）s］，显著高于硬地［（6.3±1.8）s］和草地［（4.3±1.6）s］；Hornery DJ等[2]的研究表明ATP排名前100的职业男子网球运动员比赛中的平均回合时间［（6.7±2.2）s］和运动间歇比（1∶2.1），均显著低于低排名选手的运动时间［（7.5±3.0）s］和运动间歇比（1∶1.9）。除此以外，Ridhwan S等[3]的研究指出，虽然网球比赛的整体持续时间较长，但有效比赛时间大约仅占总比赛时间的20%~30%。

网球运动员在比赛中的所有击球动作都以持续、快速的跑动为基础，但相关研究表明运动员的整体跑动速度主要以低速跑为主，其跑动比例要明显高于中高速跑。Pereira TJC等[4]的研究采用影像自动跟踪系统（Automatic Tracking Sys-

[1] Donoghue PO, Ingram B. A notational analysis of elite tennis strategy [J]. Journal of Sports Science & Medicine, 2001, 19 (2): 107-115.

[2] Hornery DJ, Farrow D, Mujika I, et al. An integrated physiological and performance profile of professional tennis [J]. British Journal of Sports Medicine, 2007, 41 (8): 531-536.

[3] Ridhwan S, Ghosh AK, Keong C. The fractional utilisation of maximal oxygen consumption during execution of ground strokes and simulated match in 14 to 18 years malaysian singles tennis players [J]. International Journal of Applied Sports Sciences, 2010, 22 (2): 45-65.

[4] Pereira TJC, Nakamura FY, Jesus MTD, et al. Analysis of the distances covered and technical actions performed by professional tennis players during official matches [J]. Journal of Sports Sciences, 2016, 35 (4): 361-368.

tem）发现8名职业男子网球运动员在红土比赛中处于0~7km/h低速度区间的跑动距离占79%、处于7~12km/h速度区间的跑动占17.4%，而在12~18km/h和18~24km/h速度区间的跑动距离仅各占3.2%和0.3%。并且，运动员在比赛中的跑动距离、速度及强度区间在胜负者、发球局与接发球局之间均存在差异性。Martinezgallego R等[1]利用SAGIT运动测试系统发现职业男子网球比赛中负者在每局中的总移动距离为80.17m，少于胜者（84.17m），但在防守区域的跑动距离为19.78m，要显著高于胜者（10.66m）；虽然低于1.38m/s速度的跑动距离上两者之间没有差异性，但负者的平均移动速度为1.38m/s，高于胜者（1.33m/s）。除每局中的跑动特征以外，运动员在发球局与接发球局之间的跑动特征也不同。Kilit B等[2]对慢速跑0~7.0km/h、低强度跑7.01~12.0km/h、中强度跑12.0~18.0km/h和高强度跑18.0~24.0km/h四个跑动速度区间的跑动特征进行研究和分析，发现网球运动员在五盘三胜制的比赛中发球局与接发球局的总跑动距离（2897.1m、2872.2m）及慢速跑的跑动距离（2529.4m、2517.5m）、低强度跑的跑动距离（291.1m、287.4m）、中强度跑的跑动距离（70.8m、67.8m）和高强度跑的跑动距离（6.08m、5.69m）均存在差异性，整体表现出比赛中运动员在发球局的各速度区间跑动距离要多于接发球局。但是，何如春[3]通过不同速度区间的能量代谢特征划分的速度强度区间结合SIMI-Scout分析系统发现世界排名前五的两名顶级职业男子网球运动员在发球局中无氧高强度跑（$v \geq 5.6m/s$）和有氧中强度跑（$3.3m/s < v < 5.6m/s$）分别占5.1%和17.9%，均高于接发球局，而有氧低强度跑（$v \leq 3.3m/s$）比例却比接发球局低8.3%。

此外，比赛球场材质不同，运动员的跑动速度特征也不同，表现为网球运动员在硬地球场的最大移动速度［(4.6±0.6) m/s、(4.0±0.7) m/s］、平均移动速度［(3.2±0.4) m/s、(2.8±0.6) m/s］和加速跑比例［(89.7±3.1)%、(82.3±10.9)%］等均大于红土球场[4]。网球运动员在比赛中的跑动速度偏低以及处

[1] Martinezgallego R, Guzman JF, James N. Movement characteristics of elite tennis players on hard courts with respect to the direction of ground strokes [J]. Journal of Sports Science & Medicine, 2013, 12 (2): 275-281.

[2] Kilit B, Arslan E. Physiological responses and time-motion characteristics of young tennis players: Comparison of serve vs return games and winners vs losers matches [J]. International Journal of Performance Analysis, 2018, 17 (5): 684-694.

[3] 何如春. 德约科维奇与纳达尔2013年中网比赛跑动特征的研究［D］. 北京：北京体育大学，2013.

[4] Galeansodi C, Castellano J, Usabiaga O. Effects of different surfaces in time-motion characteristics in youth elite tennis players [J]. International Journal of Performance Analysis, 2016, 16 (3): 860-870.

于低速跑区间的距离比例较大等运动特征主要与运动员单次跑动的距离较短和重复多向的变向特征有关，运动员完成一次击球的平均移动距离仅为3m，跑动距离在5m以上的单次击球仅占5%，且每分回合需完成4次变向[1]。因此，使运动员在较短的跑动距离内无法瞬间达到最大速度，却通常表现出重复完成短距离的起动与制动的运动特征，使运动员移动中的加速与减速能力发挥了至关重要的作用[2]，而加减速表现在不同的速度区间上的比例也存在差异性。Ponzano M等[3]的研究表明网球比赛中运动员处于1.7~2.2m/s速度区间的加速与减速各占42.6%与48.1%，且均显著高于2.2~2.6m/s速度区间的加速跑比例（27.3%）与减速跑比例（24.5%）。女子网球运动员在比赛中的跑动也存在明显的速度差异特征。Galeansodi C等[4]的研究表明女子网球运动员在比赛中的平均总移动距离为（3154.3±1203.8）m、最大速度和平均移动速度分别为（4.1±0.5）m/s和（2.83±0.4）m/s，其中，（45.0±6.1）%的运动时间和（69.9±8.2）%的跑动距离处于低速跑区间（0.6 m/s<v<1.9m/s），而中强度（2.0 m/s<v<3.7m/s）和高强度速度区间（3.8 m/s<v<5.0m/s）的移动距离占比均低于10%，且在1~2m/s速度区间的加速与减速跑比例最高。

综合上述研究得知，网球运动员在比赛中表现出来的比赛整体持续时间长而每分持续时间短，整场跑动距离长而每分跑动距离短，间歇时间有限而每分运动时间不固定及反复进行多向短距离加速与减速等特点，基本反映了网球比赛的基本运动特征，但技战术研究与体能训练设计应在充分参考其专项运动特征的基础后，注重性别、运动员打法类型及场地材质等因素的差异性影响上进行。

2.1.5 网球比赛的生理特征

运动员在比赛中的运动强度或生理负荷水平是反映网球运动特征和规律的重

[1] Gescheit DT, Cormack SJ, Reid M, et al. Consecutive days of prolonged tennis match play: performance, physical and perceptual responses in trained players [J]. International Journal of Sports Physiology and Performance, 2015, 22 (1): 913-920.

[2] Kovacs MS, Roetert PE, Ellenbecker TS, et al. efficient deceleration: the forgotten factor in tennis-specific training [J]. Strength & Conditioning Journal, 2008, 30 (6): 58-69.

[3] Ponzano M, Gollin M. Movement analysis and metabolic profile of tennis match play: Comparison between hard courts and clay courts [J]. International Journal of Performance Analysis in Sport, 2017, 17 (3): 220-231.

[4] Galeansodi C, Castellano J, Usabiaga O. More acceleration and less speed to assess physical demands in female young tennis players [J]. International Journal of Performance Analysis in Sport, 2017, 21 (3): 167-174.

要指标，也是制定和安排训练的重要依据。当前，众多研究利用心率、摄氧量、血乳酸以及 RPE 等对网球运动员在比赛中的生理特征进行了研究，发现网球运动员在比赛中的平均心率为 145~175bpm，占最大心率的 75%~85%[1]，平均血乳酸值为 3~5mmol/L[2]，摄氧量在 35~40mL/（kg·min），占最大摄氧量的 65%~80%[3-4]，RPE 为 12~14[5]。总体来看，网球运动员在比赛中的生理强度并不高，但因其项目本身的间歇性特征，其生理指标的平均值并不能准确地反映网球运动员在比赛中的实际负荷强度，且由于比赛场地材质、运动员水平、打法类型等因素也使网球运动员在比赛中的指标参数或生理强度表现出差异性特征。通常网球比赛的球场材质主要包括红土、硬地与草地，不同的球场材质对运动员的比赛强度以及生理负荷特征的影响也不同。Martin C 等[6]的研究通过比较硬地与草地球场材质对运动员生理特征的差异性影响，发现 6 名国家级男子网球运动员在红土比赛中的平均心率（即 HR）为（154±12）bpm、血乳酸值（即 LA）为（5.7±1.8）mmol/L，两者均高于硬地比赛中的生理表现［HR=（141±9）bpm、LA=（3.6±1.2）mmol/L］；而 Murias JM 等[7]的研究却指出球场材质类型对网球运动员在比赛中的摄氧量差异性影响较小，在红土与硬地材质球场的比赛中运动员的平均摄氧量无明显差异，在红土比赛中运动员的摄氧量变化相对更加平缓，在硬地比赛中运动员更容易出现摄氧量的最大值与最小值；关于球场材质对运动员比赛中生理负荷的影响，主要由于在红土球场比赛中的每分多拍回合和有

[1] Bergeron MF, Maresh CM, Kraemer WJ, et al. Tennis: A Physiological Profile during Match Play [J]. International Journal of Sports Medicine, 1991, 12 (5): 474-479.

[2] Kilit B, Arslan E. Laboratory and Field-Based Assessment of Maximal Aerobic and Anaerobic Power in Professional Tennis Players [J]. International Journal of Sports Sciences, 2016, 6 (4): 153-158.

[3] Elliott B, Dawson B, Pyke F. The energetics of singles tennis [J]. Journal of Human Movement Studies, 1985, 11: 11-20.

[4] Kraemer WJ, Triplett NT, Fry AC, et al. An in-depth sports medicine profile of women college tennis players [J]. Journal of Sport Rehabilitation, 1995, 4 (2): 79-98.

[5] Fernandez JF, Garcia BF, Villanueva AM, et al. Exercise intensity in single tennis: Training drills vs simulated match play [J]. Sport Medicine Archives, 2005, 12 (2): 187-192.

[6] Martin C, Thevenet D, Zouhal H, et al. Effects of playing surface (hard and clay courts) on heart rate and blood lactate during tennis matches played by high-level players [J]. Journal of Strength & Conditioning Research, 2011, 25 (1): 163-170.

[7] Murias JM, Lanatta D, Arcuri CR, et al. Metabolic and functional responses playing tennis on different surfaces [J]. Journal of Strength & Conditioning Research, 2007, 21 (1): 112-117.

效比赛时间相比于硬地球场比赛更长等所致[1]。

运动员在发球局与接发球局中的生理负荷特征也表现出较大的差异性，如 Mendezvillanueva A 等[2]研究发现职业级的男子网球运动员在发球局中的平均血乳酸值（LA=4.68mmol/L）和 RPE（13.5）均显著高于接发球局（LA=3.28mmol/L，RPE=12.0）；同样，Kilit 等[3]对摄氧量指标进行分析，发现 10 名职业级男子网球运动员在发球局中的生理负荷（VO_2=27.6 mL/(kg·min)，HR=146.6bpm，RPE=13.5）也显著高于接发球局（VO_2=25.6 mL/(kg·min)，HR=138.8bpm，RPE=12）；Terrados N 等[4]的研究指出职业女子网球运动员在发球局的平均心率为（166±15.4）bpm，也明显高于接发球局时的（156±19.6）bpm；然而，Fernandez JF 等[5]的研究却发现优秀的女子网球运动员在硬地网球比赛中的平均心率、血乳酸以及 RPE 等在发球局与接发球局之间并不存在差异性。以上研究所存在的分歧，可能主要与研究对象的运动水平有关，尤其表现在世界排名越高的职业运动员在比赛中一发平击发球的使用率以及依发球优势而进行的连续性击球的进攻性越强等方面[6]。

网球运动员运动水平的差异也会导致比赛中生理负荷的不同表现，即表现出专业网球运动员的运动水平越高，在比赛中的生理负荷越大的特征。Fernandez JF 等[7]指出德国州级水平的男子网球运动员在比赛中的平均心率为（148.3±

[1] Girard O, Lattier G, Micallef JP, et al. Changes in exercise characteristics, maximal voluntary contraction, and explosive strength during prolonged tennis playing [J]. British Journal of Sports Medicine, 2006, 40 (6): 521-526.

[2] Mendezvillanueva A, Fernandezfernandez J, Bishop D, et al. Activity patterns, blood lactate concentrations and ratings of perceived exertion during a professional singles tennis tournament [J]. British Journal of Sports Medicine, 2007, 41 (5): 296-301.

[3] Kilit B, Senel O, Arslan E, et al. The fractional utilisation of maximal oxygen consumption during execution of ground strokes and simulated match in 14 to 18 years malaysian singles tennis players [J]. Journal of Human Kinetics, 2016, 51 (2): 83-92.

[4] Terrados N. Match activity and physiological responses during a junior female singles tennis tournament [J]. British Journal of Sports Medicine, 2007, 41 (11): 711-716.

[5] Fernandez JF, Sanzrivas D, Fernandezgarcia B, et al. Match activity and physiological load during a claycourt tennis tournament in elite female players [J]. Journal of Sports Sciences, 2008, 26 (14): 1589-1595.

[6] Torresluque G, Sanchezpay A, Bazaco MJ, et al. Functional aspects of competitive tennis [J]. Journal of Human Sport & Exercise, 2011, 6 (3): 528-539.

[7] Fernandez JF, Sanzrivas D, Sanchezmuñoz C, et al. A comparison of the activity profile and physiological demands between advanced and recreational veteran tennis players [J]. Journal of Strength & Conditioning Research, 2009, 23 (2): 604-610.

11.5) bpm，约占最大心率的（80.4±5.1)%，要显著高于业余网球选手；而 Christmass MA 等[1]的研究也发现同在红土网球比赛中的国家级男子网球运动员的平均心率约占最大心率的（86.2±1.0)%，平均摄氧量为最大摄氧量的（72.6±2.1)%，血乳酸值为（5.86±1.33）mmol/L，均要略高于州级水平的运动员。虽然网球比赛中的间歇时间是相对固定的，但是每分的持续时间和多拍回合次数却相对具有不稳定性，尤其在较长的多拍回合中，运动员的即刻心率会达到190bpm，瞬时摄氧量会升至 50ml/kg/min（80% VO_2max），血乳酸值甚至接近8mmol/L[2]。尽管心率、摄氧量、血乳酸值以及 RPE 等都能有效评价网球运动员在比赛或训练中的负荷强度，但各指标都存在不同的特点与局限性。心率是监测网球运动员比赛负荷强度最便捷、有效的方法，但心率的变化与运动员的实时运动强度并不是完全同步的，具有一定的滞后性、延时性特点，Novas AM 等[3]的研究表明网球运动员在每分间歇时的心率值会高于回合中的心率值，且因具有恢复速度慢等特性，从而会高估运动员在比赛状态中的即时负荷强度等；血乳酸是一种易挥发性物质，血乳酸浓度的变化主要取决于肝脏及肾脏的合成速度和代谢率，当糖酵解供能增加、脱水时都可引起机体内乳酸浓度的升高，而在比赛或训练中运动员机体内的血乳酸浓度水平只是乳酸生成与清除过程的动态平衡反映，并存在与运动强度不同步的特点，尤其在大强度运动时甚至会出现运动结束而血乳酸浓度在间歇期持续上升的情况，因此血乳酸取样时间的把握对反映运动强度的影响较大，况且血乳酸、RPE 等指标的测试均是在局间完成的，仅能反映运动员间歇即刻或前一段时间的负荷强于生理特征，导致测试数据的偏差和加大数据分析解释的难度[4]；利用便携式氧分析仪对运动员在比赛中摄氧量特征的监测也是有效反映运动员的能量消耗与比赛强度的重要方法，虽然运动员在运动中的摄氧量恢复速率比心率要快，但比赛中指标监测的干扰以及可穿戴测试设备的影响，会在一定程度影响运动员的发挥和运动强度，进而降低了实际的负荷水平；s-

[1] Christmass MA，Richmond SE，Cable NT，et al. Exercise intensity and metabolic response in singles tennis [J]. Journal of Sports Sciences，1998，16（8）：739-747.

[2] Ridhwan S，Ghosh AK，Keong C. The fractional utilisation of maximal oxygen consumption during execution of ground strokes and simulated match in 14 to 18 years malaysian singles tennis players [J]. International Journal of Applied Sports Sciences，2010，22（2）：45-65.

[3] Novas AM，Rowbottom DG，Jenkins DG. A practical method of estimating energy expenditure during tennis play [J]. Journal of Science & Medicine in Sport，2003，6（1）：40-50.

[4] Bangsbo J. The physiology of soccer：With special reference to intense intermittent exercise [J]. Acta physiologica Scandinavica，1993，19（6）：151-155.

RPE（session RPE）是最快速、简单反映运动强度的指标，但易受情绪等因素的影响[1]。并且，因职业网球比赛规则与条件的限制，当前研究所监测与分析的比赛主要是模拟赛、测试赛，而非正式比赛，虽能在一定程度上反映网球比赛的基本强度与运动员的一般生理特征，但与正式的职业网球比赛的竞技水平还具有一定的差距，导致数据的真实性下降。除此以外，气候、温度、体液流失以及情绪紧张等因素也会影响以上指标的准确性。因此，在实践应用中更应该结合实际需要采用多种指标相结合的方式，在尽可能避免单一指标局限性的基础上，更加全面、准确地探求网球比赛强度与运动员在比赛中的生理特征。基于上述研究得知，网球运动员在比赛中的平均生理强度并不高，但会随着每分的持续时间或回合增加而产生较大波动，因场地材质、运动员水平以及打法类型等因素的不同而产生差异性；且当前的研究利用心率、血乳酸、摄氧量及 RPE 等指标虽存在一些局限性，但基本反映了网球比赛的强度与运动员在比赛中的生理特征，也为运动训练实践和后续研究提供了重要的参考，应在充分结合项目间歇性特征的基础上，在训练设计中表现出比赛强度的起伏性特征，以避免持续稳定的负荷强度安排[2]。

2.1.6 网球运动员无氧能力及其训练方法

网球运动员在比赛中表现出来的爆发性击球、快速变向、急起急停、跳跃等动作和持续多拍击球、反复移动冲刺等运动特征反映出网球运动员无氧代谢能力对比赛发挥的重要性，此外，虽网球比赛中运动员的每分间歇时间相对有限，但每分回合的高强度对抗持续时间却不固定，由此表现出来的运动间歇特征也为网球无氧能力专项训练提供了重要启示[3]。高强度间歇性训练有助于提高运动员的无氧能力，在网球专项训练中采用此方法既符合网球运动项目本身的间歇特征，又可通过调整训练强度和运动间歇比等方式全面提高运动员的无氧能力[4]，

---

[1] Foster C, Florhaug JA, Franklin J, et al. A new approach to monitoring exercise training [J]. Journal of strength & conditioning research, 2001, 15 (1): 109-115.

[2] Kovacs MS. Tennis physiology: Training the competitive athlete [J]. Sports medicine, 2007, 37 (3): 189-198.

[3] Donoghue PO, Ingram B. A notational analysis of elite tennis strategy [J]. Journal of sports science, 2001, 19 (2): 107-115.

[4] Kovacs SM. Energy System-Specific Training for Tennis [J]. Strength & Conditioning Journal, 2004, 26 (5): 10-13.

然而，在间歇训练中不同的训练强度和运动间歇时间对运动员无氧代谢的刺激不同。以人体无氧代谢供能的机制特征来看，磷酸原和糖酵解供能是运动员在极限强度运动和高强度运动中的主要能量供应物质，前者也称无氧无乳酸供能，后者也称无氧乳酸供能。通常强度越大，运动持续时间相对越短。极大强度短时间的训练主要刺激运动员的无氧无乳酸能力，而次大强度长时间的间歇训练主要对无氧乳酸能力产生有效的刺激[1]，即使在相同的运动强度下，不同的运动间歇比也会影响运动员无氧能力训练的效果[2]。因此，如何在网球专项训练中利用间歇训练法有效把握训练强度与运动间歇比是准确刺激运动员无氧能力发展的重点所在。当前，相关研究证实了在网球专项训练中采用不同运动间歇比的高强度间歇训练对运动员无氧能力的训练效果，并表明在训练强度和间歇时间相对固定的情况下，运动持续时间越长或运动持续时间大于间歇时间，即完全不充分恢复状态下的网球专项训练对运动员无氧有乳酸能力的刺激具有显著的效果。Reid M 等[3]的研究发现 6 名职业网球运动员完成相同的“星”型跑动击球（Star）、横向折返跑动击球（Suicide）、半场“盒”型跑动击球（Box）和 X 型对角线跑动击球（Big X）四种专项训练中，在运动 60s、间歇 30s（2∶1）的运动间歇比形式的高强度间歇训练中的平均心率为 180bpm，血乳酸浓度均值为 8.46mmol/L，平均 s-RPE（session RPE）值为 6.5，各项生理指标均显著高于运动间歇比为（1∶1）（运动 30s、间歇 30s）的间歇训练。此外，相关研究也表明在极限强度的网球专项间歇训练中，间歇时间越短对网球运动员无氧有乳酸能力的刺激程度越深，但对专项技术表现产生了较大的负面影响。Ferrauti A 等[4]的研究发现 10 名职业男子网球运动员在间歇 10s 的（5 次×10s×6 组，组间休息 1min）底线正手移动击球间歇练习与相同强度下间歇 15s 的（5 次×15s×6 组，组间休息 1min）底线正手移动击球间歇练习在血乳酸［（9.04±3.06）mmol/L、（5.01±1.35）mmol/L，$p<0.01$］、RPE 值（17.0±1.6、14.3±1.3，$p<0.01$）等生理指标值的差异性结

[1] Seliger V, Ejem M, Pauer M, et al. Energy metabolism in tennis [J]. Int Z Angew Physiol, 1973, 31 (4): 333-340.

[2] Billat LV. Interval training for performance: A scientific and empirical practice. Special recommendations for middle and long distance running. Part II: Anaerobic interval training [J]. Sports medicine, 2001, 31 (1): 75-90.

[3] Reid M, Duffield R, Dawson B, et al. Quantification of the physiological and performance characteristics of on-court tennis drills [J]. British Journal of Sports Medicine, 2008, 42 (2): 146-151.

[4] Ferrauti A, Pluim BM, Weber K. The effect of recovery duration on running speed and stroke quality during intermittent training drills in elite tennis players [J]. J Sports Sci, 2001, 19 (4): 235-242.

果表现出短间歇时间对机体无氧能力刺激较深的显著效果，但对准备击球的移动时间［(1.405±0.044）s、(1.376±0.045）s，p<0.01］、击球速度［(106±12）km/h、(114±8）km/h，p<0.05］、击球准确性等方面却产生了相对不利的影响。网球专项无氧能力训练的运动间歇比例应该充分反映网球比赛的项目特征，以上研究证实了在大强度以上的网球专项高强度间歇训练中，运动持续时间大于间歇时间的间歇比例安排能有效刺激运动员的无氧能力。与之比较，在网球比赛中运动持续时间小于间歇时间的情形也很明显，然而，相关研究也证实了使运动员处于完全恢复状态下，即运动持续时间短于间歇时间的无氧阈强度的间歇训练也能有效促进运动员的无氧能力。Ziemann E 等[1]的研究表明采用运动 90s、间歇 180s（1∶2)的无氧阈强度的间歇训练（3 次×6 组×6 周）使网球运动员的无氧阈值水平提高了 3.8mL／（kg·min)，且平均与最大功率分别提升了 0.3w/kg 和 0.4w/kg；除运动强度和运动间歇比对无氧能力训练效果的影响以外，采用高强度间歇训练法对运动员无氧能力的刺激程度也与运动强度和运动间歇比有关，Fernandez JF 等[2]的研究表明，8 名职业网球运动员分别在专项高强度间歇训练（多球训练，120s×4 组×90s 间歇）与非专项高强度间歇训练（800m 跑，120s×4 组×90s 间歇）在最大心率百分比［（95.9±2.4)%、（96.1±2.2)%，p＝0.79］、血乳酸［（6.9±2.5）mmol/L、(6.2±2.4）mmol/L，p＝0.14］以及 RPE（16.7±2.1、16.3±1.8，p＝0.50）等生理指标之间均不存在显著性差异，但采用 120s、90s（2∶1）运动间歇比的专项与非专项间歇训练方法均有助于对网球运动员处于高强度训练负荷（＞90%HRmax）中无氧代谢能力的充分刺激。网球运动员在比赛中表现出来的反复折返冲刺的移动特征，对运动员的反复冲刺能力具有较高的需求，而反复冲刺水平也能反映运动员的专项无氧能力特征[3-4]。相关研究已证实采用

［1］Ziemann E，Grzywacz T，Luszczyk M，et al. Aerobic and anaerobic changes with high-intensity interval training in active college-aged men［J］. Journal of Strength & Conditioning Research，2011，25（4）：1104-1110.

［2］Fernandez JF，Sanz－Rivas D，Sanchez－Munoz C，et al. Physiological responses to on－court vs running interval training in competitive tennis players［J］. Journal of Sports Science & Medicine，2011，10（3）：540-545.

［3］Edge J，Bishop D，Hill-Haas S，et al. Comparison of muscle buffer capacity and repeated-sprint ability of untrained，endurance-trained and team-sport athletes［J］. European journal of applied physiology，2006，96（3）：225-234.

［4］Dawson B，Fitzsimons M，Green S，et al. Changes in performance，muscle metabolites，enzymes and fibre types after short sprint training［J］. European journal of applied physiology and occupational physiology，1998，78（2）：163-169.

运动30s、间歇15s（2∶1）的网球专项间歇训练法显著提高了运动员最大反复冲刺测试的平均时间，而对跳跃、20m冲刺表现无显著性影响[1]。此外，采用间歇训练法在网球专项训练中的间歇时间与比例可根据网球比赛中运动间歇比的变化特征进行变换组合与设计，Baiget E等[2]就强调网球专项无氧能力训练可采用运动间歇比为1∶1~1∶4的固定运动间歇形式，仅通过调整运动时间（5~60s）以实现变换无氧能力训练的刺激效应，其运动时间变换形式包括固定式、递增式、递增循环式以及随机循环式四种形式。虽然此训练形式的设计更加符合网球比赛特征，且为网球专项无氧能力训练提供了重要的参考，但此研究并未对采用间歇训练法时通过变换每种间歇形式的专项无氧能力的训练负荷和生理指标进行深入的实证研究。

由上述研究可知，通过间歇训练促进网球运动员专项无氧能力的影响要素包括运动强度、运动持续时间、间歇时间以及训练形式等，但其核心因素在于训练强度，只有大强度以上的训练负荷才能有效地刺激运动员机体无氧能力，而负荷强度越大，运动员保持大强度的持续时间相应就越短，使得间歇恢复时间的长短在保证运动员机体的充分恢复过程中至关重要。人体在运动中的能量供应并不是完全孤立的，虽然运动员在短时的高强度运动中的能量代谢主要为无氧供能，但磷酸原和糖酵解等无氧代谢供能在整个能量供应过程中的比例不一样，且存在动态变化特征[3]。Gaitanos GC等[4]的研究发现，运动员在重复冲刺运动中的前6s内的磷酸原供能占51%，糖酵解供能占40%，有氧氧化供能占9%，随着运动的持续进行，无氧代谢的比例逐渐下降，而有氧氧化供能比例逐步上升，且磷酸原与糖酵解供能之间的比例也随之发生变化。因此，采用高强间歇训练对网球运动员机体无氧能力的刺激不仅是通过加强机体糖酵解供能能力实现的，而是因运动强度与间歇时间不同对运动员能量代谢的刺激点存在差异，具体表现在当运动持续时间长于间歇时间（即运动员处于不完全恢复状态）的高强度间歇训练主

[1] Fernandez JF, Rivas DS, Sarabia JM, et al. preseason training: the effects of a 17-day high-intensity shock microcycle in elite tennis players [J]. Journal of Sports Science & Medicine, 2015, 14 (4): 783-790.

[2] Baiget E. Training methods for specific endurance in competitive tennis: Review and proposal [J]. Human Movement, 2011, 10 (6): 154-161.

[3] Boobis L, Williams C, Wootton SA. Human muscle metabolism during brief maximal exercise [J]. Journal of physiology, 1982, 33 (8): 21-29.

[4] Gaitanos GC, Williams C, Boobis LH, et al. Human muscle metabolism during intermittent maximal exercise [J]. Journal of applied physics, 1993, 75 (2): 712-719.

要对机体无氧糖酵解代谢能力的刺激；而在短时的极限强度间歇训练中，运动持续时间小于间歇时间（即完全恢复状态）的高强度间歇训练或重复训练方法主要是对机体无氧磷酸原代谢能力的刺激。这也是相关研究采用不充分恢复状态下的大强度间歇训练与完全恢复状态下的极限强度训练提高网球运动员的专项无氧能力的原因所在。但是，当前的研究并没有从运动员比赛的特征与需求出发，对网球运动员无氧能力训练进行详尽的分类，且分别证实对无氧无乳酸能力和无氧有乳酸能力更有效的训练方法设计，这将是本研究的一个重要出发点。

2.1.7 网球运动员有氧能力及其训练方法

网球运动员在比赛中的基本生理特征及网球专项有氧能力测试是反映网球运动员有氧能力水平的基本途径，结合网球比赛的专项运动特征与形式为网球运动员专项有氧能力训练提供重要的参考和依据。男子网球运动员在比赛中的基本生理负荷特征和比赛时间特点可直接反映出运动员有氧能力的重要需求以及运动员有氧能力专项训练的重要性。此外，比赛中运动员的有氧能力对疲劳积累的及时清除与恢复也对网球运动员有氧能力的训练表现提出更高的要求[1]。因此，如何有效提高网球运动员的专项有氧能力水平成为网球运动员技战术稳定发挥的重要基础和比赛中持续保持高强度对抗的保证。网球专项有氧能力训练的重要前提在于训练负荷强度的控制与把握，在适合强度的刺激下才能更加有效地发展运动员的有氧能力代谢水平。因此，对运动员最大有氧能力水平的测试与评价是前提。一般在实验室与专项递增击球测试中以心率、血乳酸、摄氧量以及通气阈值等指标来评价网球运动员的最大有氧能力，网球运动员在专项递增击球负荷测试中的无氧阈乳酸拐点所对应的心率大约为 180bpm，占最大心率的 89%~91%[2-3]；通气阈值也可有效评价运动员的无氧阈，尤其第二通气阈在递增负荷测试中具有

[1] Lees A. Science and the major racket sports: A review [J]. Journal of sports sciences, 2003, 21 (9): 707-732.

[2] Bodner ME, Rhodes EC. A review of the concept of the heart rate deflection point [J]. Sports medcine , 2000, 30 (1): 31-46.

[3] Baiget E, Fernandez JF, Iglesias X, et al. Tennis Play Intensity Distribution and Relation with Aerobic Fitness in Competitive Players [J]. Plos One, 2015, 10 (6): 131-146.

较好的评价效度[1]。Baiget E 等[2]的研究发现顶尖男子网球运动员在专项递增击球负荷测试中出现第二通气阈值时，其强度大约为最大心率的91.8%，为最大摄氧量的85.6%及最大击球频率的81.8%，且 VT_2 与 VO_2 在心率偏移拐点上的相关性较高（$r^2=0.92$）。

针对网球专项有氧能力训练方法的研究主要有两方面：一是关于确定何种专项训练强度才能对网球运动员有氧能力产生准确、有效的刺激，其中击球频次和移动速度是训练强度控制最主要的因素，Baiget E 等[3]以38名顶尖男子网球运动员作为研究对象，发现13~15球/min频率的多球低训练负荷中的平均心率为最大心率的79.1%、平均摄氧量为最大摄氧量的64.6%，有助于发展运动员的技术稳定性和低强度有氧能力；而17~19球/min击球频率的高训练负荷对网球运动员的中高强度有氧能力水平具有较好的刺激作用，其平均心率和摄氧量分别低于最大值的90%和83%。而在移动速度强度方面，Bekraoui N 等[4]的研究分别比较了在低、高移动速度强度下的专项训练（底线半场横向正、反手持拍移动击球与非持拍步法移动，底线全场横向进攻、防守性移动击球与非持拍防守步法移动）强度，发现网球运动员在低速运动强度下的平均摄氧量为33.8mL/（kg·min），平均心率为169.8bpm，而在高速运动强度下的平均摄氧量为42.3ml/（kg·min），平均心率为175.7bpm，虽然两种训练强度的生理负荷之间存在显著性差异，但均低于无氧阈值，且都适用于网球运动员专项有氧能力的发展。二是有关针对网球运动员有氧能力的训练方法或手段等方面的研究，一般而言，持续训练是发展运动员有氧能力的基本方法，但此训练法在日常的网球专项训练中主要应用于提高网球运动员的技术稳定性和连续性，以及在网球专项有氧能力测试中的评价行为，而顶尖网球运动员的有氧能力训练主要应用于每节课的专项准备活动与赛后恢复训练，由于网球运动间歇性的专项特征和训练强度的合理保证，间歇训练法也成为促进网球运动员专项有氧能力的重要训练方法。当前研究已经证实采用

---

[1] Wasserman K, Whipp BJ, Koyl SN, et al. Anaerobic threshold and respiratory gas exchange during exercise [J]. Journal of Applied Physiology, 1973, 35 (2): 236-243.

[2] Baiget E, Fernadez FJ, Iglesias X, et al. Heart rate deflection point relates to second ventilatory threshold in a tennis test [J]. Journal of Strength & Conditioning Research, 2015, 29 (3): 765-771.

[3] Baiget E, Fernand J, Iglesias X, et al. On-court endurance and performance testing in competitive male tennis players [J]. Journal of Strength & Conditioning Research, 2014, 28 (1): 256-264.

[4] Bekraoui N, Fargeasgluck MA, Leger L. Oxygen uptake and heart rate response of 6 standardized tennis drills [J]. Appl Physiol Nutr Metab, 2012, 37 (5): 982-989.

1∶1~4∶1 的运动间歇比和高强度（90%~100% VO_2max 或 90% HRmax）的间歇训练（HIIT）可以有效提高运动员的有氧能力，不仅使运动员能长时间承受高强度的运动负荷，在促进机体的快速恢复基础上，还有助于避免对运动员力量、爆发力以及快速冲刺等表现产生负面影响[1-2]。结合网球运动专项特征的间歇训练，其组织形式具有较大的变化和组合性，通常可采用单一和组合形式的有球（单球与多球训练）、无球（挥拍或步法训练）与比赛等专项有氧能力训练形式，丰富的间歇训练形式不仅能全方位促进网球运动员的有氧能力发展，还有助于运动员的训练积极性和兴趣的提高[3]。Fernandez JF 等[4]的研究就发现分别进行非击球形式下的底线移动挥拍练习（90s×3 次×3min 间歇）结合二打一比赛练习（8min）的组合专项间歇训练与网球专项底线折返冲刺（10s×5 次×15s 间歇）结合二打一比赛练习（8min）的组合专项间歇训练，使运动员的最大有氧能力分别提高了 28.9%和 14.5%。此外，间歇训练中的运动强度也具有灵活性，尽管中低强度的间歇训练有助于运动员有氧能力的加强，而采用高于无氧阈值训练强度的间歇训练法同样对运动员有氧代谢能力的提高具有显著效果。Tabata I 等[5]的研究表明中等强度（70% VO_2max）有氧持续训练使运动员的最大摄氧量水平提高了［（5±3）ml/（kg·min）］（$p < 0.01$），而采用高强度间歇训练（170% VO_2max×20s×10s 间歇）不仅使运动员的最大摄氧量提高了 7ml/（kg·min）（7%），且无氧代谢能力（The Maximal Accumulated Oxygen Deficit）也提高了 28%。运动员在网球比赛中的运动强度有低有高，并不是平稳与不变的，在有氧能力训练中也可采用不同训练强度相结合的方法，全面刺激网球运动员的有氧能

［1］Hazzell TJ, MacPherson RE, Gravelle BM, et al. 10 or 30-s sprint interval training bouts enhance both aerobic and anaerobic performance［J］. Eur J Appl Physiol, 2010, 10（1）: 153-160.

［2］Impellizzeri FM, Marcora SM, Castagna S, et al. Physiological and performance effects of generic versus specific aerobic training in soccer players［J］. Int J Sports Med, 2006, 27（6）: 483-492.

［3］Baiget E. Training methods for specific endurence in competitive tennis: Review and proposal［J］. Human Movement, 2011, 10（6）: 154-161.

［4］Fernandez JF, Zimek R, Wiewelhove T, et al. High-intensity interval training vs repeated-sprint training in tennis［J］. Journal of Strength & Conditioning Research, 2012, 26（1）: 53-62.

［5］Tabata I, Nishimura K, Kouzaki M, et al. Effects of moderate-intensity endurance and high-intensity intermittent training on anaerobic capacity and VO_2max［J］. Medicine & Science in Sports & Exercise, 1996, 28（10）: 1327-1331.

力代谢水平，Fernandez JF 等[1]的研究发现分别进行低强度（8~11min×2 组×3min 组间间歇）与高强度［（15s：15s）×（16~20）次×2 组×3min 组间间歇］相结合的专项有氧间歇训练和单一的低强度专项有氧间歇训练（8~11min×2 组×3min 组间间歇）分别使网球运动员在专项有氧能力测试中的最大摄氧量提高了4.2%和2.4%，反复冲刺能力测试成绩分别提高了2.2%和6.3%，其中低高强度相结合的间歇训练方法还显著提高了灵敏度测试成绩。

基于此，提高网球运动员有氧能力的专项训练方法主要为持续训练法和间歇训练法，但是，在专项训练中如何把握训练强度对运动员产生相应的有氧低强度、中强度和高强度刺激，如何紧密结合网球运动的专项特征，根据具体的训练任务和目的进行针对性的训练方法设计，以及如何在不同的专项训练形式下通过调整训练手段有效提高网球运动员不同强度的有氧能力水平依然是此方面研究的匮乏之处，也是本文进一步展开深入研究的重要出发点。

2.1.8 有关训练设计的研究

从国内外的相关文献资料现状分析来看，对网球无氧和有氧能力的专项训练设计理论与实践的相关研究较为有限，现有的研究成果多数局限于对网球运动员专项无氧和有氧能力特征方面的探索，且关于运动训练设计的研究也主要针对运动训练活动整体过程的安排，而运动员的无氧和有氧能力作为专项体能训练的重要部分，有关专项体能训练设计方面的研究也为运动员无氧和有氧能力的专项训练设计提供了重要的参考和依据。相关学者也提出训练设计的目标—模型构建的基本内容与方法，指出目标—模型训练计划构建的基本内容应包括起始状态诊断、确定训练目标、制订训练计划和具体训练内容等几个方面[2]，这是对训练活动过程的整体规划，任何一个运动项目都可以遵从该构建模型，但此理论缺乏对运动专项特征的分析环节以及对具体竞技能力要素的详细阐释。在此基础上，针对体能训练设计理论的研究相对较多，杨世勇[3]提出体能训练计划设计必须要结合专项特征，通过专项运动与需求分析、确定训练频次、确定训练量与强度

[1] Fernandez JF, Sanz D, Sarabia JM, et al. The effects of sport specific drills training or high-intensity interval training in young tennis players [J]. International journal of sports physiology and performance, 2016, 12 (1): 90-98.

[2] 邓运龙．运动训练的思维与设计［M］．北京：中国教育文化出版社，2007：252.

[3] 杨世勇．体能训练学［M］．北京：人民体育出版社，2012：11.

和间歇时间等步骤依次进行，且训练过程也要注重技术动作的质量，从而保证专项体能训练的效果。专项体能训练设计的步骤与过程更注重训练设计的专项性、科学性和有效性，水祎舟[1]的研究强调专项体能训练设计模式应该分为四个步骤：运动项目需求特征分析（比赛特征分析、运动模式分析、生理特征分析），运动员体能需求评估测试（体能状况与运动能力需求评估），体能训练目标确定，体能训练策划制定（体能训练周期、体能训练内容、体能训练方法、体能训练负荷、体能训练比例、体能训练顺序、体能训练实施、体能训练评价）。运动训练活动过程中的一个重要内容就是关于训练目标、训练内容、训练方法、训练负荷以及训练手段等在训练活动中的设计参与，而训练负荷的合理设计是产生有效训练刺激的前提。田麦久[2]对训练负荷的设计进行了详细的阐述，其强调训练负荷设计的依据应包括能量代谢的供给和应用特点、适用于超量恢复原理、竞技状态形成与发展的规律、运动项目专项特征与比赛情景及训练阶段的阶段性与周期性等。而在训练负荷设计中应注重考虑训练的时期或阶段，训练的目标内容与方法，运动员的性别、年龄和个性，疲劳恢复与损伤以及训练器材与环境等诸多因素。而王卫星[3]的研究中对体能训练的设计进行了更为详细的说明，主要包括训练目标的制定（起始状态诊断与目标状态诊断等），训练方法的设计（方法的比例、方法的指向、方法的选择等），训练负荷设计（负荷强度、负荷量度、负荷比例等），训练周期设计（周期选择、周期类型等），训练监测与评价（成绩、内容、方法等）。

总之，上述有关运动训练或体能训练设计的研究成果为网球运动员无氧和有氧能力的专项训练设计提供了重要参考，即训练活动的设计终究以“为何练”“练什么”“怎么练”及“练多少”为主题。基于此，网球运动员的无氧和有氧能力专项训练方案设计也应该以比赛特征和实际需求为出发点，从运动特征分析、专项能力评估、训练目标、训练内容、训练方法、训练手段、训练负荷控制等方面展开。

---

[1] 水祎舟．足球运动专项体能训练设计理论与实证［D］．北京：北京体育大学，2016.

[2] 田麦久．运动训练学［M］．2版．北京：高等教育出版社，2017：214-221.

[3] 王卫星．体能训练理论与实践［M］．北京：高等教育出版社，2012.

2.2 文献综述总结

本章主要围绕男子网球运动员无氧和有氧能力的专项训练方法设计理论与实证研究，对相关的研究成果进行系统的梳理与归纳，主要包括人体能量代谢的机理、网球运动的能量代谢与间歇特征、专项特征及其构成要素、网球比赛的运动特征与生理特征、网球运动员无氧能力及其训练方法、网球运动员有氧能力及其训练方法等方面。由上述研究成果得知，网球运动员在整场比赛中的能量代谢特征主要以有氧代谢为主，但在非间歇状态中的能量代谢主要以无氧代谢为主，其在发球、正手等技术动作中的无氧代谢具有更高的比例，为了解网球比赛中运动员的无氧和有氧能力特征、构建相应专项训练方法的设计理论提供了重要的依据；男子网球比赛中运动员表现出来的持续时间长而每分持续时间短、整场跑动距离长而每分跑动距离短、以低速与低强度跑动为主、间歇时间有限而每分运动时间不固定以及反复进行多向短距离加速与减速等特点，基本反映了网球比赛的基本运动特征，是专项训练方法、形式、内容以及负荷设计的重要参考；利用心率、血乳酸、摄氧量以及 RPE 等指标评价反映出男子网球运动员在比赛中的平均生理强度不高，但会随着每分的持续时间或回合增加而产生较大波动，且因场地材质、运动员水平以及打法类型等因素的不同而产生差异性；针对网球运动员无氧能力的训练方法中，运动持续时间长于间歇时间（运动员处于不完全恢复状态）的高强度间歇训练会对运动员无氧糖酵解代谢能力产生更有效的刺激，而在短时的极限强度间歇训练中，在运动持续时间小于间歇时间（完全恢复状态）的高强度间歇训练或重复训练的方法会对运动员无氧磷酸原代谢能力产生更有效的刺激；针对网球运动员有氧能力训练方法中，采用低强度的持续训练法和不完全恢复状态下高强度的间歇训练法均可有效提高网球运动员的有氧代谢能力。

上述研究存在的不足主要有以下 3 个方面。①对网球运动员无氧和有氧能力的专项特征的把握，要从网球运动项目规律和比赛需求角度进行多维度探索，才能为构建网球运动员无氧和有氧能力的专项训练方法设计理论体系提供借鉴和参考。但当前，从网球运动员无氧和有氧能力出发进行针对性的专项训练方法设计体系的研究较为稀缺，还没有构建出一套有效、合理及实用性较强的训练方法设计体系。②如何利用高科技设备与相应的评价手段合理地探别专项训练的有效性和针对性的研究较为匮乏，对专项训练负荷与比赛负荷的相应性或一致性特征也缺乏深入的研究，针对网球运动员无氧和有氧能力的专项训练应该围绕“为何练”“练什么”“练多少”“怎么练”等展开，但都没有被深入系统探究。③更多的研究主要是针对男子网球运动员无氧和有氧能力特征的评价，而针对男子网球运动员无氧和有氧能力的专项训练设计的研究却很少。虽然较少的研究也采用持续训练法或间歇训练法对网球运动员无氧和有氧能力训练的长期影响进行阐释，但没有从运动员的比赛特征和需求出发，对网球运动员无氧能力训练进行详尽的分类并且证实针对无氧无乳酸能力和无氧有酸能力更有效的训练方法设计；在有氧能力训练方面，相关研究也只是采用持续训练法和间歇训练法结合个别专项训练形式探索对运动员有氧能力的长期影响，但针对如何把握训练强度对运动员产生相应的有氧低强度、中强度和高强度刺激，如何紧密结合网球运动的专项特征并根据具体的训练任务和目的进行针对性的训练方法设计，以及如何在不同的专项训练形式下通过调整训练手段要素有效促进网球运动员不同强度的有氧能力水平等方面的研究也很匮乏。

因此，本书基于上述研究的总结与不足，从网球运动员比赛需要与运动特征出发，探求提高男子网球运动员无氧和有氧能力训练方法设计的目的、内容、手段、评价、负荷等特征，并进行理论构建与假设，再通过先进的监控设备与有效的评价手段对设计理论进行科学的论证，以检验其有效性和实践性。使本书在丰富网球运动员专项训练理论体系的同时，也为顶尖男子网球训练实践提供参考。

3　研究对象、方法、技术路线

3.1　研究对象

根据不同的研究内容需要，本研究所涉及的研究对象主要包括观察对象和实验对象。

观察对象：以10名世界顶尖男子网球运动员（以2018年1月1日更新的ATP积分世界排名前十）为观察对象（表3.1），通过对观察对象比赛特征的归纳总结，全面了解男子网球运动的比赛需求和项目特征，为本研究所涉及专项训练方法设计提供依据。

表3.1　观察对象基本信息表

运动员	ATP排名	2017赛季胜率	运动员	ATP排名	2017赛季胜率
纳达尔	1	85.90%	西里奇	6	65.53%
费德勒	2	91.23%	戈芬	7	68.83%
迪米特洛夫	3	72.06%	索克	8	64.91%
兹维列夫	4	72.00%	布斯塔	9	59.32%
蒂姆	5	64.38%	德尔波特罗	10	70.37%

实验对象：以16名男子专业网球运动员为试验对象，平均年龄为20.8岁，平均身高约为182.46cm，平均体重约为76.67kg，平均训练年限为10.33年，基本信息如表3.2所示，所有实验对象的运动等级均为国家一级及以上，所有实验对象的详细信息见附录C。

表 3.2　实验对象基本信息表

人数	性别	年龄（岁）	身高（cm）	体重（kg）	训练年限（年）
16	男	20.8±2.15	182.46±7.07	76.67±5.32	10.33±2.85

3.2　研究方法

3.2.1　文献资料法

通过北京体育大学图书馆、中国期刊网、百度学术、Web of Science、Google Scholar、Research Gate 等国内外文献数据库检索，收集与网球运动员无氧和有氧能力训练理论与实践有关的大量文献资料，并通过从北京体育大学图书馆借阅有关运动训练学、运动生理学及网球训练等方面的书籍，在详细阅读与整理各类资料的基础上，结合本研究的主题内容对相关理论进行探究，将其中一部分作为本研究的研究理论基础和分析依据，本研究的文献来源与应用情况见表 3.3。

表 3.3　文献资料的分类及对本研究的贡献作用

文献资料分类	主要了解内容	文献的贡献作用
网球运动的规律与认识	网球运动项目规律、训练观念等	为本研究选题提供重要依据
运动训练理论	运动训练体系的构成：目标、内容、方法、负荷、周期等，训练观念	为本研究选题提供参考，为训练设计理论体系的建立提供理论依据
人体能量代谢机制	无氧和有氧能力代谢的机制	全面了解人体能量代谢的基本特点和机理，为网球专项无氧和有氧能力训练方法设计理论体系提供理论依据
网球运动能量代谢	网球运动技术、移动、局、场等的能量代谢特征	为网球运动员无氧和有氧能力专项训练方法设计理论体系提供支撑
网球比赛的运动特征	网球比赛中运动员的技术应用频次、跑动特点、运动时间、间歇时间、运动间歇比等特征	为本研究归纳和分析当前顶尖男子网球单打比赛的运动与间歇特征指标的选择以及结果分析等提供参考

续表

文献资料分类	主要了解内容	文献的贡献作用
网球比赛的运动员生理特征	网球比赛中运动员的心率、摄氧量、血乳酸等生理强度特征	为本研究了解网球运动员生理强度与能量代谢特点及选择训练与比赛强度的评价指标提供参考
训练设计理论	训练设计的模式、要素与过程	为本研究进行网球运动员无氧和有氧能力的专项训练方法设计提供依据和参考
网球运动员无氧能力及其训练方法	不同形式的重复、间歇等训练方法对网球运动员无氧能力训练的效应	为本研究设计网球运动员无氧能力的专项训练方法等提供参考
网球运动员有氧能力及其训练方法	不同形式的间歇、持续等训练方法对网球运动员有氧能力训练的效应	为本研究设计网球运动员有氧能力的专项训练方法等提供参考

3.2.2 专家访谈法

围绕现代网球运动的基本规律、我国竞技网球的发展现状与不足、男子网球比赛的基本特征与评价指标、男子网球运动员无氧和有氧能力的专项训练方法设计等基本问题，有针对性地对从事网球教学科研工作者、体能训练专家以及网球教练员等相关专家进行采访，为本研究男子网球运动员无氧和有氧能力的专项训练方法设计理论构建和实证提供参考，访谈专家及名单如表3.4所示，访谈提纲见附录A。

表3.4 访谈专家人员名单及信息

专家姓名	工作单位	职称
唐××	北京体育大学	教授
曾××	北京体育大学	教授
周××	北京体育大学	教授
Ferrauti A	德国鲁尔大学	教授
孙××	北京体育大学	副教授
孙××	北京体育大学	副教授

续表

专家姓名	工作单位	职称
祁×	北京体育大学	副教授
魏××	北京体育大学	副教授
江××	四川职业网球学院	高级教练员
李××	四川职业网球学院	高级教练员
姜×	江苏省网球运动管理中心	高级教练员
施×	天津市网球运动管理中心	高级教练员
张×	河南省网球运动管理中心	高级教练员

专家访谈的主要内容：①在确定论文研究方向时，对从事网球运动的科研人员以及教练员等主要针对选题依据、研究意义、研究现状等问题进行访谈，综合各专家的建议，最终确定论文研究的内容和方向；②对从事网球运动的科研人员以及教练员等针对网球运动的基本规律、比赛的运动与间歇特征，以及我国网球运动发展的现状与不足等问题进行访谈；③针对构建和实证男子网球运动员无氧和有氧能力的专项训练方法理论体系，对专家进行访谈，内容主要集中在理论体系的目标、内容、手段、负荷安排等问题上。

3.2.3 问卷调查法

本书在查阅大量国内外有关网球运动员无氧和有氧能力的专项训练的文献资料的基础上，结合相关专家的访谈结果与建议，设计了针对各项研究指标的专家问卷调查表（见附录 B），表内涵盖了设计理论体系的内容指标、网球比赛的运动与间歇指标、专项测试方法、无氧能力的专项训练评价指标和有氧能力的专项训练评价指标五个方面，每个一级指标又包含不同内容的二级指标。本书对问卷进行了效度与信效度检验，以确保客观且准确地反映该问卷的可靠性与可信性水平。问卷的效度检验主要包括内容效度和结构效度两个方面，本研究问卷的效度检验是采用专家打分的形式确定的，经访谈专家中的 8 名专家（表 3.5）对问卷内容效度的评价显示，累计有 75.0%的专家对问卷的内容非常满意或比较满意（表 3.6），累计有 87.5%的专家对问卷的结构非常满意或比较满意（表 3.7）。

表 3.5 问卷效度检验的专家组成员情况表

专家组成情况	正高职称	副高职称	网球领域专家	体能领域专家
人员分布（人）	4	4	4	4
人员比例（%）	50	50	50	50

表 3.6 问卷的内容效度检验结果

结果	非常满意	比较满意	基本满意	不太满意	不满意
频数（次）	3	3	2	0	0
比例（%）	37.5	37.5	25.0	0	0

表 3.7 问卷的结构效度检验结果

结果	非常满意	比较满意	基本满意	不太满意	不满意
频数（次）	3	4	1	0	0
比例（%）	37.5	50	12.5	0	0

本研究在 2018 年四川泸州国际网球公开赛期间对国内外知名网球教练员和体能教练进行了问卷发放与调查，共发放问卷 35 份，回收 33 份，回收率为 94.3%，有效问卷 32 份，有效率为 96.9%，如表 3.8 所示。

表 3.8 问卷调查人员情况和问卷回收情况表

问卷调查人员情况	国家级教练员	高级教练员	中级教练员	体能教练	合计
发放份数（份）	7	12	10	6	35
回收份数（份）	7	12	9	5	33
有效份数（份）	7	11	9	5	32

由于本研究中涉及的调查对象工作流动性较大，采用重测或复本信度较难实施，所以对问卷的信度检验采用了 Alpha 信度系数法进行判定。通常认为，量表的信度系数在 0.9 以上，表示量表的信度很好；量表的信度系数为 0.8~0.9，表示量表的信度可以接受；量表的信度系数为 0.7~0.8，表示量表有些项目需要修订。问卷的调查结果通过 SPSS 软件中专门用来进行测验信度分析的 Reliability Analysis，使用 Data Reduction 之下的 Alpha 模型对问卷调查结果的内在信度进行检验，通过统计计算得出该问卷总的 Cronbach a 系数为 0.866，说明此问卷具有较

好的信度水平（表3.9）。

表3.9　问卷信度检验结果

	理论指标	比赛指标	测试方法	无氧评价指标	有氧评价指标	总体
Cronbach a	0.781	0.833	0.946	0.745	0.800	0.866
N	7	10	6	6	6	35

针对指标选择的问卷处理，本研究均采用加权平均数法对问卷调查结果进行统计分析，最终按照各个指标的权重，采用定量和定性相结合的方法确定本研究的所有指标体系。加权平均数法不仅受变量值的影响，还受权数值的影响，在平均数计算过程中，区别不同指标值相对重要性的计量数值，被称为权数或权重（v_i），用f_i表示第i个标志值次数数值，v_i表示权重值，加权平均数计算公式为Σ（$f_1 \times v_1 + f_2 \times v_2 + f_3 \times v_3 + f_4 \times v_4 \cdots f_i \times v_i$）/$\Sigma$（$f_1 + f_2 + f_3 + f_4 \cdots f_i$），根据公式对问卷统计结果进行计算，计算结果如表3.10～表3.14所示，最终确立了本研究的各项指标。

根据对男子网球运动员无氧和有氧能力专项训练方法设计理论要素的问卷调查结果（表3.10），最终选择训练目标、训练内容、训练方法、训练监控等指标作为男子网球运动员无氧和有氧能力专项训练方法设计理论构建的主要指标。

表3.10　男子网球运动员无氧和有氧能力专项训练方法设计理论构成的加权平均数统计表

指标	非常重要	重要	一般	不重要	非常不重要	加权平均数
训练目标	32×5	0×4	0×3	0×2	0×1	5.000
训练内容	32×5	0×4	0×3	0×2	0×1	5.000
训练方法	32×5	0×4	0×3	0×2	0×1	5.000
训练监控	28×5	4×4	0×3	0×2	0×1	4.875
训练周期	12×5	8×4	4×3	8×2	0×1	3.750
训练原则	8×5	8×4	12×3	4×2	0×1	3.625
训练评价	4×5	8×4	12×3	8×2	0×1	3.250

根据对顶尖男子网球比赛运动与间歇特征的问卷调查结果（表3.11），最终选择将跑动距离、跑动速度、回合时间、间歇时间、运动间歇比、击球频次、跳跃次数、变向次数、急起次数和急停次数指标作为顶尖男子网球比赛运动与间歇

特征分析的主要指标。

表 3.11 顶尖男子网球比赛运动与间歇特征指标的加权平均数统计结果

指标	非常重要	重要	一般	不重要	非常不重要	加权平均数
跑动距离	32×5	0×4	0×3	0×2	0×1	5.000
跑动速度	32×5	0×4	0×3	0×2	0×1	5.000
回合时间	32×5	0×4	0×3	0×2	0×1	5.000
间歇时间	32×5	0×4	0×3	0×2	0×1	5.000
运动间歇比	32×5	0×4	0×3	0×2	0×1	5.000
击球频次	28×5	4×4	0×3	0×2	0×1	4.875
跳跃次数	28×5	4×4	0×3	0×2	0×1	4.875
变向次数	20×5	8×4	4×3	0×2	0×1	4.500
急起次数	16×5	12×4	4×3	0×2	0×1	4.375
急停次数	16×5	12×4	4×3	0×2	0×1	4.375

根据对男子网球运动员专项有氧能力和最大心率测试方法的问卷调查结果（表 3.12），最终选择了 HIT-TURN 测试为专项有氧能力和最大心率的测试方法。

表 3.12 男子网球运动员有氧能力和最大心率测试方法的加权平均数统计结果

指标	非常重要	重要	一般	不重要	非常不重要	加权平均数
HIT-TURN 测试	28×5	4×4	0×3	0×2	0×1	4.875
YO-YO 测试	20×5	8×4	4×3	0×2	0×1	4.500
多球递增测试	16×5	12×4	4×3	0×2	0×1	4.375
Weber 测试	12×5	12×4	4×3	4×2	0×1	4.000
Baiget 测试	12×5	12×4	4×3	4×2	0×1	4.000
折返跑测试	8×5	12×4	8×3	4×2	0×1	3.750

根据对男子网球运动员无氧能力专项训练评价指标的问卷调查结果（表 3.13），最终选择了以血乳酸、心率、跑动速度、s-RPE（session RPE）等指标作为评价男子网球运动员无氧能力专项训练的主要指标。

表 3.13　男子网球运动员无氧能力训练方法的评价指标加权平均数统计结果

指标	非常重要	重要	一般	不重要	非常不重要	加权平均数
血乳酸	32×5	0×4	0×3	0×2	0×1	5.000
心率	32×5	0×4	0×3	0×2	0×1	5.000
跑动速度	32×5	0×4	0×3	0×2	0×1	5.000
s-RPE	24×5	4×4	4×3	0×2	0×1	4.625
跑动距离	0×5	4×4	12×3	8×2	8×1	2.375
摄氧量	0×5	0×4	16×3	8×2	8×1	2.250

根据对男子网球运动员有氧能力专项训练评价指标的问卷调查结果(表 3.14)，结合部分指标的实际操作性特点，最终选择了心率和 s-RPE 等指标作为评价男子网球运动员有氧能力专项训练的主要指标。

表 3.14　男子网球运动员有氧能力训练方法的评价指标加权平均数统计结果

指标	非常重要	重要	一般	不重要	非常不重要	加权平均数
心率	32×5	0×4	0×3	0×2	0×1	5.000
s-RPE	32×5	0×4	0×3	0×2	0×1	5.000
摄氧量	24×5	4×4	4×3	0×2	0×1	4.625
跑动距离	8×5	8×4	12×3	4×2	0×1	3.625
跑动速度	4×5	4×4	16×3	8×2	0×1	3.125
血乳酸	0×5	0×4	12×3	20×2	0×1	2.375

3.2.4　录像分析法

（1）本研究运用录像分析法结合比赛体能数据报告，对 10 名顶尖男子网球运动员（ATP 积分世界排名前十）参加的共 50 场单打网球比赛的技术使用频次特征、运动与间歇特征、跑动特征等进行统计，其反映的男子网球运动特征是本研究男子网球运动员无氧和有氧能力的专项训练方法设计的重要依据。虽然网球比赛按球场材质可分为硬地、红土和草地等比赛类型，但是本研究主要选取了硬地和红土比赛作为观察对象，因为职业巡回赛以硬地和红土比赛为主，而草地比赛的比例太小，且专家也认为草地赛事比例太小，不纳入研究范畴是可行的。本研究所选取的世界前十男子网球运动员的最新 ATP 排名更新日期为 2018 年 1 月 1 日。

（2）本研究主要选取了十名世界顶尖男子网球运动员所参加的年终总决赛和部分大师赛等共 50 场单打比赛，所有比赛赛制均采用三盘两胜制，所选比赛的结果与运动员对阵信息如表 3.15 所示。

表 3.15　所选比赛的赛事名称和对阵信息情况一览表

赛事名称	轮次	对阵双方与比赛结果
2017 年 ATP 年终总决赛	小组赛	兹维列夫-西里奇（6:4、3:6、6:4）
	小组赛	费德勒-索克（6:4、7:6）
	小组赛	索克-兹维列夫（6:4、1:6、6:4）
	小组赛	迪米特洛夫-布斯塔（6:1、6:1）
	小组赛	费德勒-西里奇（6:7、6:4、6:1）
	小组赛	戈芬-蒂姆（6:4、6:1）
	小组赛	迪米特洛夫-戈芬（6:0、6:2）
	小组赛	蒂姆-布斯塔（6:3、3:6、6:4）
	小组赛	费德勒-兹维列夫（6:4、7:6）
	小组赛	索克-西里奇（6:4、3:6、6:4）
	小组赛	戈芬-纳达尔（7:6、6:7、6:4）
	小组赛	迪米特洛夫-蒂姆（6:3、5:7、7:5）
	半决赛	戈芬-费德勒（2:6、6:3、6:4）
	半决赛	迪米特洛夫-索克（4:6、6:0、6:3）
	决赛	迪米特洛夫-戈芬（7:5、4:6、6:3）
2018 年印第安维尔斯大师赛	半决赛	费德勒-丘里奇（5:7、6:4、6:4）
	半决赛	德尔波特罗-拉奥尼奇（6:2、6:3）
	决赛	德尔波特罗-费德勒（6:4、6:7、7:6）
2018 年迈阿密大师赛	半决赛	伊斯内尔-德尔波特罗（6:1、7:6）
	半决赛	兹维列夫-布斯塔（7:6、6:2）
	决赛	伊斯内尔-兹维列夫（6:7、6:4、6:4）
2018 年蒙特卡洛大师赛	半决赛	纳达尔-迪米特洛夫（6:4、6:1）

续表

赛事名称	轮次	对阵双方与比赛结果
2018年蒙特卡洛大师赛	半决赛	锦织圭-兹维列夫（3:6、6:3、6:4）
	决赛	纳达尔-锦织圭（6:3、6:2）
2018年马德里大师赛	半决赛	蒂姆-安德森（6:4、6:2）
	半决赛	兹维列夫-沙波瓦洛夫（6:4、6:1）
	决赛	兹维列夫-蒂姆（6:4、6:4）
2018年罗马大师赛	半决赛	纳达尔-德约科维奇（7:6、6:3）
	半决赛	兹维列夫-沙波瓦洛夫（7:6、7:5）
	决赛	兹维列夫-蒂姆（6:1、1:6、6:3）

（3）所有比赛录像均下载于爱奇艺视频库，且未受网站的修改编辑和特殊处理，保证了比赛录像的全面性和完整性。利用爱奇艺视频播放软件，采用0.5倍播放速度进行录像解析，并通过Excel 2010进行记录，每场比赛均重复观看两遍，第一遍是对技术应用频次和时间的统计，第二遍是对动作应用频次的统计，统计结束后利用函数公式对统计结果进行描述性计算，最后导入SPSS 22.0分析软件进行针对性分析处理，比赛录像分析与记录操作表见附录D所示。

（4）本研究对技术指标、动作指标、跑动指标以及时间指标进行了相应的界定，如表3.16所示。

表3.16　男子网球比赛相关指标的界定

观察指标	具体内容	概念界定
技术指标	发球	每一分回合开始的第一拍击球，包括一发二发
	正手	球拍从持拍手同侧向异侧挥动的击球动作（上旋、平击）
	反手	球拍从持拍手异侧向同侧挥动的击球动作（上旋、平击）
	截击	球落地之前直接将球回击的动作（正手、反手）
	削球	球拍从上而下挥动的击球动作（正手、反手）
	高压	击球点在头部以上，球拍自下而上挥动的击球动作
	小球	用切球的形式将球回至对方球场离网较近区域的动作
动作指标	跳跃	双脚腾空纵跳动作或单脚跨步跳跃动作

续表

观察指标	具体内容	概念界定
动作指标	急起	运动员从减速制动即刻或分腿垫步后冲刺的动作
	急停	运动员减速制动即刻或分腿垫步前的动作
	变向	运动员从一侧方向移动，再转向异侧方向移动的动作
跑动指标	跑动距离	比赛中运动员的总位移路程
	跑动速度	比赛中运动员在单位时间内跑动的距离
时间指标	回合时间	每一分回合从开始到结束的持续时间
	间歇时间	每局中从每一分回合结束到下一分回合开始的持续时间
	运动间歇比	每局中每分回合的持续时间与局后间歇时间的比值
	总运动时间	每分回合的总持续时间与总间歇时间的总和
	有效运动时间比	每分回合总持续时间与总运动时间的比值

（5）对比赛统计的客观性把握是网球比赛数据分析和比赛特征归纳的基础条件，为了保证本研究中所选的50场顶尖网球比赛统计结果的客观性，由3位不同的研究者对同一名运动员13局比赛的高强度活动与间歇特征等指标进行录像观察与统计记录，然后利用单因素方差分析对3名研究人员所统计的每项指标的结果进行统计处理，以检验3名研究者统计结果的差异性、一致性和客观性。如果3名研究者之间的统计评价结果不存在显著性差异，则表明统计结果不受研究者主观因素的影响，即各统计指标具有较强的客观性；反之，则说明统计评价随机性较大，客观性较低。单因素方差分析结果（表3.17）显示：发球指标在3名研究者间方差分析统计量$F=0.018$，P值$=0.998$且大于0.050，表明3名不同研究者所统计的平均每局的发球次数相同；正手、反手、削球、截击、高压、小球指标在3名研究者间方差分析统计量均为0.000，P值$=1.000$且大于0.050，故3名不同研究者所统计的平均每局的正手、反手、削球、截击、高压、小球等的次数均相同；此外，跳跃、急起、急停、变向、运动时间和间歇时间指标的方差分析统计量F值分别为0.017、0.002、0.017、0.002、0.008、0.020，且P值均大于0.050，表明3名研究者间所统计的平均每局的跳跃、急起、急停、变向、运动时间和间歇时间指标均相同，没有显著性差异，说明50场比赛的统计结果具有一定的客观性，并满足研究要求。

表 3.17　3 名研究者统计指标的单因素方差分析结果

指标	平方和	df	均方	F	Sig
发球（Between Group）	0.000	2	0.333	0.018	0.998
正手（Between Group）	0.000	2	0.000	0.000	1.000
反手（Between Group）	0.000	2	0.000	0.000	1.000
削球（Between Group）	0.000	2	0.000	0.000	1.000
截击（Between Group）	0.000	2	0.000	0.000	1.000
高压（Between Group）	0.000	2	0.000	0.000	1.000
小球（Between Group）	0.000	2	0.000	0.000	1.000
跳跃（Between Group）	0.359	2	0.179	0.017	0.983
急起（Between Group）	0.667	2	0.333	0.002	0.998
急停（Between Group）	0.359	2	0.179	0.017	0.999
变向（Between Group）	0.205	2	0.103	0.002	0.998
运动时间（Between Group）	16.167	2	8.083	0.008	0.992
间歇时间（Between Group）	163.362	2	81.681	0.020	0.980

（6）为保证比赛统计结果的可靠性，研究者分别对同一名运动员在同一场比赛中的高强度活动与间歇特征等指标进行了重复统计，两次统计的间隔时间为 3 周，并对两次统计的指标进行了相关性分析，以检验统计结果的可靠性。如果同一名研究者两次的统计评价结果存在较高的相关性或一致性，则说明研究者的统计评价具有较高的可重复性和可靠性。本研究将第一次统计的各项指标分别标注为发球、正手、反手、削球、截击、高压、小球、跳跃、急起、急停、变向、运动时间和间歇时间，对第二次统计的各项指标相对应标注为发球 1、正手 1、反手 1、削球 1、截击 1、高压 1、小球 1、跳跃 1、急起 1、急停 1、变向 1、运动时间 1 和间歇时间 1。在对两次统计结果进行相关性分析之前，先利用散点图对两次统计结果进行了相关趋势判断，使其随后的相关性分析更具有统计分析意义，两次统计的散点图结果显示，两次统计结果的相对应指标之间均存在一定的正相关关系，下一步可以直接进行相关性分析，以进一步明确彼此之间相关性的存在性及其程度大小（图 3.1）。

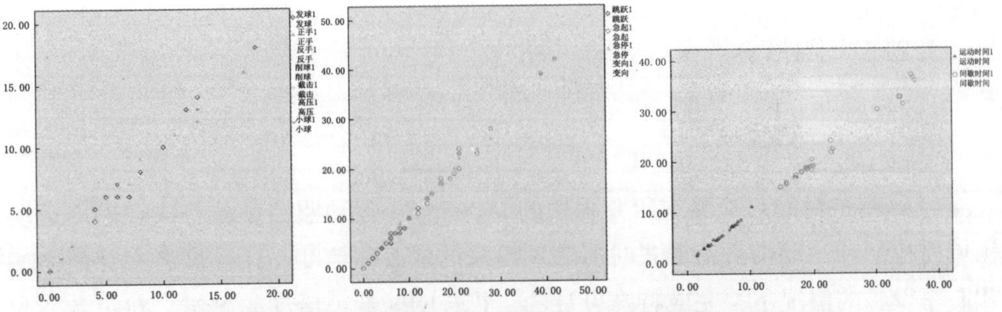

图 3.1　顶尖男子网球比赛指标数据统计的信度检验分析散点图

两次统计结果（图 3.2）的相关性分析表明，发球、正手、削球、截击、跳跃、急起、急停、变向、运动时间以及间歇时间等指标重测结果的相关系数分别为 0.99、0.98、0.99、0.98、0.95、0.96、0.97、0.95、0.91 和 0.89，具有较高的正相关性，且均具有统计学意义（$P<0.01$）；其中，反手、高压、小球等指标的相关性均表现出完全正相关性特征，即相关系数 $r=1.00$，也均具有统计学意义（$P<0.01$）。因此，检验结果表明，研究者两次统计评价结果的相关性较高，各项统计结果具有较高的可靠性和可信度，符合统计要求和满足研究需要。

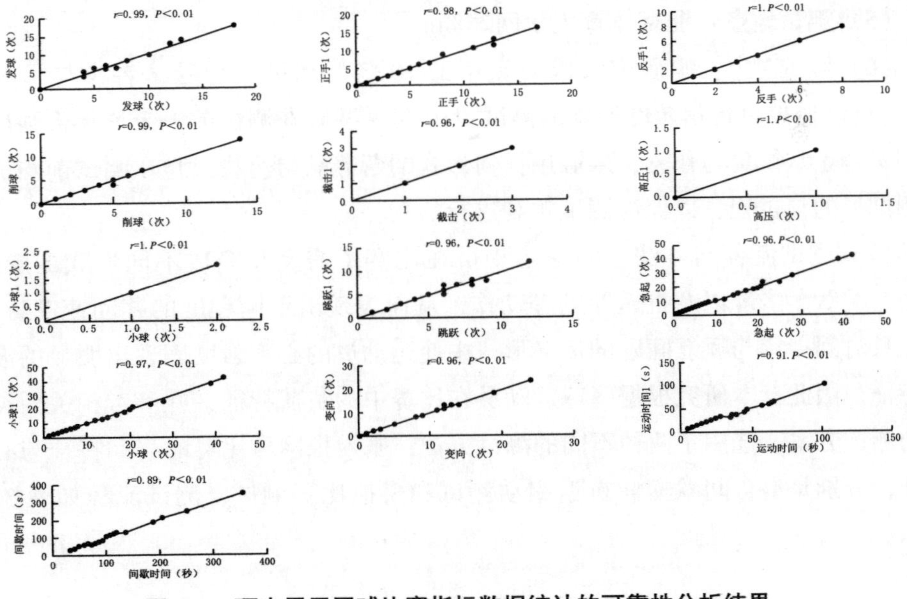

图 3.2　顶尖男子网球比赛指标数据统计的可靠性分析结果

3.2.5 测试法

3.2.5.1 测试一

（1）测试目的：检测本研究采用的MT-Sports运动监控设备首次在网球运动领域监控网球运动员活动形式时所表现出来的效度和信度。让受试者在穿戴GPS和心率设备的情况下，完成特殊设计的、符合网球专项活动的测试，对设备所收集的跑动和心率数据以及收集的跑动和心率数据与校标之间进行对比，进而确定MT-Sports监控系统的GPS和心率设备的信度和效度情况。

（2）测试仪器与设备：MT-Sports运动监控设备（GPS采集单元和心率采集单元）、Polar团队心率监控系统、秒表。

（3）测试指标：跑动距离、最高速度、不同速度区间（<1m/s、1~2m/s、2~3m/s、3~4m/s、4~5m/s和>5m/s）的跑动距离、最高心率、平均心率、不同心率区间（<60%HRmax、60%~69%HRmax、70%~79%HRmax、80%~89%HRmax和>90%HRmax）的持续时间。

（4）测试时间：2018年4月12日12：00—13：20。

（5）测试地点：北京体育大学网球场。

（6）测试对象：本研究实验对象中的10名运动员作为受试者参与了MT-Sports运动监控设备信效度检验的测试，10名受试者在测试前1天均无大强度运动并保持正常饮食与作息，未服用任何形式的营养品与药物，且在测试前均被告知测试目的与过程，以保证测试顺利进行。

（7）测试流程与方法：网球运动员在比赛中需反复完成不同形式的起动、制动、跳跃、击球以及折返冲刺等动作，从而表现出不同程度的移动速度特点，且在长时间持续与反复间歇的运动形式中使运动员的心率强度表现出明显的波动性特征。因此，本研究根据网球运动员在比赛中的负荷特征，并参考相关同类研究的测试方案，选用了两种不同的测试方法，来模拟网球比赛的移动特征与心率特征，分别是混合间歇横向折返跑动测试和模拟比赛测试，测试流程如表3.18所示。

表 3.18 设备信效度检验测试流程安排

测试时间	测试流程
12：00—12：10	测试人员布置场地，受试运动员进行热身活动
12：10—12：20	测试人员讲解示范测试要求与流程，受试运动员完成熟悉性练习
12：20—12：30	受试运动员佩戴测试仪器并进行调配检查
12：30—12：40	混合间歇横向折返跑动测试
12：40—12：50	模拟比赛前准备活动
12：50—13：10	模拟比赛测试
13：10—13：20	测试人员上传保存数据、整理仪器，受试者运动员放松拉伸

具体的测试流程如下。所有受试运动员先完成慢跑与拉伸等常规热身活动，准备活动结束后由测试人员讲解与示范混合间歇横向折返跑动测试，然后所有受试运动员完成相应的熟悉性练习，并在测试人员的协助下佩戴两套 GPS 和心率采集单元，先进行混合间歇横向折返跑动测试（图 3.3）。测试时所有受试运动员静止站立在起点处（球场双打边线后），在接到测试人员的语言提示后，先全力冲刺至对侧双打边线处，然后转身再慢走至起点处，依次重复，共完成 10 次，单次的校标跑动距离为 10.98m，校标总跑动距离为 109.8m。为了保证受试运动员的实际跑动距离尽可能地接近预期的跑动距离，在跑动路线的两端分别摆放球拍作为标志物，以避免非直线跑动，且在测试过程中由测试人员对受试运动员进行语言鼓励与提示。受试运动员在完成混合间歇横向折返跑动测试后休息 10min，并由测试人员讲解模拟比赛测试的方法与要求，在此测试正式开始之前，所有受试运动员在佩戴两套 GPS 采集单元和心率采集单元的基础上再佩戴一套 Polar 心率表，测试时两人一组，分别完成 30min 的单打模拟比赛，比赛规则按正式比赛要求，所有受试运动员在测试人员的提示下统一开始比赛，计时 30min 后，测试人员提示所有受试运动员统一终止模拟比赛。测试人员通过操作 PAD 及时终止测试并保存数据，待所有数据上传成功后，测试人员整理仪器，受试运动员进行放松拉伸活动。

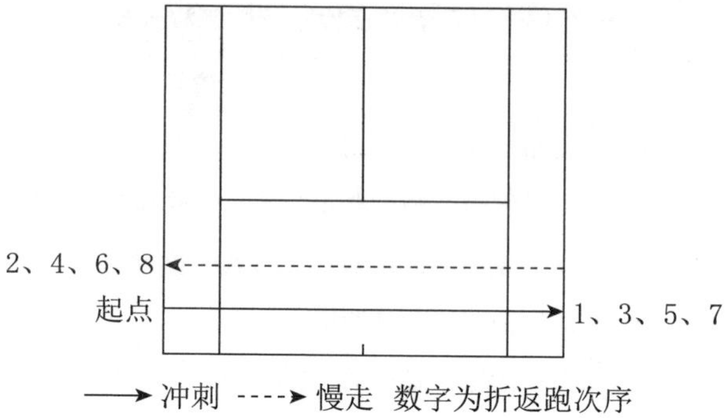

图 3.3　混合间歇折返跑动测试示意图

3.2.5.2　测试二

（1）测试目的：通过对 16 名受试者进行专项最大移动速度测试[1]，为本研究实证实验中 MT-Sports 监控系统建立跑动速度区间标准以及训练强度设计奠定基础与依据。

（2）测试仪器与设备：MT-Sports 运动监控系统、区间速度测试仪、秒表、模拟击球器。

（3）测试指标：底线横向移动正手击球的最大位移速度与时间、底线横向移动反手击球的最大位移速度与时间。

（4）测试对象：本研究的 16 名实验对象，所有受试运动员在测试前 1 天均无大强度运动并保持正常饮食与作息，未服用任何形式的营养品与药物，且在测试前均被告知测试目的与过程，以保证测试顺利进行。

（5）测试流程与方法（图 3.4）：受试运动员完成约 10min 的热身活动（3min 慢跑、3min 动态拉伸、3min 正反拍对打练习、1min 熟悉性练习）后，休息 3min 并佩戴 MT-Sports 运动监控设备，做好测试准备。底线横向移动正手击球最大移动速度测试要求受试运动员持拍站立于球场左侧双打边线处准备，当接到测试人员信号指示后，受试运动员快速冲刺通过对侧双打边线并完成模拟击球，速度测试仪记录受试运动员冲过对侧双打边线时的瞬时速度，且测试人员用秒表记录受试运动员从起点冲到终点的时间，每一次测试后间歇 1min，再进行

[1] Ferrauti A, Pluim BM, Weber K. The effect of recovery duration on running speed and stroke quality during intermittent training drills in elite tennis players [J]. Journal of Sports Sciences, 2001, 19 (4): 235-242.

下一次测试，每人共完成三次测试，测试人员对每次测试成绩进行记录并取三次测试的最好成绩。底线横向移动反手击球最大移动速度测试要求同上，但受试运动员的移动方向相反。

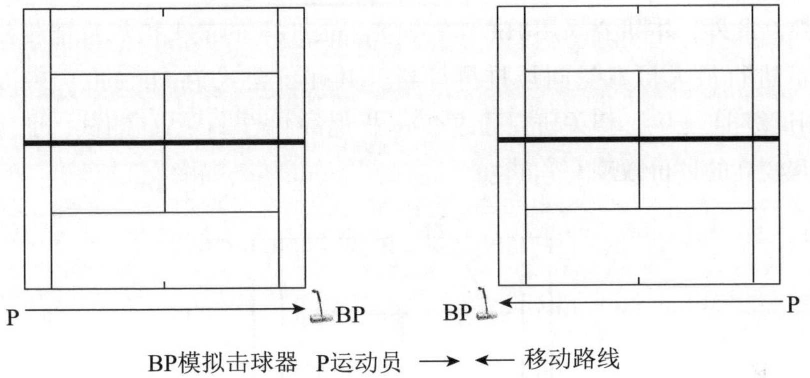

图 3.4 网球运动员底线横向移动模拟击球最大速度测试示意图

3.2.5.3 测试三

（1）测试目的：本研究对所有受试者进行"Hit & Turn Tennis Test"（网球轮换跑动击球测试），其测试结果为本研究中 MT-Sports 监控系统建立心率强度区间标准以及训练强度评价奠定了基础与依据，且客观了解受试男子网球运动员最大专项有氧能力水平和最大心率。

（2）测试仪器与设备：MT-Sports 运动监控系统、CD 机、模拟击球器、秒表。

（3）测试指标：最大心率、最大摄氧量（估值）、测试最大级别数。

（4）测试对象：本研究的 16 名实验对象。

（5）测试流程与方法：受试运动员先绕网球场慢跑 5min，然后进行 5min 的动态拉伸，最后完成 5min 正反拍对打热身练习，休息 3min 并完成监控设备佩戴与调试之后，再进行正式测试。测试方法如图 3.5 所示，固定击球器分别置于两侧双打边线的中心点和与底线的交界处（击球器之间距离约 11m），受试运动员持拍在底线中点位置准备，伴随 CD 的提示音进行测试，当提示音响起时，受试运动员迅速起动（分腿垫步、滑步）并移动至目标区完成正手或反手模拟击球，击球后迅速回位（交叉步、滑步）至起点位置并向另一侧目标区移动并完成模拟击球，连续重复进行。起始阶段的两次击球之间的时间为 4.9s，每完成一级时两次击球间的时间递减 0.1s，直到最后一级（第 20 级）的击球时间间隔为 3s，每一级练习的用时为 47~50s（12~16 次击球），1~14 级的级间休息时间为 10s，14~20 级为 20s 间歇，当受试运动员无法及时到达目标区（差 1m 以上）或无法完成完整的击球动作时终止测试，心率由受试运动员佩戴的 MT-Sports 监控系统全程监控。此外，本研究采用 Hit & Turn Tennis Test 的最大摄氧量推测公式对受试运动员进行最大摄氧量间接推测评价，其评价公式为 $VO_2\max = 30.0 + 2.00x$（最大测试级别）[1]，相关研究通过 20m 折返冲刺与 YO-YO 测试，证实此测试方法具有较高的评价效度[2]。

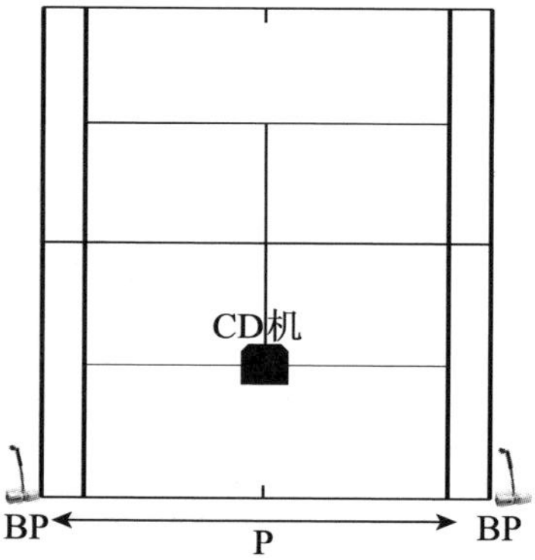

图 3.5　Hit & Turn Tennis Test 示意图

3.2.5.4　测试四

（1）测试目的：因正式比赛规则不允许运动员佩戴可穿戴设备，本研究对所有受试运动员分别进行了模拟比赛监控测试和日常训练课的监控测试，以了解受试男子网球运动员在比赛与训练中的实际负荷强度特征，为无氧和有氧能力的专项训练方法设计实证提供依据。

（2）测试仪器与设备：MT-Sports 运动监控系统、秒表。

（3）测试指标：跑动距离、最高速度、不同速度区间（<1m/s、1~2m/s、

---

[1] Ferrauti A, Kinner V, Fernandez JF. The Hit & Turn Tennis Test: An acoustically controlled endurance test for tennis players [J]. J Sports Sci, 2011, 29 (5): 485-494.

[2] Urso RP, Okuno NM, Gomes RV, et al. Validity and reliability evidences of the Hit & Turn Tennis Test [J]. Science & Sports, 2014, 29 (4): 47-53.

2~3m/s、3~4m/s、4~5m/s 和>5m/s）的跑动距离、最高心率、平均心率、不同心率区间（<60%HRmax、60%~69%HRmax、70%~79%HRmax、80%~89%HRmax 和>90%HRmax）的持续时间。

（4）测试对象：本研究的 16 名实验对象。

（5）测试流程与方法（模拟比赛）：受试运动员先绕网球场慢跑 3min，然后进行 5min 的动态拉伸，最后完成 5min 专项技术热身练习，休息 2min 后完成监控设备佩戴与调试；正式模拟比赛开始时（受试运动员准备发球即刻）测试人员通过操作 PAD 确认监控测试开始，直至比赛结束。每名受试运动员均完成 3 场模拟比赛，共完成 48 场模拟测试比赛，所有模拟比赛均采用三盘两胜制，且均采用 ITF 官方比赛规则，其中，决胜局采用抢七决胜制。模拟比赛过程中，除交换场地时的 90s 间歇和盘间间歇进行休息与水液补充以外，其他时段均不允许主动休息与水液补给等间歇，所有模拟比赛均在室外丙烯酸硬地球场进行，每场比赛的结果由测试人员进行记录，当模拟比赛结束后即刻由测试人员通过 MT-Sports 监控系统的操作 PAD 及时终止测试并及时保存与上传数据。

（6）测试流程与方法（训练课）：因训练课在赛前准备初期、中期和后期的安排具有相应的针对性和差异性，本研究分别对不同时期的专项训练课进行了负荷监控测试，以了解训练课的整体负荷特征。测试时受试运动员按正常的训练计划先进行一般性准备活动，包括慢跑与动态拉伸等，当受试运动员完成一般性准备活动后，休息 2min 后完成监控设备的佩戴与调试，当受试运动员持拍进行专项准备活动即刻，测试人员通过操作 PAD 确认监控测试开始，当专项训练结束（放松整理活动开始前）由测试人员通过 MT-Sports 监控系统操作 PAD，及时终止测试并保存与上传数据。

3.2.6 实验法

（1）实验目的：利用科学的训练设备和监测仪器，通过相应的生理评价指标，探别男子网球运动员无氧和有氧能力的专项训练设计方案在不同练习形式，运动时间、间歇时间、运动间歇比、移动路线、练习内容等不同训练要素调控下所产生的训练负荷强度的有效性与准确性。

（2）实验仪器：MT-Sports 训练监控系统（型号：MT-Sports X1）、便携式血乳酸仪（ZXTM 型号：H2L4550491）、s-RPE 量表（10 级，见附件 E）、哨子、

秒表，如图 3.6 所示。

MT-Sports 监控设备　便携式血乳酸仪　秒表　哨子

图 3.6　实验仪器与设备

（3）实验阶段：本研究的实验部分主要分为两个阶段。第一阶段的实验从 2018 年 4 月 23 日—2018 年 6 月 5 日在四川省职业体育学院进行，第二阶段的实验从 2018 年 6 月 9 日—2018 年 6 月 28 日在北京体育大学进行。

（4）实验对象：本研究的实验对象为 16 名男子网球运动员，其中运动健将 3 名，一级运动员 13 名；7 名受试运动员来自四川省职业体育学院，9 名受试运动员来自北京体育大学，具体信息见附录 C。所有受试者在实验期间均没有发生重大损伤，并保持正常饮食与作息，且未服用任何形式的营养品与药物，在实验前已告知受试运动员实验目的与过程，以保证实验顺利进行。

（5）实验设计说明与要求：本研究的实验共包括男子网球运动员无氧和有氧能力的不同练习和间歇形式的 45 种专项训练方法，因实验过程涉及的测试次数较多、测试纵向时间较长，在正式实验之前将总实验方案以纸质版形式向教练员和受试运动员进行了详细的介绍，并对其客观、详尽地说明了本研究中首次采用的 MT-Sports 监控设备等对训练实践的意义，以及通过此实验能够对受试运动员训练科学化起促进作用，在完全经过教练员和受试运动员的同意后进行所有实验测试。根据受试运动员所处的训练阶段和具体的训练计划，将实验测试方案穿插安排在受试运动员的训练计划中，且各测试方案均在每堂训练课之前与教练员安排的训练计划进行对照，如果与原训练计划存在微小差异，可经过教练员的许可后进行适度的调整，以满足实验方案的要求。除力量训练以外的每堂专项技战术训练课都要求受试运动员佩戴 MT-Sports 监控设备，所有无氧能力专项训练方案均进行了心率、移动速度、血乳酸以及 s-RPE 指标的监测与记录，有氧能力的专项训练方案均进行了心率、移动速度和 s-RPE 指标的监测与记录。此外，测试人员对每堂训练课中的内容与相应时间节点进行了详细的记录，以方便测试数据的后续整理与归纳。为了避免训练内容之间造成负荷累积效应，一般将实验测试方案安排在训练课的前半部分，且在完成某训练方案测试之前均要求受试运动员进行充分的休息与水液补充，并根据 MT-Sports 监控系统 PAD 设备的实时监测，显示其心率低于 80bpm 或 40%HRmax 时再开始下一个训练方案的测试。在无氧能力的专项训练方法实验中，底线横向移动正反手击球练习共完成 128 人次、发球上网全场移动击球练习共完成 128 人次、Z 型全场移动击球练习共完成 128 人次、前场进攻移动击球练习共完成 96 人次、正手侧身移动击球练习共完成 96 人次、“Suicide”底线折返移动击球练习共完成 64 人次、“2vs1”底线横向移动轮换击球练习共完成 128 人次；在有氧能力的专项训练方法实验中，“1vs1”底线计数对打练习共完成 160 人次、“1vs1”正手或反手底线对角对打练习共完成 160 人次、“1vs2”底线移动对打练习共完成 96 人次、“2vs1”底线横向移动轮换对打练习共完成 96 人次、“1vs2”网前—底线对打练习共完成 96 人次、底线半场移动正手击球练习共完成 64 人次、底线全场横向移动击球练习共完成 64 人次、抢十“Point”比赛练习共完成 96 人次。

（6）实验具体操作流程：基于无氧与有氧能力专项训练方法设计方案的差异，以及无氧能力和有氧能力测试指标的不同，本研究中无氧能力和有氧能力的专项训练方法的实验操作流程也略有不同（见图 3.7）。在无氧能力的专项训练实验中主要包括以下几个步骤。第一步，先让受试运动员佩戴及调试 MT-Sports 监控设备，并确保 GPS 采集单元和心率采集单元信号正常，且与操作 PAD 保持正常连接；第二步，在教练员的带领或要求下，按照训练计划完成一般或专项准备活动；第三步，测试人员布置球场器材，讲解实验安排与练习要求，测试受试运动员安静状态下的血乳酸和心率指标，并实时监测 MT-Sports 监控系统 PAD 设备的数据，当受试运动员心率显示低于 80bpm 或 40%HRmax 时，准备练习测试；第四步，受试运动员在指定位置做好练习准备，接到测试人员的哨音指令后开始练习，测试人员用秒表计时规定的练习持续时间并给予“加油”等语言鼓励，当规定练习时间截止时，测试人员再次给予哨音指令并示意第 1 次练习结束，在休息间歇期的第 10s 进行指尖血液取样和血乳酸测试与记录，待规定间歇时间即将结束时，受试运动员做好第 2 次练习准备，并在测试人员的哨音提示下进行相应练习，依次重复进行至规定次数的练习完成。此外，除第 1 次练习后进行血液取样与血乳酸测试外，分别在第 3 次、第 5 次练习（总练习次数为 5 次时）结束后或分别在第 5 次、第 10 次练习（总练习次数为 10 次时）结束后 10s 再次进行血液取样与血乳酸测试，并且在整个练习结束后进行 s-RPE 表填写与测试；第五步，测试人员待练习结束与测试完成后及时保存数据，受试运动员进行充分休息，准备下一个相应的练习测试。

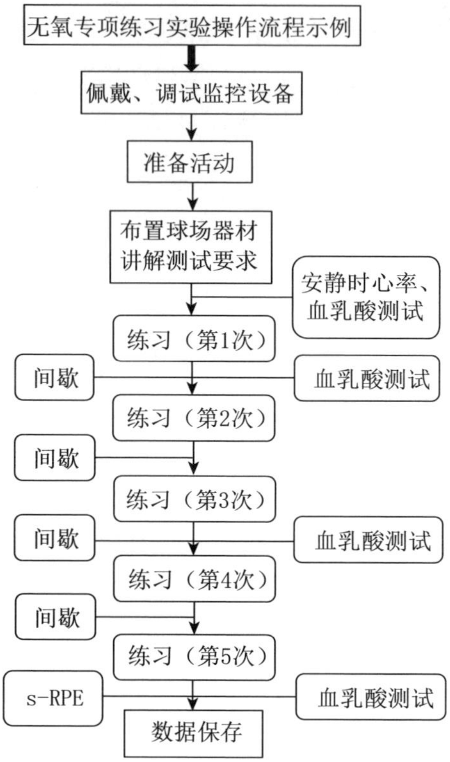

图 3.7　实验操作流程示意图

有氧能力的专项训练实验与无氧能力的专项训练实验在测试指标上略有不同，其实验过程主要包括以下几个步骤。第一步，受试运动员佩戴及调试 MT-Sports 监控设备，确保 GPS 采集单元和心率采集单元信号正常，且与操作 PAD 保持正常连接；第二步，在教练员的带领或要求下，按照训练计划完成相应的一般或专项准备活动；第三步，测试人员布置球场器材，讲解实验安排与练习要求，测试受试运动员安静状态下的心率，且实时监测 MT-Sports 监控系统 PAD 设备的数据，当受试运动员心率显示低于 80bpm 或 40%HRmax 时，准备练习测试；第四步，受试运动员在指定位置做好练习准备，接到测试人员的哨音指令后开始练习，测试人员用秒表计时规定的练习持续时间并给予“加油”等语言鼓励，当规定练习时间截止时，测试人员再次给予哨音指令并示意第 1 次练习结束，受试运动员进行相应间歇休息，待规定间歇时间即将结束时，受试运动员做好第2次练习准备，并在测试人员的哨音提示下进行相应练习，依次重复进行至规定次数的练习完成，并在整个练习结束后进行 s-RPE 表填写与测试；第五步，测试人员待练习结束与测试完成后及时保存数据，受试运动员进行充分休息，准备下一个相应的练习测试。

3.2.7 数理统计法

根据研究需要，运用 Excel 2010 和 SPSS 22.0 统计学分析软件对研究中的数据进行处理，并以平均数与标准差显示，且采用相关分析、单因素方差分析、独立样本 T 检验等统计分析方法对研究数据进行统计分析，将显著性水平确定为 $P<0.05$，非常显著性水平确定为 $P<0.01$，以判断统计结果是否具有统计学意义，并利用 Effect Size Generator 2.3.0 软件以 Cohen's d 值对实验结果的部分数据进行效果量判断（Effect Size），其评定标准分为小效应（$0.2<ES<0.5$），中效应（$0.5<ES<0.8$）和大效应（$ES>0.8$）。

3.3 技术路线

3.3.1 研究结构

本研究的第一部分通过对世界排名前十的10名顶尖男子网球运动员的共50场单打比赛进行运动与间歇特征等的归纳与分析，为男子网球运动员无氧和有氧能力的专项训练方法设计理论奠定实践依据与参考；第二部分是基于理论，结合网球运动专项特点或比赛特征等构建男子网球运动员无氧和有氧能力的专项训练方法设计理论体系，包括训练目标、训练内容、训练方法、训练负荷控制等方面；第三部分主要是针对男子网球运动员无氧和有氧能力的专项训练方法设计理论体系和假设进行实验论证。

3.3.2 研究技术路线

通过对男子网球运动员无氧和有氧能力的专项训练方法设计的理论梳理，对顶尖网球比赛表现特征的归纳和网球训练设计模式的借鉴，构建男子网球运动员无氧和有氧能力的专项训练方法设计理论体系，然后对男子网球运动员无氧和有氧能力的专项训练方法设计理论体系进行实验论证，最后分别证明无氧和有氧能力的专项训练方法的有效性和合理性等（图 3.8）。

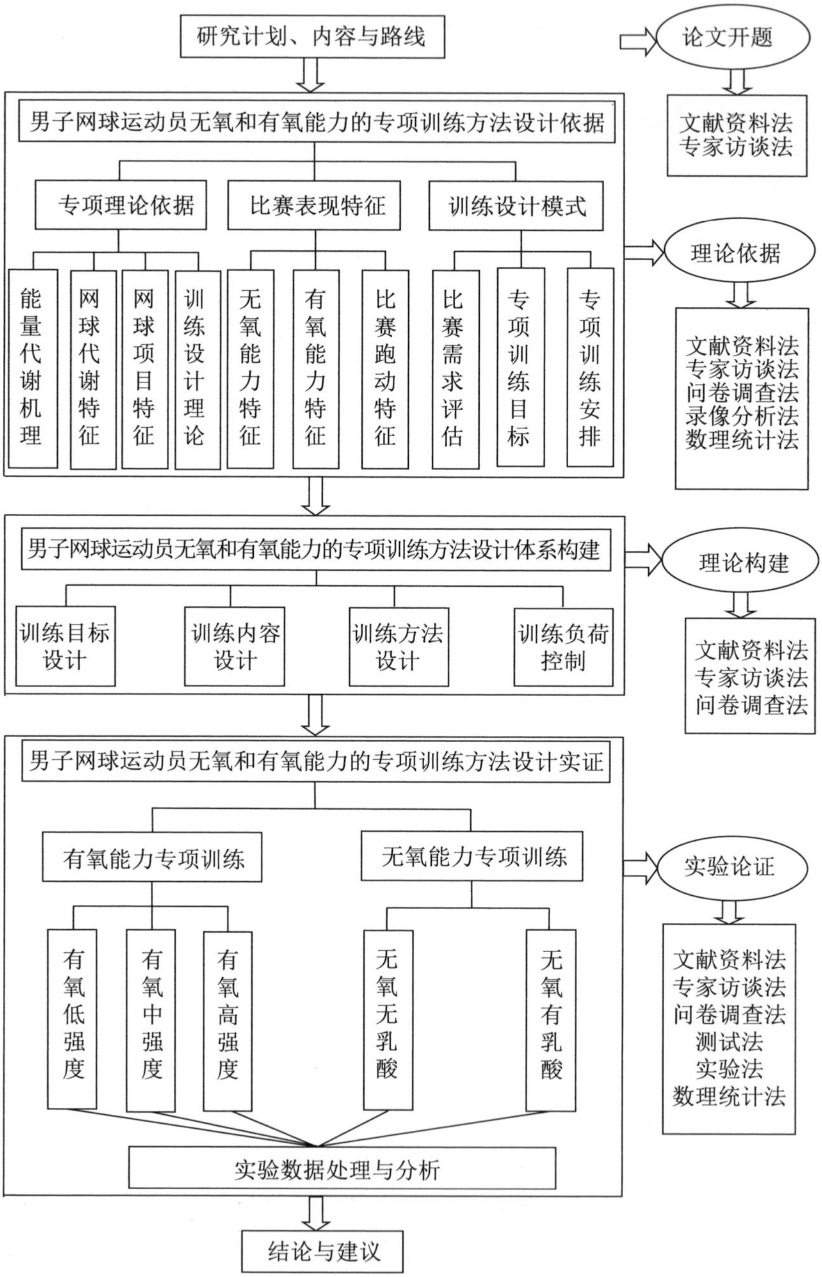

图 3.8　研究的技术路线图

4 研究重点、难点和创新点

4.1 研究重点

本研究的重点在对顶尖男子网球运动员比赛中无氧和有氧能力的专项运动特点和比赛特征进行归纳，结合相关理论依据构建男子网球运动员无氧和有氧能力的专项训练方法设计体系，并利用先进的监控设备与评价手段对男子网球运动员无氧和有氧能力的专项训练方法设计理论进行论证检验，以筛选出针对男子网球运动员无氧和有氧能力的有效专项训练方法，为丰富网球专项训练理论与指导训练实践提供一定的参考或借鉴。

4.2 研究难点

本研究的难点在对男子网球运动员无氧和有氧能力的专项训练方法设计理论的实证研究，主要包括受试对象的选择、实验干预的控制、设备仪器的经济投入以及专项训练负荷控制等方面。

4.3 研究创新点

视角创新：从人体能量代谢的视角出发，对男子网球运动员无氧和有氧能力的专项训练方法设计进行理论构建与实验论证。

方法创新：首次将 MT-Sports 运动监控设备引入网球专项训练实践中，并结合一般测试手段和仪器，对男子网球运动员无氧和有氧能力的专项训练方法进行针对性论证，设计适合男子网球运动员无氧和有氧能力的有效专项训练方法。

5 研究的过程、结果和分析

5.1 男子网球运动员无氧和有氧能力专项训练方法设计的模式

5.1.1 男子网球运动员无氧和有氧能力专项训练方法设计的概念界定

5.1.1.1 设计的定义

设计是一种把计划、规划、设想通过某种形式传达出来的活动过程[1]，是人类拥有的一种特殊行为活动，是大脑在活动过程中对具体事物的思考、规划、决策和创造。设计从本质上讲是一种解决问题的方式，不同的设计有不同的方法、内容、要求和目的，设计活动的共性是为了达到一定目标而拟定的解决问题的方案。有关设计的特征，相关研究[2]表明：其一，设计是一个以目标为导向的过程，对所设计事物目标的明确把握与认识决定了设计的最终效果和作用；其二，设计具有实际效用性，能够解决实际问题并产生实践效应；其三，设计具有规范性，设计的过程是一个规范化的程序，需要对设计过程的每一个环节进行规范化处理与实施；其四，设计的重点在于解决问题，但并不是所有问题的解决过程都是设计；其五，设计离不开创造性想象与技术，是理智与知觉等协调统一的过程，离不开对事物本质属性的认知与创造，其本身就是一个学习的过程。基于此，本研究通过对设计概念的理解与认识，认为设计是在解决问题之前，对活动作出的分析与策划，是实现某一目标或达到某一结果的一系列构想或步骤。

[1] 佚名 . 设计 [EB/OL]. [2020-05-20]. https：//baike. so. com/doc/5339570-5575012.

[2] 皮连生 . 教学设计 [M]. 北京：高等教育出版社，2009：7.

5.1.1.2　专项训练方法设计的定义

方法是人类认识客观世界和改造客观世界应遵循的某种方式、途径和程序的总和。方法具有层次性、结构性和要素性，人类的认识活动或实践活动都要以明确的目的性为出发点去实现对事物的认识或改造，然后再根据活动的目的确定相应的指导方法，进而选择有效的工具与手段，最终实现认识或实践活动的目的。现代方法论主要包括五个层次：指明认识或实践活动目的与方向的方法层、为达到目的而通过的途径的方法层、为实现目的而采取的策略手段的方法层、为达到目的而必须运用的工具的方法层、为有效地运用工具而必须遵循的操作程序的方法层[1]。运动训练方法是提高训练成绩和运动员竞技能力的途径与办法，训练目标的导向性决定了训练方法的针对性，不同的训练目标、不同的训练内容与训练任务都有相应适宜的训练方法，为了准确实现训练目标和完成训练任务，对训练方法的精心设计十分必要。专项特征是竞技运动项目特征的层次之一，运动项目的不同层次特征在范围上并没有质的差别，其主要差别在于对项目特征的解释和描述的程度上，强调专项特征既是一个具体运动项目的专门特点，在细节上对专项训练进行指导，又是一个项目特点的集中表现，是区别不同运动项目之间异同的主要标志。从训练实践的角度分析，专项特征专指那些对专项成绩具有重要支持作用，对专项训练具有直接指导作用的环节、过程和因素等[2-3]。综上所述，专项训练方法应该是指以提高专项运动所需要的体能、技术、战术、理论知识，以及改善专项所需的心理品质等能力的、与专项运动动作相似的训练方法或途径。就专项训练方法设计的概念而言，从对相关文献的梳理来看，当前的研究缺乏对专项训练方法设计概念的全面阐释，而运动员的无氧和有氧能力作为专项体能训练的重要部分，有关专项体能训练设计方面的研究为运动员无氧和有氧能力的专项训练方法设计的概念界定提供了一定的参考。如水祎舟[4]认为，体能训练设计是指在训练活动之前，对运动员的体能需求进行分析，运用系统方法探求和确定训练目标，对参与训练活动的诸要素所进行的分析和策划，提出解决问

[1] 李志才．方法论全书［M］．南京：南京大学出版社，1995.
[2] 陈小平．论专项特征——当前我国运动训练存在的主要问题及对策［J］．体育科学，2007，27（2）：72-74.
[3] 陈小平．竞技运动训练实践发展的理论思考［M］．北京：北京体育大学出版社，2008：17.
[4] 水祎舟．足球运动专项体能训练设计理论与实证［D］．北京：北京体育大学，2016：57.

题的最佳方案和策略，并合理组织实施训练方案，根据练习效果对训练方案进行评价和调整的过程；张凡涛[1]指出，体能训练设计运用系统方法研究体能训练系统中各个要素之间、要素与整体之间的本质联系，在具体设计过程中协调它们之间的各种关系，使各个要素有机结合，发挥体能训练系统的功能。设计过程是一个系统规划体能训练的过程，依据现有的条件来解决体能训练中存在的问题，需要对体能训练进行设计、开发、实施与评价等。

基于此，可以将专项训练方法设计理解为在专项训练活动之前，在对运动项目比赛特征和运动员能力需求的分析基础上，为提高专项运动所需要的竞技能力，针对相应或不同的训练内容，对与专项运动动作相似的训练办法或途径进行规划和安排的过程；针对不同竞技能力要素所对应的专项训练方法设计也应有所不同。本研究中针对网球运动员无氧和有氧能力的专项训练方法设计则具体表现出密切结合网球运动的比赛特征及运动员无氧和有氧能力的专项实际需要，对相应不同训练目标和内容所采用的训练方法或途径进行规划和设计的过程。

5.1.2 男子网球运动员无氧和有氧能力专项训练方法的设计模式结构

运动训练设计模式是在运动训练实践过程中，以系统科学的理论与实践为基础，对训练活动进行针对性、合理性的规划与安排的过程，其主要目的在于有效地解决运动训练活动中的实际问题和有针对性地提高运动员的竞技能力。设计模式的核心总是围绕着训练目标是什么（为何练）、训练内容是什么（练什么）、训练方法是什么（怎么练）以及训练负荷是什么（练多少）等核心问题展开。相关的研究对体能训练的设计模式进行了理论分析与实证探索，但就目前来看，从人体能量代谢的角度出发，针对男子网球运动员专项训练的设计模式还没有较为成熟、系统且普适性较强的理论体系。因此，本研究基于当前有关训练设计研究的诸多成果，结合专家访谈与调查等对男子网球运动员无氧和有氧能力的专项训练方法设计模式进行了完善（图 5. 1）。

[1] 张凡涛．中国男女篮球队体能训练科学化设计的研究［D］．苏州：苏州大学，2008.

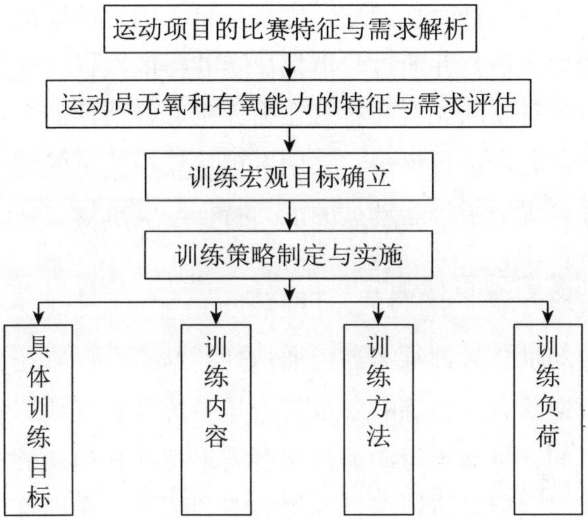

图 5.1 男子网球运动员无氧和有氧能力专项训练方法设计模式

5.1.2.1 运动项目的比赛特征与需求解析

对运动项目比赛需求与特征的深入解析是准确把握运动项目专项特征的先决条件，也是制定和设计训练方法的重要依据。网球运动是一项有氧和无氧代谢相结合的持续性、间歇性运动项目，运动员在比赛中需重复完成不同形式的击球、急起、冲刺、跳跃、急停、变向等动作。因此，对网球运动比赛特征的解析主要包括运动员在比赛中的跑动特征、技术动作特征，以及运动与间歇特征等方面。其中，跑动特征又包含跑动距离、跑动速度、跑动强度和跑动形式等特征要素，技术动作特征又包含不同技术动作使用的频次、完成技术的身体姿态与肌肉参与等特征要素，而运动与间歇特征又包含每分回合的运动时间、每局每盘每场比赛的运动时间、每分回合后的间歇时间、每局每盘比赛后的间歇时间，以及运动间歇比和有效运动时间等特征要素。

5.1.2.2 运动员无氧和有氧能力的特征与需求评估

运动员运动能力需求评估是客观了解运动员自身特点与竞技能力特征的重要途径，是教练员设计训练和制订训练计划的出发点。一般而言，针对网球运动员无氧和有氧能力的特征与需求的评估主要通过三种途径来实现。一是从比赛中采用先进的监控设备进行评价，由于正式网球比赛中不允许使用可穿戴设备，通常采用模拟比赛的形式进行针对性评测；二是通过专项训练课的负荷评估了解运动员的无氧和有氧能力特征，并通过与模拟比赛获得的数据、运动项目的本质特征等相比照，进行更加科学的无氧和有氧能力评价和针对性的专项训练设计；三是通过一般或专项测试方法进行评价，采用专项运动模式下的测试方法，通过相关生理指标的测试来客观地了解运动员的能力特征与需求。

5.1.2.3 训练宏观目标确立

训练目标是运动员日常训练活动预期达到的结果，是运动员训练产生竞技能力适应性变化的预期状态。训练的宏观目标是教练员制订训练计划和安排训练活动的总方向、总目的，是基于运动项目比赛需求特征和运动员实际能力需求的整体目标规划，是详尽制定具体训练目标的参考和依据。在训练实践中，训练的宏观目标在一定时间或训练周期内的变化性较小，但在不同的训练阶段可进行相应的调整与修正。针对提高网球运动员无氧和有氧能力而言，专项训练设计的宏观目标在于提高运动员在比赛中的无氧代谢能力和有氧代谢能力。

5.1.2.4 训练策略制定与实施

训练策略是基于训练活动的宏观目标，通过对运动项目特征的深刻把握，结合运动员的实际需求，为提高运动员具体的子能力或解决具体的训练问题，为实现训练目标而制订的训练总实施方案。主要包括训练具体目标的制定、训练内容安排、训练方法选择和训练负荷控制等。

- 具体训练目标

训练活动的具体目标是训练宏观目标的构成要素，是宏观目标逐级实现的具体结果。网球运动员无氧和有氧能力专项训练的具体目标应基于网球运动项目的比赛特征与供能需求，包括提高运动员短时高强度运动表现、反复高强度运动能力、快速恢复能力，以及长时间持续运动能力等，且不同训练目标的针对性制定也是相应训练内容、训练方法和训练负荷设计与安排的重要出发点与落脚点。

- 训练内容

运动训练实践中训练内容的设计是为了解决“练什么”的问题。在网球专项训练中针对运动员无氧和有氧能力的发展，对训练内容的设计不仅要紧密结合网球运动项目的特征和比赛需求特点，也要充分切合训练目标的具体要求，在专项训练活动中有针对性地安排有氧和无氧能力专项训练内容。在更加具体的专项训练内容设计中还需注重不同强度、不同类型的有氧能力专项训练内容和无氧能力专项训练内容的区别性设计安排，合理处理无氧训练与有氧训练之间的关系，从而实现运动员整体竞技能力的全面提高。

● 训练方法

运动员无氧和有氧能力的专项训练方法是为发展运动员代谢能力，提高专项竞技表现，完成训练任务和目标所采取的具体途径或办法。专项训练方法的设计应以运动项目的比赛形式为参考，以促进运动员有氧和无氧代谢能力的针对性发展为目标，结合相应专项训练内容的具体特点，进行针对性、科学性的设计。在训练实践中，教练员也应该根据不同的训练阶段与训练任务选择适宜的训练方法，并时刻注重训练方法设计的创新性与专项性，最大化地提高专项训练活动的科学化水平。

● 训练负荷

训练负荷针对的是训练活动中“练多少”的问题。负荷量与负荷强度是反映训练负荷大小的两个维度，对训练负荷的设计主要是通过对负荷量与负荷强度的安排与控制而实现的，适宜的训练负荷才能准确地实现相应的训练目标且有效地促进相应代谢能力的提高。网球运动员无氧和有氧能力专项训练负荷的设计不仅要以比赛需求特征和运动员自身特点为依据，还应以相应训练目标的制定与不同训练阶段的安排为参考，结合先进的监控设备与仪器，有效地把握训练负荷的针对性设计与科学性控制，促进运动员代谢能力的适应性发展和竞技能力的有效提高。

5.2 男子网球运动的比赛特征

5.2.1 男子网球比赛每分回合的整体比例特征

男子网球单打比赛中双方运动员每人完成一次击球所形成的“回合”的平均持续时间约为3s[1-2]，故本研究以3s为时间节点对世界顶尖男子网球运动员

[1] Kovacs M. A comparision of work/rest intervals in men's professional tennis [J]. Medicine and Science in Tennis, 2004, 3: 10-11.

[2] Donoghue PO, Ingram B. A notational analysis of elite tennis strategy [J]. Journal of Sports Science & Medicine, 2001, 19 (2): 107-115.

在单打比赛中每分回合的运动时间比例分布特征进行统计。本研究所统计的10名男子网球运动员在50场单打比赛共完成10354分，而每分的持续时间长短与比例均不同，其研究结果显示（图5.2），男子网球运动员每场比赛平均每分回合的运动时间主要集中于0~3s，占总运动时间的41%，3~6s的每分回合运动时间占23%，6~9s和9~12s每分回合持续运动时间分别占总时间的11%和10%，而12~15s、15~18s、18~21s和21s及以上的每分回合时间分别占总时间的6%、4%、3%和1%。总体而言，男子网球运动员单打比赛中平均每分回合的运动持续时间存在不同的比例特征。其中，每分回合持续时间在6s以内的比例较高，而每分回合持续时间在6s以上的比例相对甚少。

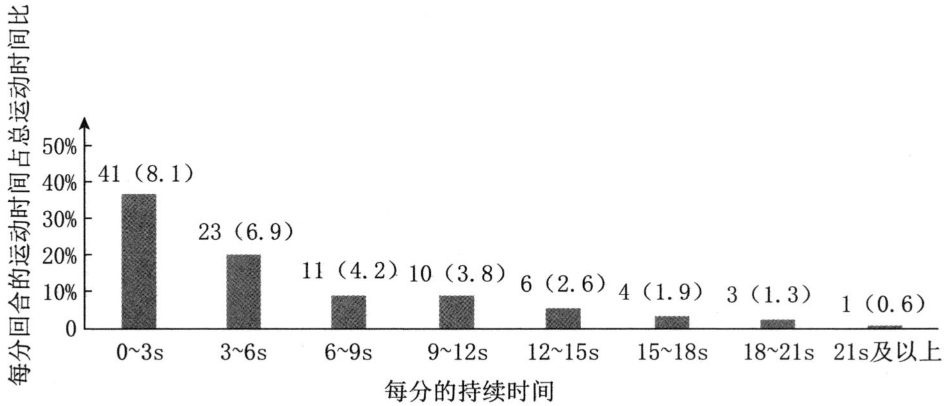

图5.2　顶尖男子网球比赛每分的运动持续时间比例特征

注：括号内为平均值（标准差）。

本研究又以两拍回合为频次节点，对世界顶尖男子网球运动员在单打比赛中每分的总回合频次比例分布特征进行统计，其研究结果显示（图5.3），男子网球运动员每场比赛平均每分回合的技术动作总频次主要集中于2次以内，占总频次的54%，3~4拍占总频次的37%，5~6次、7~8次和9次及以上的平均技术动作频次分别占总频次的6%、2%和1%；男子网球运动员单打比赛中平均每分回合数存在不同的比例特征，主要集中于4拍以内，4拍以上的回合数比例较少。

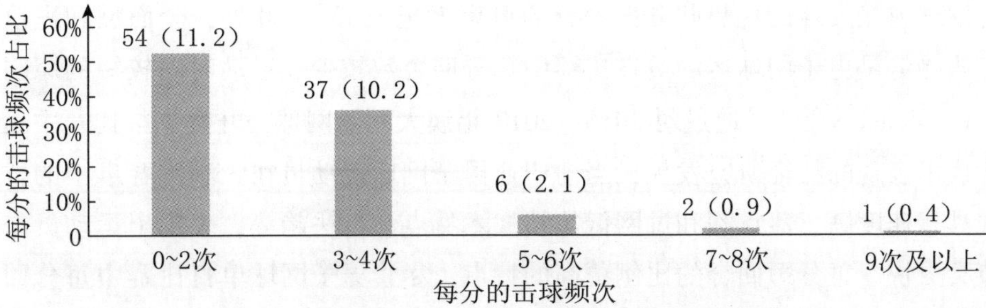

图 5.3 顶尖男子网球比赛每分回合的频次比例特征

注：括号内为平均值（标准差）。

网球运动员在单打比赛中每完成一分回合既是反映每分回合表现最基本的指标，又是各项技术动作应用的综合表现。虽不同技术在每分回合中的应用频次或比例不同，但每分的总回合数频次和运动时间在比赛中的比例特征对了解网球运动员在间歇性持续运动中的专项运动表现和供能特征等具有重要的启示，且对网球运动员专项训练负荷的安排具有重要的参考意义。本研究中顶尖男子网球运动员单打比赛的每分回合数主要在 4 次以内和每分回合的主要运动时间低于 6s 等结果，可能与运动员的发球、接发球效率以及打法类型等有关[1]。比赛中发球技术的高质量表现对男子网球运动员赢得每分以及对发球后的进攻主动性优势的获得具有重要的决定性作用[2]，不仅有助于运动员直接赢得发球分，而且有助于其在发球后的连续进攻击球中占得优势，从而保证了运动员的发球分或发球局的得分效率[3]，与之对应的具有被动性的接发球表现是接发得分效率不高的主要原因之一[4]。由此，男子网球运动员在单打比赛中发球或接发球的表现效率越高，在连续进攻中获得的进攻优势就越明显，致使较少回合与较短运动时间内

[1] Barnett T，Clarke SR. Combining player statistics to predict outcomes of tennis matches [J]. Journal of Management Mathematics，2005，16 (2)：113-120.

[2] Vergauwen L，Spaepen AJ，Lefevre J，et al. Evaluation of stroke performance in tennis [J]. Medicine and Science in Sports and Exercise，1998，30 (8)：1281-1288.

[3] Barnett T，Meyer D，Pollard G. Applying match statistics to increase serving performance [J]. Medicine and Science in Tennis，2008，13 (2)：24-27.

[4] Mecheri S，Rioult F，Mantel B，et al. The serve impact in tennis：First large-scale study of big Hawk-Eye data [J]. Statistical Analysis and Data Mining，2016，9 (5)：310-325.

保持发球或接发球的优势并赢得一分的概率就越大[1]。此外，全面型和进攻性的打法趋势是男子网球运动员在比赛中每分回合数较少、运动时间较短的原因之一，Kovalchik S 等[2]通过对 2015—2017 年澳大利亚网球公开赛单打比赛中运动员技战术表现的特征研究发现，当前职业男子网球运动员在大满贯赛事中的技术表现具有速度高、落点深和过网低等技战术特点和打法趋势，表现出运动员击球的节奏更快、每分短回合的比例更高的特点。尽管男子网球单打比赛中每分回合频次与运动时间的基本特征反映了每分回合的普遍性规律，也反映出运动员的无氧能力在男子网球单打比赛中的重要作用，但是也不能忽视比赛中存在的多拍回合以及较长运动时间回合的特点，其直接反映出运动员无氧有酸能力在比赛中的重要性，也对男子网球运动员无氧能力训练方法设计与安排提供了基本的参考。

5.2.2 男子网球比赛每分回合的运动间歇特征

5.2.2.1 3s 内每分持续时间的运动间歇特征与分析

顶尖男子网球比赛中每分持续时间在 3s 内的运动与间歇特点的研究结果显示，在专项技术应用方面，发球分和接发球分的正手和反手击球频次均较高。其中，接发球分中的正手使用频次为 0.56 次，低于发球分的 0.91 次，且两者存在显著性差异（$P<0.01$），而反手的使用频次为 0.82 次，高于发球分的 0.38 次，且存在显著性差异（$P<0.01$），切削使用频次显著高于发球分，而截击、高压等使用频次和击球总次均显著低于发球分（$P<0.05$）；在爆发性动作方面，发球分的跳跃次数最高，而急起和急停次数均为 1.11 次，变向次数则为 0.32 次，接发球分的急起和急停次数分别为 1.23 次和 1.28 次，变向次数则为 0.88 次，从发球分与接发球分的比较来看，接发球分和发球分仅在跳跃次数与变向次数指标存在显著性差异（$P<0.01$）；除此以外，运动时间和间歇时间分别为 2.17s 和 15.58s，其运动间歇比为 1∶7.2（表 5.1）。

---

[1] Hizan H, Whipp P, Reid M. Comparison of serve and serve return statistics of high performance male and female tennis players from different age-groups [J]. International Journal of Performance Analysis in Sport, 2011, 11 (2): 365-375.

[2] Kovalchik S, Reid M. A shot taxonomy in the era of tracking data in professional tennis [J]. Journal of Sports Sciences, 2018, 36 (18): 2096-2104.

表 5.1 男子网球比赛 3s 内每分持续时间的运动与间歇特征统计结果（$n=4285$）

指标	发球分	接发球分	指标	发球分	接发球分
发球（次）	1.04±0.11	—	跳跃（次）	1.35±0.10	0.24±0.13□□
正手（次）	0.91±0.17	0.56±0.19□□	急起（次）	1.11±0.13	1.23±0.26
反手（次）	0.38±0.13	0.82±0.22□□	急停（次）	1.11±0.12	1.28±0.24
切削（次）	0.09±0.01	0.22±0.03□□	变向（次）	0.32±0.03	0.88±0.17□□
截击（次）	0.06±0.01	0.00±0.00□□	运动时间（s）	2.17±0.38	2.17±0.38
高压（次）	0.02±0.01	0.00±0.00□□	间歇时间（s）	15.58±2.17	15.58±2.17
小球（次）	0.00±0.00	0.00±0.00	运动间歇比	1∶7.2	1∶7.2
共计（次）	1.65±0.32	1.32±0.25□	规定间歇（s）	25	25

注：□表示 $P<0.05$，□□表示 $P<0.01$，与发球分比较。

机体在3s运动时间内的高强度运动中的主要能量来源为ATP-CP，其中以三磷酸腺苷供能为主，是机体无氧无乳酸代谢能力的主要形式。然而，根据上述研究结果得知，男子网球运动员在比赛中3s内无氧无乳酸代谢需求形式下的专项运动表现在发球分与接发球分形式之间还存在较大的差异性特征：男子网球运动员在单打比赛3s以内每分回合中发球分的主要技术动作依次为发球、正手与反手；接发球分的主要技术动作依次为反手和正手，且在发球分与接发球分之间存在显著不同。在爆发性动作中表现出发球分的跳跃次数高于接发球分，变向次数却低于接发球分的特征，主要与发球运动员借助发球的有利优势，更多采用正手进行压制性进攻，致使接发球运动员被动性防守有关。由此，在针对男子网球运动员无氧能力的专项训练方法设计中应注重发球分与接发球分练习的差异性安排，即发球分中需注重发球的质量和第二拍采用正手击球的进攻性，而接发球分中需注重反手击球的质量和大范围跑动的变向移动。此外，大于1∶7的间歇比例形式也是男子网球运动员无氧无乳酸能力训练方法安排的重要依据。

5.2.2.2 3~6s 每分持续时间的运动间歇特征与分析

顶尖男子网球比赛中每分持续时间在3~6s的运动与间歇特点的研究结果显示，在专项技术应用方面，发球分和接发球分的正手和反手击球频次均较高于其他技术动作的使用频次，其中，接发球分中的正手使用频次为0.96次，低于发球分的1.68次，且两者存在显著性差异（$P<0.01$），而反手和切削的使用频次

分别为 1. 57 次和 0. 28 次，均高于发球分的 0. 82 次和 0. 11 次，也均存在显著性差异（$P<0.01$），其他指标之间无显著性差异；在爆发性动作方面，发球分和接发球分的急起和急停次数均较高，其中发球分的急起和急停次数分别为 2. 64 次和 2. 65 次，变向次数则为 1. 07 次，接发球分的急起和急停次数分别为 3. 13 次和 3. 18 次，变向次数则为 2. 26 次，发球分的跳跃次数为 1. 31 次，与接发球分的 0. 51 次相比存在显著性差异（$P<0.01$），而发球分的急起、急停和变向次数均低于接发球分，且存在显著性差异（$P<0.01$）；除此以外，运动时间和间歇时间分别为 4. 84s 和 19. 28s，其运动间歇比为 1∶4（表 5. 2）。

表 5. 2　男子网球比赛 3~6s 每分持续时间的运动与间歇特征统计结果（$n=2427$）

指标	发球分	接发球分	指标	发球分	接发球分
发球（次）	1. 21±0. 12	—	跳跃（次）	1. 31±0. 12	0. 51±0. 16□□
正手（次）	1. 68±0. 36	0. 96±0. 29□□	急起（次）	2. 64±0. 24	3. 13±0. 21□□
反手（次）	0. 82±0. 16	1. 57±0. 46□□	急停（次）	2. 65±0. 20	3. 18±0. 17□□
切削（次）	0. 11±0. 01	0. 28±0. 02□□	变向（次）	1. 07±0. 15	2. 26±0. 30□□
截击（次）	0. 08±0. 01	0. 01±0. 00□□	运动时间（s）	4. 84±0. 31	4. 84±0. 31
高压（次）	0. 00±0. 00	0. 00±0. 00	间歇时间（s）	19. 28±2. 42	19. 28±2. 42
小球（次）	0. 00±0. 00	0. 00±0. 00	运动间歇比	1 ∶ 4. 0	1 ∶ 4. 0
共计（次）	2. 84±0. 44	2. 71±0. 25	规定间歇（s）	25	25

注：□□表示 $P<0.01$，与发球分比较。

机体在 3~6s 运动时间内的高强度运动中的主要能量来源为 ATP-CP，其中以磷酸肌酸代谢供能为主[1]，男子网球运动员在此形式下的击球总频次约在 3 次以下，而运动特征在发球分与接发球分状态下却表现出不同的特点，即接发球分中的正手与截击次数显著低于发球分，而反手和切削的使用频次依然显著高于发球分，急起、急停和变向次数均高于发球分，其原因可能与发球运动员的进攻性优势和接发球运动员表现出更多的被动性防守有关，也反映出男子网球运动员在接发球分回合中无氧无乳酸能力的重要性。针对无氧无乳酸能力的专项训练方法设计还需考虑发球与接发球分回合的区别性安排，即采用发球的形式，注重结

[1] 列·巴·马特维也夫. 体育理论与方法 [M]. 姚颂平，译. 北京：北京体育大学出版社，1994：42-43.

合更多的正手与截击击球，由此才能满足运动员无氧无乳酸能力专项训练形式的设计要求。

5.2.2.3 6~9s 每分持续时间的运动间歇特征与分析

顶尖男子网球比赛中每分持续时间在 6~9s 的运动与间歇特点的研究结果显示，在专项技术应用方面，发球分和接发球分的正手和反手击球频次较高，而截击、高压和小球的使用频次较低，发球分的击球总次数为 4.23 次，发球次数为 1.42 次，正手、反手和切削的使用次数分别为 2.19 次、1.85 次和 0.27 次，接发球分的击球总次数为 4.11 次，正手、反手和切削的使用次数分别为 1.95 次、2.06 次和 0.32 次，两者比较来看，发球分的截击次数显著高于接发球分，其他技术动作的应用频次之间均无显著性差异；在爆发性动作方面，发球分的跳跃、急起、急停和变向次数分别为 1.46 次、3.78 次、3.81 次和 2.53 次，接发球分的跳跃、急起、急停和变向次数分别为 0.47 次、4.02 次、4.10 次和 3.65 次，其中，接发球分的跳跃次数低于发球分，且存在显著性差异（$P<0.01$），而变向次数高于发球分，且存在显著性差异（$P<0.05$），其他无差异性；此外，运动时间和间歇时间分别为 7.03s 和 21.54s，其运动间歇比为 1∶3.1（表 5.3）。

表 5.3 男子网球比赛 6~9s 每分持续时间的运动与间歇特征统计结果（$n=1149$）

指标	发球分	接发球分	指标	发球分	接发球分
发球（次）	1.42±0.29	—	跳跃（次）	1.46±0.25	0.47±0.13□□
正手（次）	2.19±0.31	1.95±0.21	急起（次）	3.78±0.17	4.02±0.35
反手（次）	1.85±0.29	2.06±0.28	急停（次）	3.81±0.25	4.10±0.29
切削（次）	0.27±0.02	0.32±0.03	变向（次）	2.53±0.39	3.65±0.30□
截击（次）	0.04±0.01	0.02±0.01□	运动时间（s）	7.03±1.67	7.03±1.67
高压（次）	0.01±0.00	0.01±0.00	间歇时间（s）	21.54±1.16	21.54±1.16
小球（次）	0.00±0.00	0.00±0.00	运动间歇比	1∶3.1	1∶3.1
共计（次）	4.23±0.62	4.11±0.31	规定间歇（s）	25	25

注：□表示 $P<0.05$，□□表示 $P<0.01$，与发球分比较。

机体在 6~9s 的高强度运动中的能量来源主要以磷酸原代谢为主，也是糖酵解参与供能的起始阶段[1]。研究结果表明，在此时间段的每分回合中，男子网球运动员的击球频次在4次左右，除了发球分的截击使用频次高于接发球分外，其他技术指标均无差异性，而在爆发性动作表现方面，仅存在跳跃和变向的频次差异特点，由此反映出随着每分回合的持续，当处在6s或4拍回合后发球运动员的发球主动性优势与接发球运动员的接发球被动性劣势已逐渐消失，进而表现出技术应用的均衡性。所以，在专项训练方法设计中，无须进行发球分与接发球分的区别性安排，仅将正手、反手、急起、急停以及变向等作为主要练习手段；而1∶3的运动间歇比是此形式下无氧无乳酸能力训练设计的参考，并且，CP维持供能的时间为5~7s，而恢复至一半的时间至少需要20s左右，在连续的多拍每分回合中可能会导致糖酵解供能的比例逐渐升高，也反映出比赛中男子网球运动员无氧代谢能力的重要性。

5.2.2.4　9~12s每分持续时间的运动间歇特征与分析

顶尖男子网球比赛中每分持续时间在9~12s的运动与间歇特点的研究结果显示，在专项技术应用方面，发球分的击球总次数为4.92次，发球、正手、反手和切削的使用次数分别为1.31次、2.52次、2.27次和0.31次，接发球分的击球总次数为5.03次，正手、反手和切削的使用次数分别为2.34次、2.73次和0.33次，两者比较来看，发球分的截击次数显著高于接发球分（$P<0.05$）；在爆发性动作方面，发球分的跳跃、急起、急停和变向次数分别为1.32次、4.81次、4.81次和3.49次，接发球分的跳跃、急起、急停和变向次数分别为0.52次、5.32次、5.45次和4.43次，其中，接发球分的跳跃次数低于发球分，且存在显著性差异（$P<0.01$），而变向次数高于发球分，且存在显著性差异（$P<0.05$）；此外，运动时间和间歇时间分别为10.16s和23.87s，其运动间歇比为1∶2.3（表5.4）。

表5.4　男子网球比赛9~12s每分持续时间的运动与间歇特征统计结果（$n=1045$）

指标	发球分	接发球分	指标	发球分	接发球分
发球（次）	1.31±0.18	—	跳跃（次）	1.32±0.15	0.52±0.17□□
正手（次）	2.52±0.24	2.34±0.37	急起（次）	4.81±0.33	5.32±0.41

[1] 田麦久．运动训练学［M］．北京：人民体育出版社，2000：97.

续表

指标	发球分	接发球分	指标	发球分	接发球分
反手（次）	2.27±0.32	2.73±0.29	急停（次）	4.81±0.32	5.45±0.36
切削（次）	0.31±0.04	0.33±0.04	变向（次）	3.49±0.39	4.43±0.43□
截击（次）	0.03±0.01	0.02±0.01□	运动时间（s）	10.16±1.67	10.16±1.67
高压（次）	0.01±0.00	0.01±0.00	间歇时间（s）	23.87±1.62	23.87±1.62
小球（次）	0.01±0.00	0.01±0.00	运动间歇比	1∶2.3	1∶2.3
共计（次）	4.92±0.42	5.03±0.36	规定间歇（s）	25	25

注：□表示 $P < 0.05$，□□表示 $P < 0.01$，与发球分比较。

上述研究表明，顶尖男子网球运动员在比赛中持续9~12s每分回合的技术动作主要以正手、反手和切削为主，而爆发性动作则依然主要以急起、急停和变向等为主，在发球分与接发球分之间除在截击、跳跃和变向等之间存在差异性，其他指标均无差异性。机体在维持9~12s的高强度运动中，糖酵解代谢供能的比例逐渐升高，使机体对无氧有酸代谢能力的需求逐渐加大，乳酸代谢产物的持续堆积成为运动员产生疲劳的重要因素[1]；网球运动员在比赛中随着每分时间与回合数的持续导致机体对无氧有乳酸代谢供能的需求逐步提高，而在此情景中的运动表现给无氧能力训练方法的设计提供了重要依据。因此，针对男子网球运动员无氧能力的专项训练方法设计，可将正反手击球结合频繁的急起、急停与变向冲刺作为主要练习形式和方式。

5.2.2.5 12~15s每分持续时间的运动间歇特征与分析

顶尖男子网球比赛中每分持续时间在12~15s的运动与间歇特点的研究结果显示，在专项技术应用方面，发球分和接发球分的正手和反手击球频次较高，发球分的击球总次数为6.24次，发球次数为1.36次，正手、反手和切削的使用次数分别为3.92次、2.26次和0.37次，接发球分的击球总次数为6.37次，正手、反手和切削的使用次数分别为3.78次、2.54次和0.39次，两者的所有技术动作应用频次之间均无显著性差异；在爆发性动作方面，发球分的跳跃、急起、急停和变向次数分别为1.36次、6.23次、6.24次和4.97次，接发球分的跳跃、急

[1] Hermansen L. Muscular fatigue during maximal exercise of short duration [J]. Med Sport Sci, 1981, 13 (6): 45-52.

起、急停和变向次数分别为 0.38 次、6.46 次、6.69 次和 5.18 次，其中，接发球分的跳跃次数低于发球分，且存在显著性差异（$P<0.01$），而其他指标虽均高于发球分，但均不存在显著性差异；此外，运动时间和间歇时间分别为 13.07s 和 23.59s，其运动间歇比为 1∶1.8（表 5.5）。

从能量代谢特征与需求来看，网球运动员在 12~15s 的持续运动过程中机体的能量代谢主要以磷酸原供能和糖酵解供能为主[1]，而在此持续时间的每分回合中表现出来的以正手、反手、急起、急停和变向等为主的动作特征，是采用间歇训练法为刺激运动员无氧代谢能力进行专项训练设计的重要参考；此外，约为 1∶2 的运动间歇比特征既表现出运动员快速恢复能力的重要需求，也是运动员进行专项无氧能力训练安排的关键依据。

表 5.5　男子网球比赛 12~15s 每分持续时间的运动与间歇特征统计结果（$n=621$）

指标	发球分	接发球分	指标	发球分	接发球分
发球（次）	1.36±0.14	—	跳跃（次）	1.36±0.12	0.38±0.17□□
正手（次）	3.92±0.24	3.78±0.42	急起（次）	6.23±0.37	6.46±0.43
反手（次）	2.26±0.32	2.54±0.30	急停（次）	6.24±0.42	6.69±0.51
切削（次）	0.36±0.04	0.39±0.04	变向（次）	4.97±0.33	5.18±0.32
截击（次）	0.02±0.01	0.02±0.01	运动时间（s）	13.07±1.63	13.07±1.63
高压（次）	0.01±0.00	0.01±0.00	间歇时间（s）	23.59±1.05	23.59±1.05
小球（次）	0.00±0.00	0.00±0.00	运动间歇比	1∶1.8	1∶1.8
共计（次）	6.24±0.36	6.37±0.41	规定间歇（s）	25	25

注：□□表示 $P<0.01$，与发球分比较。

5.2.2.6　15~18s 每分持续时间的运动间歇特征与分析

顶尖男子网球比赛中每分持续时间在 15~18s 的运动与间歇特点的研究结果显示，在专项技术应用方面，发球分和接发球分的正手和反手击球频次均较高，发球分的击球总次数为 7.89 次，发球次数为 1.40 次，正手、反手和切削的使用次数分别为 4.31 次、3.47 次和 0.44 次，接发球分的击球总次数为 7.95 次，正

[1] 过家兴．运动训练学［M］．山东：山东教育出版社，1986.

手、反手和切削的使用次数分别为4.13次、3.79次和0.46次，两者的所有技术动作应用频次之间均无显著性差异；在爆发性动作方面，发球分的跳跃、急起、急停和变向次数分别为1.40次、7.34次、7.35次和5.51次，接发球分的跳跃、急起、急停和变向次数分别为0.34次、7.57次、7.83次和5.83次，其中，接发球分的跳跃次数低于发球分，且存在显著性差异（$P<0.01$），而其他指标虽均高于发球分，但都不存在显著性差异；此外，运动时间和间歇时间分别为17.08s和24.11s，其运动间歇比为1∶1.4（表5.6）。机体在15~18s的高强度持续运动中对无氧糖酵解供能的需求较为明显，随着糖酵解代谢产物等的逐渐累积，使机体中乳酸浓度升高而氢离子浓度与酶的活性下降，从而导致机体运动能力下降[1]。虽然男子网球运动员在比赛中处于15~18s时间段的每分回合较少，但是，也反映出比赛对运动员无氧有酸能力的需求，在针对网球运动员无氧能力的专项训练中可将此时间阶段的训练形式作为刺激运动员无氧有酸能力的训练设计参考，以注重发展运动员的无氧耐酸能力和其在此负荷强度下的专项表现稳定性。

表5.6 男子网球比赛15~18s每分回合持续时间的运动与间歇特征统计结果（$n=414$）

指标	发球分	接发球分	指标	发球分	接发球分
发球（次）	1.40±0.16	—	跳跃（次）	1.40±0.16	0.34±0.09□□
正手（次）	4.31±0.25	4.13±0.42	急起（次）	7.34±0.37	7.57±0.43
反手（次）	3.47±0.36	3.79±0.28	急停（次）	7.35±0.39	7.83±0.40
切削（次）	0.44±0.18	0.46±0.14	变向（次）	5.51±0.28	5.83±0.26
截击（次）	0.02±0.01	0.02±0.01	运动时间（s）	17.08±2.63	17.08±2.63
高压（次）	0.01±0.00	0.01±0.00	间歇时间（s）	24.11±0.53	24.11±0.53
小球（次）	0.00±0.00	0.00±0.00	运动间歇比	1∶1.4	1∶1.4
共计（次）	7.89±0.27	7.95±0.38	规定间歇（s）	25	25

注：□□表示 $P<0.01$，与发球分比较。

5.2.2.7 18~21s每分持续时间的运动间歇特征与分析

顶尖男子网球比赛中每分持续时间在18~21s的运动与间歇特点的研究结果

[1] 黎涌明．不同运动方式的能量代谢——共性与区别［J］．体育科学，2013，33（12）：81-86.

显示，在专项技术应用方面，发球分的击球总次数为 9. 15 次，发球次数为 1. 33 次，正手、反手和切削的使用次数分别为 4. 86 次、4. 23 次和 0. 46 次，接发球分的击球总次数为 9. 26 次，正手、反手和切削的使用次数分别为 4. 73 次、4. 48 次和 0. 49 次，两者的所有技术动作应用频次之间均无显著性差异；在爆发性动作方面，发球分的跳跃、急起、急停和变向次数分别为 1. 34 次、8. 87 次、8. 93 次和 6. 87 次，接发球分的跳跃、急起、急停和变向次数分别为 0. 25 次、8. 96 次、9. 08 次和 6. 95 次，其中，仅接发球分的跳跃次数低于发球分，且存在显著性差异（$P<0.01$），而其他指标虽均高于发球分，但都不存在显著性差异；此外，平均运动时间和平均间歇时间分别为 19. 67s 和 24. 52s，其运动间歇比为1∶1. 3（表 5. 7）。根据人体能量代谢机理，机体在 20s 左右的持续高强度运动中，糖酵解供能是主要的能量代谢来源，且有氧代谢供能的比例也随着运动时间逐渐增大[1-2]，男子网球比赛中处于 18~21s 每分回合中依然表现出来的高频次正反手技术动作以及急起、急停与变向等爆发性动作表现，与约为 1∶1 的运动间歇比形式，不仅反映出运动员在多拍回合中的基本运动与间歇特征，还为专项无氧有酸能力训练方法的设计与安排提供了重要参考，且相关研究也证实，采用此间歇形式的专项间歇训练有助于网球运动员无氧能力的提高[3]。

表 5. 7　男子网球比赛 18~21s 每分回合时间的运动与间歇特征统计结果（$n=310$）

指标	发球分	接发球分	指标	发球分	接发球分
发球（次）	1. 33±0. 15	—	跳跃（次）	1. 34±0. 13	0. 25±0. 16□□
正手（次）	4. 86±0. 28	4. 73±0. 19	急起（次）	8. 87±0. 28	8. 96±0. 38
反手（次）	4. 23±0. 34	4. 48±0. 21	急停（次）	8. 93±0. 32	9. 08±0. 24
切削（次）	0. 46±0. 13	0. 49±0. 18	变向（次）	6. 87±0. 25	6. 95±0. 32
截击（次）	0. 05±0. 01	0. 04±0. 01	运动时间（s）	19. 67±1. 21	19. 67±1. 21
高压（次）	0. 02±0. 01	0. 02±0. 01	间歇时间（s）	24. 52±0. 34	24. 52±0. 34

[1] Hermansen L. Muscular fatigue during maximal exercise of short duration [J]. Med Sport Sci, 1981, 13 (6): 45-52.

[2] Bogdanis GC, Nevill ME, Boobis LH, et al. Recovery of power output and muscle metabolites following 30s of maximal sprint cycling in man [J]. J Physiol, 1995, 482 (2): 467-480.

[3] Kovacs, SM. Energy System-Specific Training for Tennis [J]. Strength & Conditioning Journal, 2004, 26 (5): 10-13.

续表

指标	发球分	接发球分	指标	发球分	接发球分
小球（次）	0.00±0.00	0.00±0.00	运动间歇比	1∶1.3	1∶1.3
共计（次）	9.15±0.31	9.26±0.32	规定间歇（s）	25	25

注：□□表示 $P < 0.01$，与发球分比较。

5.2.2.8 21s 以上每分持续时间的运动间歇特征与分析

顶尖男子网球比赛中每分持续时间在21s以上的运动与间歇特点的研究结果显示，在专项技术应用方面，发球分的击球总次数为11.35次，发球次数为1.54次，正手、反手和切削的使用次数分别为6.14次、4.95次和0.53次，接发球分的击球总次数为11.67次，正手、反手和切削的使用次数分别为6.08次、5.36次和0.38次，其中，除接发球分的截击次数低于发球分，且存在显著性差异（$P<0.05$）以外，其他所有技术动作应用频次指标之间均无显著性差异；在爆发性动作方面，发球分的跳跃、急起、急停和变向次数分别为1.24次、9.62次、9.67次和8.12次，接发球分的跳跃、急起、急停和变向次数分别为0.23次、9.87次、9.91次和8.31次，其中，仅接发球分的跳跃次数低于发球分，且存在显著性差异（$P<0.01$），而其他指标虽均高于发球分，但不存在显著性差异；此外，平均运动时间和平均间歇时间分别为23.51s和25.86s，其运动间歇比为1∶1.1（表5.8）。虽然在顶尖男子网球比赛中持续时间高于21s的回合较少，但是也能反映出比赛中男子网球运动员无氧能力的重要性。网球运动员在21s以上每分回合的高强度运动中不仅表现出对无氧能力的重要需求，还体现了有氧代谢能力的关键作用，因此，在专项训练中可将此情景下的运动与间歇特征作为设计专项无氧有酸能力训练的借鉴。然而，相关研究强调[1-2]，采用运动间歇比为1∶1的正反手折返移动击球专项练习是发展运动员无氧耐酸能力的有效方法之一。

[1] Seliger V, Ejem M, Pauer M, et al. Energy metabolism in tennis [J]. Int Z Angew Physiol, 1973, 31 (4): 333-340.

[2] Edge J, Bishop D, Hill-Haas S, et al. Comparison of muscle buffer capacity and repeated-sprint ability of untrained, endurance-trained and team-sport athletes [J]. Eur J Appl Physiol, 2006, 96 (3): 225-234.

表 5.8　男子网球比赛 21s 以上每分持续时间的运动与间歇特征统计结果（$n=103$）

指标	发球分	接发球分	指标	发球分	接发球分
发球（次）	1.54±0.34	—	跳跃（次）	1.24±0.34	0.23±0.12□□
正手（次）	6.14±0.75	6.08±0.69	急起（次）	9.62±0.38	9.87±0.38
反手（次）	4.95±0.64	5.36±0.51	急停（次）	9.67±0.27	9.91±0.31
切削（次）	0.53±0.22	0.38±0.20□	变向（次）	8.12±0.34	8.31±0.33
截击（次）	0.00±0.00	0.0±0.00	运动时间（s）	23.51±4.64	23.51±4.64
高压（次）	0.01±0.01	0.01±0.01	间歇时间（s）	25.86±0.34	25.86±0.34
小球（次）	0.02±0.01	0.02±0.01	运动间歇比	1∶1.1	1∶1.1
共计（次）	11.35±3.27	11.67±3.62	规定间歇（s）	25	25

注：□表示 $P<0.05$，□□表示 $P<0.01$，与发球分比较。

5.2.2.9　男子网球比赛每分回合运动间歇特征的训练设计启示

网球运动每分回合的竞技对抗过程是构成一场网球比赛最基本的单位[1]。运动员在比赛每分回合中常完成不同形式的击球、急起、急停、跳跃、变向、冲刺等爆发性活动和间歇性运动，既是反映网球运动专项运动表现的重要指标，也是针对运动员无氧能力进行专项训练设计的重要参考。男子网球运动员在专项无氧能力训练中既要注重各项技术的综合性、全面性安排，又要注重运动员在发球与接发球中正手、反手等技术的优先性、重点性设计，以保证在技术全面与重点兼顾的有球专项形式下发展运动员的无氧能力；男子网球运动员的专项无氧能力训练应始终把握急起、急停与变向结合的爆发性专项动作形式，使运动员在频繁变向移动的基础上结合高强度专项技术动作的应用需求，以促进网球运动员无氧能力的发展；男子网球运动员应注重发球与接发球技术的交替性和高效性特点，在专项训练中应将发球技术训练穿插于训练的不同时段或环节，尤其应加强运动员在高强度对抗后或非完全恢复状态下的发球表现；男子网球运动员专项训练不仅应注重每回合前四拍的质量和短时间运动的强度，而且在多拍回合中发展专项技术稳定性的同时，也要强调技术动作表现的高质量和高效率要求，既可将短回

[1] 陶志翔．持拍隔网对抗项群基本单元竞技过程的理论研究［J］．山东体育学院学报，2007，23（4）：88-91.

合短时间的有球对抗训练作为无氧无乳酸能力进攻性专项训练的方法，也可将长回合长时间的有球对抗训练作为无氧有酸能力防守性专项训练的方法。此外，训练方法的设计应充分体现网球运动间歇性的专项特征以及每分间 25s 的有限间歇时间特点，在无氧无乳酸能力的专项训练中可采用 1∶8～1∶3 的运动间歇比形式的重复或间歇训练法，而在无氧有酸能力的专项训练中可采用 1∶3～1∶1 的运动间歇比形式的间歇训练法，有针对性地促进男子网球运动员无氧能力的发展，并且，因每分回合持续时间的不固定与变换性特点，递增、递减或变换的间歇形式也是男子网球运动员无氧能力专项训练方法设计的重要参考。

5.2.3 男子网球比赛整体运动间歇特征

5.2.3.1 男子网球比赛整体运动间歇特征与分析

顶尖男子网球运动员比赛中有氧能力训练的专项需求可通过一场比赛的整体运动间歇特征间接反映出来，其研究结果表明，发球的平均应用频次为 92.44 次，正手和反手的平均应用频次分别为 138.89 次和 101.33 次，而切削、截击、高压和小球技术动作的平均应用频次分别为 49.27 次、10.72 次、2.28 次和 2.06 次，平均总击球频次为 445.60 次；在爆发性动作方面，急起和急停的平均频次分别为 345.60 次和 347.66 次，跳跃和变向的平均频次分别为 136.61 次和 283.11 次；总运动时间为 86.95min，有效运动时间仅为 21.72min，运动间歇比和运动时间率分别为 0.21 和 17.44%（表 5.9）。

表 5.9 男子网球比赛每场的运动与间歇特征统计结果（*n*=50）

指标	M±SD	95%*CI*	指标	M±SD	95%*CI*
发球（次）	92.44±22.86	81.07～103.81	跳跃（次）	136.61±41.39	116.02～157.19
正手（次）	138.89±40.71	118.64～159.13	急起（次）	345.60±113.42	289.21～402.01
反手（次）	101.33±47.87	77.53～125.14	急停（次）	347.66±114.45	290.75～404.58
切削（次）	49.27±24.39	37.15～61.41	变向（次）	283.11±83.13	256.69～309.53
截击（次）	10.72±5.99	7.74～13.69	总运动时间（min）	86.95±44.77	75.88～101.27

续表

指标	M±SD	95%CI	指标	M±SD	95%CI
高压（次）	2.28±1.93	1.31~3.24	有效运动时间（min）	21.72±4.50	15.47~19.95
小球（次）	2.06±1.51	0.47~2.52	运动时间比	0.21±0.05	0.15~0.27
总计（次）	445.60±213.42	389.21~502.01	运动时间率（%）	17.44±3.13	13.55~21.33

网球比赛由于三盘两胜制和五盘三胜制赛制的不同，用不同赛制的比赛分析男子网球运动员运动特征可能存在差异性，而本研究中所选取的50场男子单打网球比赛均是三盘两胜制和抢七决胜的统一赛制下的比赛，尽可能避免了赛制差异的统计误差。通过上述研究结果得知，男子网球运动员每场比赛中技术动作应用较为全面且存在较大的频次差异。其中，主要的应用技术为发球、正手、反手和切削，而截击、高压和小球等技术的应用较少，网球运动员在比赛中的技术动作应用特征与场地类型、打法特征及赛制要求等因素的关系较为密切[1-2]。红土赛事中的每分回合频次较多，相对应正反手、切削等技术的应用频次也较多，而草地赛事中的每分回合频次较少，相对应正反手击球频次也较少，而截击、高压技术动作频次也较高。因比赛赛制的不同，男子网球运动员在大满贯单打比赛中采用的五盘三胜制与ATP大师赛或巡回赛等赛事的三盘两胜制相比，每场比赛中的技术应用频次明显更高。非技术爆发性动作频次特征方面，每场比赛中急起、急停和变向等动作的平均频次高于跳跃动作，且非技术爆发性动作的综合性特征也反映出男子网球运动员在比赛中需多次重复完成高强度、瞬时爆发性动作，对其无氧能力表现具有较高的要求。运动与间歇时间特征方面，男子网球运动员在一场比赛中的运动总时间较长，而有效的运动时间较短，且比赛的持续时间不固定。与之对应，相关研究表明男子网球运动员在单打比赛中平均每场的总运动时间为108.33min，而有效比赛时间仅为33.65min，有效运动时间比率为30.1%，且运动间歇比为1∶2.5[3]，网球运动员在整场比赛中表现出的长时间、持续性特点，反映出运动员需具备有氧代谢能力的比赛特征，而高比例的间歇时

[1] 陈小平．竞技运动训练实践发展的理论思考［M］．北京：北京体育大学出版社，2008：17.

[2] 孙有平．运动训练实践问题探索［M］．上海：华东师范大学出版社，2013：41.

[3] Luque GT，Manrique DC，Raquel HG，et al. An analysis of competition in young tennis players［J］. European Journal of Sport Science，2011，11（5）：39-43.

间特点，又表现出网球运动员在间歇期内快速恢复能力的比赛需求。男子网球运动员在每场比赛中技术类或非技术类爆发性动作，不仅在不同场地类型和赛制要求下的表现不同，即使在相同场地类型和赛制中，也受运动员打法类型的影响而表现不同。尽管本研究中的10名顶尖男子网球运动员并未进行打法类型的区分，但进攻与防守能力的均衡性本身就是顶尖男子网球运动员全面能力的重要体现和必备特征[1]。基于此，顶尖男子网球运动员在单打比赛中的运动与间歇特征间接反映了男子网球运动员有氧能力的专项训练需求，反映了加强男子网球运动员专项有氧代谢能力是保证其专项技术与移动等动作表现发挥的重要基础。

5.2.3.2 男子网球比赛整体运动间歇特征的训练设计启示

网球运动是一项由不同高强度活动交替进行且持续时间较长的间歇性运动项目，在一场三盘两胜制的单打比赛中，运动员需间断性完成不同形式的跳跃、起动、制动、冲刺、变向以及击球等高强度、瞬时爆发性动作，虽有氧供能是网球运动员长时间供能的重要基础，但运动员的无氧能力是保持比赛中高强度身体活动表现的基础。本研究从顶尖男子网球运动员每场比赛的运动与间歇的基本特征出发，探索网球运动的专项有氧能力训练的比赛需求和实践依据。上述研究结果表明，男子网球运动员在一场单打比赛中发球、正手、反手和切削等技术的应用频次较高，反映出技术动作的非均衡性；截击、高压和小球等技术的低频次应用特点表现出技术动作应用的全面性特征；多频次的跳跃、急起、急停和变向等非技术类爆发性动作表现反映出比赛中无氧能力的需求特征；此外，较长的比赛总运动时间和较高的间歇比例特征也反映出对运动员有氧能力和间歇性恢复能力的重要需求。基于此，男子网球运动员在每场单打比赛中的运动与间歇总体特征给运动员有氧能力专项训练的时间、形式、内容、方法及负荷等特征提供了重要的启示：男子网球运动员在比赛中的运动与间歇特征是训练设计的重要依据，可将比赛中的技术或非技术爆发性动作频次、总运动时间和间歇等特征作为专项训练设计的基本参考，使运动员的训练课总负荷紧密结合比赛实际总负荷需求，使训练安排更加符合比赛特征；男子网球运动员比赛中需完成数百次的回合，而每分回合都是不同技术与爆发性动作综合应用的结果，在以课为单位的训练中，应避免单一技术和移动形式的有球训练，而需始终注重不同技术与多变向移动等爆发性动

[1] Kovacs MS. Tennis physiology: Training the competitive athlete [J]. Sports Medicine, 2007, 37 (3): 189-198.

作密切结合的有球训练形式，以加强男子网球运动员在高质量击球负荷下的有氧高强度表现；网球比赛的长时间持续性和高频度间歇性使网球运动员有氧能力的重要作用更加突出，虽然网球运动员的专项有氧能力训练不能像中长跑运动员采用长时间持续性的训练方式，但可以结合专项特征，采用不同强度的间歇训练方法促进有氧能力的针对性发展，这不仅是网球运动员进行长时间比赛的基础，也是赛中间歇期快速恢复的保证[1-3]。因此，在专项训练方法设计中，基于男子网球比赛的运动间歇特征与有氧能力需求，针对男子网球运动员有球形式下不同强度的有氧能力进行专项训练方法设计是提高网球运动员有氧运动能力和竞技表现的重要途径。

5.2.4 男子网球比赛运动员跑动特征

5.2.4.1 男子网球比赛运动员跑动等级标准的确立

网球运动员在比赛中的跑动特征也是反映网球专项运动特征及无氧和有氧能力比赛需求的重要指标。运动员在比赛中对抗的相持性、技术应用的多变性和专项间歇性等特征使运动员在比赛中表现出不同类型的动作特征和不同水平的速度等级差异特点，且不同的跑动速度区间又反映出运动员机体不同的供能形式和能量代谢类型。因此，对运动员在比赛中跑动速度特征的探析对其无氧和有氧能力的专项训练方法设计具有重要的参考价值。顶尖男子网球运动员比赛中的跑动类型和速度等级划分是根据相关研究[4-5]制定的标准而确立的，其中将比赛中的跑动强度主要分为高强度、中强度和低强度三个区间，根据强度区间和动作类型相对应的速度水平和速度标准，划分出了慢速（0~1m/s）、低速（1~2m/s）、中速（2~3m/s）、中高速（3~4m/s）、高速（4~5m/s）和高速以上（>5m/s）

[1] Wasserman K, Whipp BJ, Koyl SN, et al. Anaerobic threshold and respiratory gas exchange during exercise [J]. Journal of Applied Physiology, 1973, 35 (2): 236-243.

[2] Helgerud J, Engen LC, Wisløff U, et al. Aerobic endurance training improves soccer performance [J]. Med Sci Sport Exerc, 2001, 33 (11): 1925-1931.

[3] Iaia FM, Rampinini E, Bangsbo J. High-intensity training in football [J]. Int J Sports Physiol Perform, 2009, 30 (4): 291-306.

[4] Fernandez JF, Rivas DS, Pluim BM, et al. A Comparison of the Activity Profile and Physiological Demands Between Advanced and Recreational Veteran Tennis Players [J]. Journal of Strength and Conditioning Research, 2009, 23 (2): 604-610.

[5] Gomes RV, Cunha VCR, Zourdos MC, et al. Physiological Responses of Young Tennis Players to Training Drills and Simulated Match Play [J]. Journal of Strength and Conditioning Research, 2016, 30 (3): 851-858.

等不同速度区间，每一个速度区间或跑动等级所对应的供能形式和跑动类型都有所区别，主要体现在磷酸原、糖酵解和有氧氧化供能等主要供能形式中的主导性水平方面；根据训练目的不同所对应的训练形式又包括无氧无乳酸训练、无氧有酸训练、有氧高强度训练、有氧中强度和有氧低强度训练等，每种训练形式所对应的心率强度区间和血乳酸值水平等均有所不同（表 5.10）。

表 5.10 男子网球比赛运动员跑动等级标准

强度区间	速度水平	速度标准 (m/s)	供能形式	训练分类	心率区间	血乳酸 (mmol/L)
高强度	最大速度	>5	ATP-CP 供能为主	无氧无乳酸	>95%	<4
	高速	4~5	无氧糖酵解为主	无氧有乳酸	90%~95%	6~14
	中高速	3~4	糖酵解为主	无氧有乳酸	90%	4~8
中强度	中速	2~3	有氧无氧混合	有氧高强度	80%~89%	4 左右
低强度	低速	1~2	有氧供能	有氧中强度	70%~79%	<4
	慢速	<1	有氧供能	有氧低强度	60%~69%	1.5~3

5.2.4.2 男子网球比赛运动员跑动距离特征与分析

本研究通过对顶尖男子网球运动员比赛中每分、每局、每盘以及每场的跑动距离特征进行分析，结果表明（表 5.11）：运动员在单打比赛中的平均跑动距离为 2923.65m，每盘的平均跑动距离为 1191.63m，每局和每分的平均跑动距离分别为 79.91m 和 10.24m。本研究中 10 名顶尖男子网球运动员的比赛均为三盘两胜、抢七决胜制的硬地和红土比赛，对运动员在比赛中每场和每盘跑动距离的统计均来自 ATP 的官方数据报告，每局和每分的跑动距离数据均来自 Reid M 等研究文献中的官方数据报告[1]。网球运动员在比赛中的跑动距离是反映比赛外部负荷特征的基本指标，相关研究对男子网球运动员在比赛中的跑动特征进行了归纳，如 Pereira TJC 等[2]的研究表明男子网球运动员在单打比赛中每分回合的跑动距离大约为 5.3m，每局的平均跑动距离大约为 102.9m，且每盘中平均每分钟

[1] Reid M, Morgan S, Whiteside D. Match play characteristics of Grand Slam tennis: Implications for training and conditioning [J]. Journal of Sports Sciences, 2016, 34 (19): 1791-1793.

[2] Pereira TJC, Nakamura FY, Jesus MT, et al. Analysis of the distances covered and technical actions performed by professional tennis players during official matches [J]. Journal of Sports Sciences, 2017, 35 (4): 361-368.

的跑动距离为1580.1m，而每场比赛的平均跑动距离约为3160m。本研究与上述研究结果相比略有不同，主要原因是受网球场地类型和赛事赛制不同要求等的影响，尤其对运动员在比赛中每场和每盘的跑动距离特征的影响较大，而对每局和每分的跑动距离特征影响甚微，如 Murias JM 等[1]的研究表明男子网球运动员在红土单打比赛中平均每分的跑动距离为11.6m，明显高于硬地比赛的9.3m，且红土比赛中每局、每盘和整场比赛的平均跑动距离均高于硬地材质等类型的比赛。综上所述，男子网球运动员的比赛跑动特点基本反映了运动员比赛外部负荷的基本特征，运动员在比赛中平均每场、每盘、每局和每分的跑动距离特征为训练课、训练节、训练组和训练次等为单位的训练形式设计提供了重要的参考，尤其通过训练负荷监控对反映网球专项训练与比赛需求特征的密切关系具有重要的实践意义，但并不能充分反映网球运动员的无氧和有氧能力需求特征，还需考虑速度、强度的特征表现。

表5.11　男子网球比赛运动员跑动距离特征

	每场跑动距离（m）	每盘跑动距离（m）	每局跑动距离（m）	每分跑动距离（m）
M	2923.65	1191.63	79.91	10.24
SD	2035.20	745.31	19.19	2.44

5.2.4.3　男子网球比赛运动员跑动速度特征与分析

对顶尖男子网球运动员在单打比赛中不同速度区间的跑动距离特征研究结果表明（图5.4），在<1m/s跑动速度区间的跑动距离为728.8m，在1~2m/s的速度区间的跑动距离为1856.9m，在2~3m/s的速度区间的跑动距离为1683.7m，在3~4m/s速度区间的跑动距离为915.8m，而在4~5m/s速度区间和>5m/s速度区间的跑动距离分别为327.9m和105.2m，反映出男子网球运动员比赛时在不同跑动速度区间有不同跑动距离的表现。

[1] Murias JM, Lanatta D, Arcuri CR, et al. Metabolic and functional responses playing tennis on different surfaces [J]. Journal of Strength and Conditioning Research, 2007, 21 (1): 112-117.

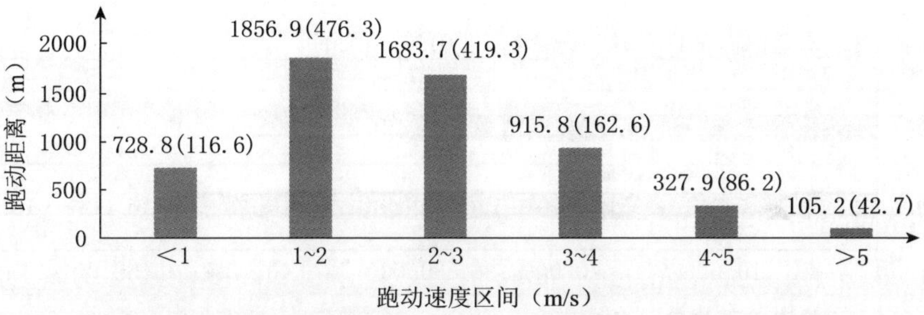

图 5.4　男子网球比赛运动员不同跑动速度区间的跑动距离特征

注：括号内为平均值（标准差）。

顶尖男子网球运动员比赛时在不同速度区间的比例特征表明（图 5.5），低于 1m/s 的跑动速度占总速度区间的 9%，1～2m/s 的跑动速度占 30%，2～3m/s 的跑动速度在总跑动速度区间中的比例最高，占 29%，3～4m/s 的跑动速度占 19%，而 4～5m/s 速度区间和>5m/s 速度区间分别占总速度区间的 9%和 4%，反映出男子网球运动员比赛时在不同跑动速度区间的不同比例特征。

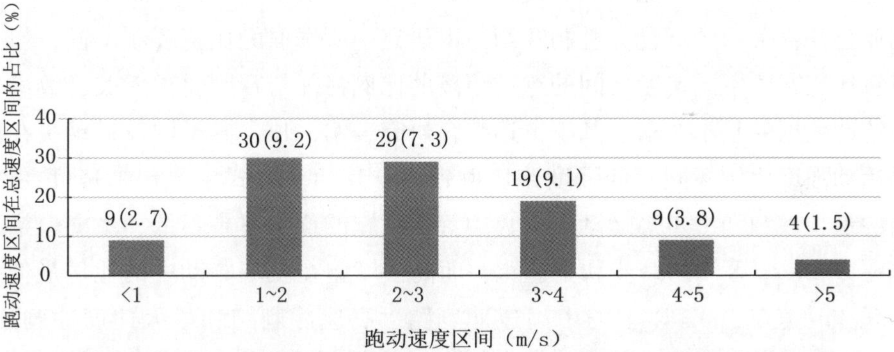

图 5.5　男子网球比赛运动员比赛时在不同速度区间的跑动距离百分比示意图

注：括号内为平均值（标准差）。

顶尖男子网球单打比赛中运动员在不同强度区间跑动距离比例特征（图 5.6）表明，高强度、中强度和低强度的跑动距离比例之间均不同，低强度跑动距离的比例最高，为 46.02%，中强度跑动距离比例为 29.97%，而高强度跑动距离比例最低，为 24.01%。

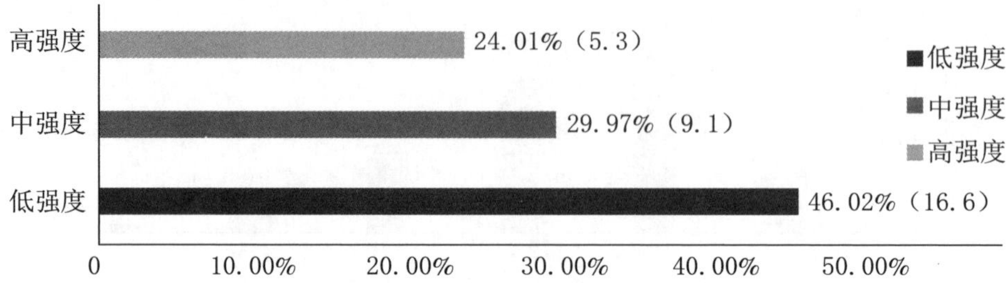

注：括号内为平均值（标准差）。

图 5.6 男子网球比赛运动员不同强度区间跑动距离百分比示意图

对顶尖男子网球比赛中运动员的跑动速度特征的归纳是网球体能研究中的难点，对世界顶尖男子网球运动员比赛中不同跑动速度区间特征的总结，以及该特征所反映的男子网球运动员比赛体能需求和外部负荷特征也是本研究的难题。为了研究的现实需要，本研究引用了澳大利亚网球公开赛首席体能专家顾问 Whiteside D 和 Reid M[1]学者对 2012—2016 年澳大利亚网球公开赛中 18 名顶尖男子网球运动员单打比赛中的跑动速度特征的研究结果，在总结体能训练依据的同时，也为本研究中专项能力训练设计理论的构建提供了重要的文献支撑。虽然澳大利亚公开赛采用的五盘三胜制赛制与本研究中所选取的比赛赛制不同，但是运动员每场比赛中不同速度区间的跑动距离的比例特征与赛制要求无关，故满足了比赛统计数据的基本要求。基于上述综合研究表明，顶尖男子网球运动员在比赛中的运动强度比例不同，低强度跑比例较高，其活动方式主要包括速度在 2m/s 以内的走、慢跑和滑步等运动形式；中等强度跑的比例不高不低，主要包括移动时速在 2~3m/s 区间的跨步和中速跑；而高强度跑在全场跑动中的比例最低，主要表现在时速在 3m/s 以上的中高速冲刺跑、高速冲刺跑和最大速度冲刺跑等。总体来看，男子网球运动员在比赛中的中高强度比例要高于低强度比例，且如果从运动员不同速度强度所对应的能量代谢特点来看，网球运动员在比赛中的供能形式为混合供能，以有氧氧化供能为基础，以糖酵解供能和磷酸原供能等无氧代谢为主。在本研究中，男子网球运动员在低速或中速区间较高比例的跑动特点主要与运动员每分回合中横向折返跑动特征和单次冲刺距离较短的特点有关，相关

[1] Whiteside D, Reid M. External Match Workloads During the First Week of Australian Open Tennis Competition [J]. International Journal of Sports Physiology and Performance, 2017, 12 (6): 756-763.

研究[1]也证实男子网球运动员比赛中距起动位置2.5m内完成一次击球的次数约占80%，移动2.5~4.5m完成一次击球的次数约占10%，而移动4.5m完成一次击球的次数约占5%，在较短的冲刺距离内运动员达到冲刺最高速度的可能性较小，虽10 m左右的冲刺击球使运动员表现出更高的冲刺速度与强度，但一场比赛中较长距离的冲刺击球次数较少，从而使得运动员在比赛中高速以上的跑动距离相对较低；此外，网球运动员的跑动主要以横向折返跑为主，具有较高的变向频次特征，运动员在每分回合中需完成多次的起动与制动的特点，也是运动员比赛中表现出中低速跑动比例较高的原因之一。与本研究相比，相关研究也表明顶尖男子网球运动员在单打比赛中低强度运动时间比例较高的表现特征，如Fernandez JF等[2]的研究表明男子网球运动员在单打比赛中的平均跑动距离为3568.8m，平均跑动速度为3.8m/s，其中，不同速度区间的运动时间不同，主要表现在0~2m/s速度区间的运动时间为2772s，2~3m/s速度区间的运动时间为365.8s，3~4m/s速度区间的运动时间为126.5s，4~5m/s速度区间的运动时间为24.6s，而5m/s以上速度区间的运动时间仅为11.2s，上述不同速度区间的运动时间对应的时间比例分别为68.8%、21.2%、5.8%、2.8%和1.4%。

5.2.4.4 男子网球比赛运动员跑动特征的训练设计启示

网球运动员在比赛中的跑动特点是反映网球运动比赛运动特征与强度需求的重要指标，也是针对男子网球运动员进行无氧和有氧能力专项训练设计的重要依据。本研究通过对10名顶尖男子网球运动员单打比赛中跑动距离特征的归纳，结合相关研究对男子网球运动员跑动速度特征的总结可知，男子网球运动员在每场、每盘、每局以及每分的跑动距离特征较鲜明，中速和中低速区间的跑动距离比例相对较高，且低强度跑动比例高于中强度、高强度比例。顶尖男子网球运动员单打比赛中的跑动距离和跑动速度特征为男子网球运动员无氧和有氧能力的专项训练设计提供了重要的启示：高度重视从比赛需求特征进行专项训练设计的理

[1] Ferrauti A, Weber K, Wright PR. Endurance: Basic, semi-specific and specific [J]. Strength and Conditioning for Tennis, 2003, 21 (4): 93-111.

[2] Fernandez JF, Rivas DS, Pluim BM, et al. A Comparison of the Activity Profile and Physiological Demands Between Advanced and Recreational Veteran Tennis Players [J]. Journal of Strength and Conditioning Research, 2009, 23 (2): 604-610.

念与思路，利用科学的设备与仪器对运动员比赛中的速度特征进行诊断评价，探别运动员比赛中无氧和有氧能力的比例特征与不足，是进行专项无氧和有氧能力训练设计的重要出发点；男子网球运动员的无氧能力训练应注重有球形式下的短距离折返冲刺跑动形式，短距离折返跑的加减速训练比长距离直线最大速度训练更符合专项比赛特征；应注重男子网球运动员在不同强度区间的负荷刺激，发展运动员在不同负荷强度区间的适应性和专项竞技表现；男子网球运动员在比赛中的供能形式为无氧代谢和有氧代谢的混合供能，以有氧氧化供能为基础，以糖酵解供能和磷酸原供能等无氧代谢为主，在专项训练中既要注重运动员的无氧代谢能力的加强，又要重视有氧代谢能力的发展；在专项无氧和有氧能力训练中应注重训练负荷的监控与控制，将运动员在比赛中的速度强度等负荷特征作为训练负荷强度安排的重要依据，以保障和促进男子网球运动员专项无氧和有氧训练的针对性和有效性。

5.3 男子网球运动员无氧和有氧能力的专项训练方法设计理论构建

5.3.1 男子网球运动员无氧和有氧能力的专项训练目标设计体系

5.3.1.1 男子网球运动员无氧和有氧能力专项训练目标设计的理论依据

运动训练目标是运动员训练内容、方法、负荷和周期等安排的重要依据，其最终目的是提高运动员竞技能力和运动成绩。运动成绩目标、竞技能力目标和运动负荷目标既是运动训练目标的重要组成部分，彼此之间的密切关系又是运动训练活动实施的重要导向。训练负荷是有效促进运动员竞技能力发展的重要前提，提高运动员竞技能力是取得优异运动成绩的基本实现途径，而运动员的比赛成绩或比赛表现又能反映运动员竞技能力水平和检验运动训练活动，从而有针对性地调整训练过程，进而达到运动员竞技能力和运动成绩的进阶性或全面性提高[1]。网球运动属于技能类隔网对抗性运动项目，比赛中要求运动员双方在统一的规则和环境条件下进行竞技对抗，网球运动员的比赛成绩既是比赛名次和竞技水平的表现结果，又是运动员竞技能力水平发挥的综合体现。因此，网球运动成绩表现出来的综合性和复杂性决定了网球运动训练目标的全面性与针对性。网球运动员竞

[1] 田麦久．运动训练学［M］．北京：人民体育出版社，2002.

技能力较为全面，其中，无氧和有氧能力是其竞技能力组成的重要部分，对网球运动员无氧和有氧能力专项训练目标的确立应该考虑运动员在比赛中无氧和有氧能力的专项表现与提高运动员无氧和有氧能力水平的训练负荷目标等。网球运动员在比赛中的无氧和有氧能力表现和彼此互存的密切关系是网球运动员发挥专项竞技表现的基础，也是反映网球运动员比赛需求的重要途径。网球运动负荷由比赛负荷和训练负荷构成，网球运动员在比赛中表现出来的比赛负荷特征为其训练负荷设计提供了重要的依据。因此，网球运动员无氧和有氧能力专项训练目标的确立和设计必须要从网球比赛特征与需求出发，了解网球运动员在比赛中的无氧和有氧能力特征和需求特点，把握运动员在比赛中的负荷水平，有针对性地设计紧密结合专项特征与比赛现实需求的无氧和有氧能力专项训练方法，从而保证网球运动员无氧和有氧能力的专项训练内容、训练负荷、训练手段和训练控制等的制定与实施紧密结合专项比赛特征，为网球专项训练活动的有效实施奠定坚实基础和做出明确导向。

5.3.1.2 男子网球运动员无氧和有氧能力的比赛特征分析

- 男子网球运动员无氧能力的比赛特征分析

网球运动员在比赛中的高强度爆发性动作频次、每分回合的短运动时间、单次冲刺距离与速度等运动表现和血乳酸生理指标特征可以综合反映运动员的无氧能力表现特征。本研究对顶尖男子网球运动员在单打比赛中与无氧能力相关的运动表现进行归纳，结果证明男子网球运动员平均每分回合的运动时间主要集中于0~3s，占总运动时间的41%，其次为3~6s的每分回合运动时间，占23%，再次为6~9s和9~12s每分回合持续运动时间，各占总时间的11%和10%，其中，在10s以内的每分回合运动中发球分与接发球分在技术应用频次、爆发性动作应用频次之间均存在不同程度的差异，且运动间歇比均大于1，运动员完成每分的平均跑动距离为10.24m，这些运动特征直接反映出无氧代谢供能在比赛中的重要作用特征。此外，运动员整场比赛中以中速和中高速跑动速度为主，中强度与高强度跑动距离比例分别为29.97%和24.01%，充分体现了男子网球运动员在比赛中无氧能力的重要需求特征。血乳酸、心率等生理负荷指标也能反映网球运动员在比赛中的无氧代谢能力需求，一般而言，运动员机体中的血乳酸值越高，则说明无氧代谢供能的比例越高。虽然血乳酸浓度与运动强度、运动员有氧能力及清除速率等有关[1]，但是通过血乳酸和心率强度区间等指标可以反映男子网球运动员在比赛中的无氧代谢需求特征（图 5.7）。相关研究表明，职业男子网球运动员在单打比赛中的平均血乳酸浓度并不高，但存在较大的波动性和阶段性特点，如 Christmass MA 等[2]的研究对男子网球运动员在单打比赛中每次单数局换边时血乳酸特征进行分析，发现网球运动员比赛中的血乳酸浓度会随着比赛的持续性和阶段性产生变化，当运动员处于比赛中段或末段时，机体的血乳酸值将升高，尤其在长回合的多拍相持中，血乳酸浓度会达到更高。心率强度区间也能反映网球运动员比赛中的无氧代谢比例特征，相关研究通过不同心率区间的低强度（<70%HR max）、中强度（70%~85%HR max）和高强度（>85%HR max）对运动员在戴维斯杯单打比赛中的不同强度比例特征进行研究，发现虽然运动员的心率强度主要以低、中强度为主，但也存在一定比例的高心率强度。此外，不能忽视男子网球运动员在无氧代谢系统供能下完成爆发性高强度动作的比赛特征，短时冲刺、跳跃、急起、急停、变向和各种击球动作的高质量表现在很大程度上取决于运动员的无氧代谢能力，且对比赛结果发挥着决定性作用[3]。总之，通过对男子网球运动员无氧能力的比赛特征与需求特点的分析，男子网球运动员在比赛中反复完成跳跃、急起、急停、变向、击球等爆发性动作以及短时间高强度的折返冲刺与跑动表现等特征，基本反映出运动员无氧能力的专项特征与比赛需求的特点，为运动员无氧能力的专项训练目标的制定提供了重要的依据。专项训练应该紧密结合比赛实际情景，高度重视运动员有球形式下无氧能力的发展，以提高运动员在比赛中的无氧能力水平和高强度负荷下专项竞技表现。

---

[1] Tomlin DL, Wenger HA. The relationship between aerobic fitness and recovery from high intensity intermittent exercise [J]. Sports Medicine, 2001, 31 (1): 1-11.

[2] Christmass MA, Richmond SE, Cable NT, et al. Exercise intensity and metabolic response in singles tennis [J]. Journal of Sports Sciences, 1998, 16 (8): 739-747.

[3] Gomes RV, Coutts AJ, Viveiros L, et al. Physiological demands of match-play in elite tennis: A case study [J]. European Journal of Sport Science, 2011, 11 (2): 105-109.

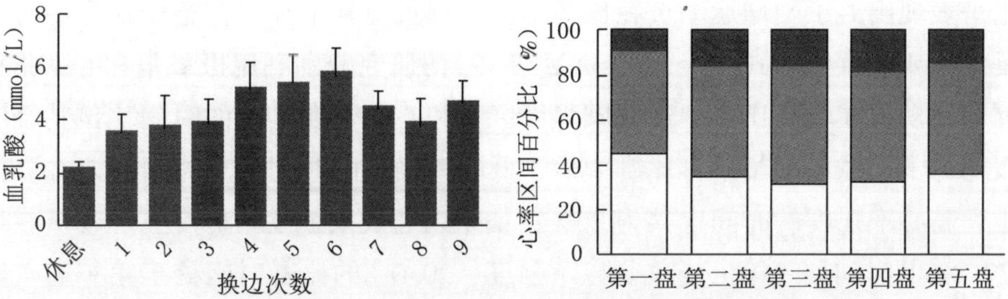

图 5.7 男子网球比赛运动员无氧代谢强度特征

- 男子网球运动员有氧能力的比赛特征分析

通过对顶尖男子网球运动员比赛中的运动时间与间歇特征的分析得知，运动员在比赛中的平均总运动时间为 86.9min，有效运动间歇比为 0.21，而有效运动时间率仅为 21.7%。这些特征表明：男子网球运动员在比赛中的运动持续总时间较长，有效运动时间却较短，表现出大部分时间都处于间歇状态的特点，既反映出运动员间歇期恢复能力与有氧代谢供能能力在比赛中的重要性，又表现出对男子网球运动员有氧能力发展的专项训练需求；此外，男子网球运动员在比赛中的跑动距离和速度水平也能间接反映其有氧能力的需求特点。本研究归纳得知，顶尖男子网球运动员在一场单打比赛中的平均跑动距离约为 3000m，虽以中速和中速以上跑动为主，但以有氧代谢形式的低速跑也占了一定的比例，且以有氧代谢为主的低强度跑动距离占总移动距离的 46%，表明了男子网球运动员在比赛中总移动距离较长，低强度跑动距离比例较高的特点，反映出男子网球运动员有氧代谢能力在比赛中的重要性。总之，如果从整场比赛中的运动特征来看，男子网球运动员的有氧代谢供能能力在比赛中的绝大部分时间内占有较高的比例，且发挥着重要的作用，使运动员在比赛中维持较长时间的运动和促进机体的快速恢复水平，以满足比赛中反复高强度运动的比赛需求[1]。除上述对男子网球运动员比赛运动特征的分析以外，心率、摄氧量等生理指标也能有效地反映网球运动员在比赛中的有氧能力需求特征（图 5.8）。通过对男子网球运动员比赛中的心率和摄氧量特征的研究，发现单打比赛中男子网球运动员的平均摄氧量为 29.1mL/(kg · min)，占最大摄氧量的 51.1%，而平均心率为 151.5bpm，约为最大心率的 76%，其平均

[1] Enguelle SO, Marbach J, Heitz A, et al. Lactate removal ability and graded exercise in humans [J]. Journal of Applied Physiology, 1990, 68 (3): 905-911.

值水平表现出男子网球运动员在比赛中的生理负荷并不高，在整场比赛中有氧供能是其重要的供能形式[1]。Baiget E 等[2]的研究分别利用摄氧量和心率指标评价网球运动员在单打比赛中通气阈强度区间和心率强度区间的时间比例特征，结果表明男子网球运动员单打比赛中处于低心率强度的时间为总时间的 75%，而处于中、高心率强度的时间比共为 25%；如果以通气阈强度为标准，运动员在比赛中 77.2%的时间处于第一通气阈以下强度，20.0%的比赛时间处于第一通气阈和第二通气阈之间的强度，仅有 2.8%的比赛时间处于第二通气阈值以上的强度，由此也表现出有氧代谢能力是男子网球运动员单打比赛中的主要供能形式，相应对其有氧能力的加强则成为专项训练方法设计或安排的重要目标之一。此外，男子网球运动员在比赛中表现出来的低强度生理负荷特征与高强度活动期间的间歇特征有关，而间歇期内机体的有效恢复速度与水平对运动员随后的专项运动表现具有重要的影响。相关研究证实，顶尖网球运动员在高强度活动间歇期内机体的恢复能力与其有氧能力存在密切关系，运动员有氧能力水平越高，在高强度活动后的间歇期的恢复能力就越强，进而表现出相对稳定的高强度专项运动表现特征，反之，则恢复能力越弱，对专项运动表现产生更大的负面影响[3]。总之，基于对男子网球运动员单打比赛中有氧能力需求特征的分析得知，男子网球运动员在比赛中长时间的比赛持续性、高比例的恢复间歇性、低强度跑的距离比例和生理指标等综合反映出男子网球运动员有氧能力在比赛中的重要专项特征与显著比赛需求，为针对有氧能力的专项训练方法设计的目标制定提供了重要的依据和参考。男子网球运动员的专项训练方法设计应高度重视有球形式下有氧能力的发展，以促进运动员长时间持续运动能力的加强和间歇期快速恢复能力的提高，以保证运动员在比赛中专项竞技表现的良好发挥。

---

[1] Smekal G, Duvillard SP, Rihacek C, et al. A physiological profile of tennis match play [J]. Medicine and Science in Sports and Exercise, 2001, 33 (6): 999-1005.

[2] Baiget E, Fernandez JF, Iglesias X, et al. Tennis play intensity distribution and relation with aerobic fitness in competitive players [J]. Sport and Exercise Science, 2015, 10 (6): 1-15.

[3] Ferrauti A, Pluim BM, Weber K. The effect of recovery duration on running speed and stroke quality during intermittent training drills in elite tennis players [J]. Journal of Sports Sciences, 2001, 19 (4): 235-242.

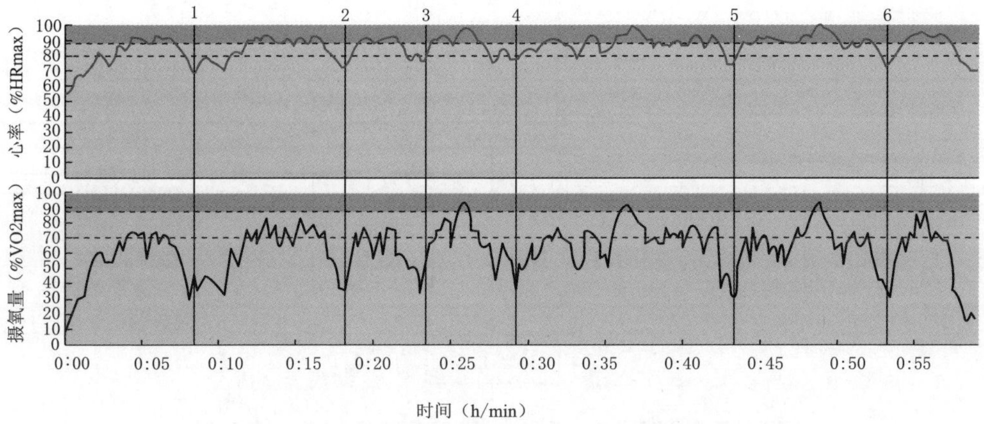

图 5.8 男子网球比赛运动员有氧代谢强度特征

5.3.1.3 男子网球运动员无氧和有氧能力的专项训练目标设计体系构建

本研究基于男子网球运动员在比赛中无氧和有氧能力的需求特征分析建立了专项训练设计的目标结构（图 5.9）。男子网球运动员的专项无氧和有氧能力训练宏观目标的设立应紧密结合网球专项运动特征和比赛需求，其主要训练内容应包括促进运动员在比赛中的长时间持续运动能力、反复高强度运动能力、短时间的快速恢复能力和机体对抗疲劳与损伤预防的能力。男子网球运动员无氧和有氧能力专项训练的宏观目标是训练活动具体目标确立和实施的导向，由此对应在专项训练活动中的具体目标应包括发展运动员有氧能力、加强运动员无氧无乳酸能力和促进运动员无氧有乳酸能力的训练子目标。其中，针对有氧能力训练目标，要求教练员在有氧能力专项训练中应注重发展运动员持续性运动能力、大强度反复运动能力和短时间恢复能力；无氧无乳酸能力专项训练目标应注重加强运动员的爆发性动作表现、高质量专项运动表现和短时间高强度运动表现；而无氧有乳酸能力专项训练目标应注重促进运动员的耐疲劳运动能力、反复高强度运动表现和高强度专项运动表现。男子网球运动员专项无氧和有氧能力训练目标设计体系的建立为训练时间活动提供了理论参考，也为本研究训练实证奠定了理论导向和假设。

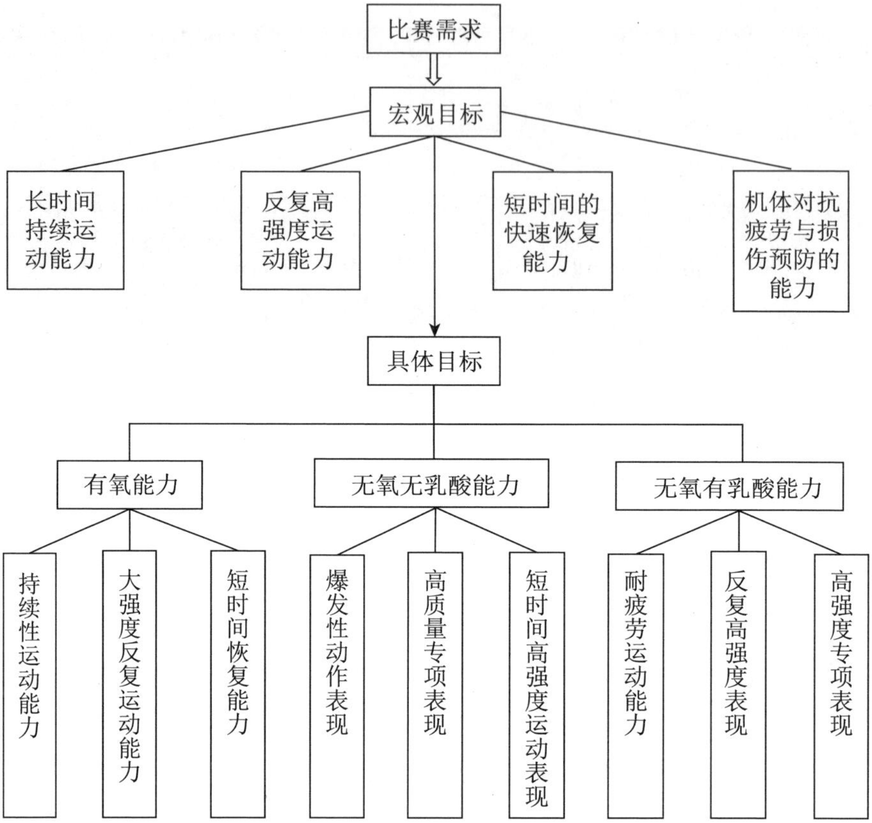

图 5.9　男子网球运动员无氧和有氧能力的专项训练目标设计体系

5.3.2　男子网球运动员无氧和有氧能力的专项训练内容设计体系

5.3.2.1　男子网球运动员无氧和有氧能力的专项训练内容设计的理论依据

内容是指事物所包含的实质性事物，包含三层含义：事物所包容的东西、事物内部所含的实质或意义和事物内在因素的总和，与“形式”相对，内容决定形式，形式依赖于内容，两者存在辩证统一的关系[1]。运动训练内容作为运动训练体系的重要组成部分，是基于训练目标而形成的内在因素的总和。提高运动员竞技能力和运动成绩是运动训练活动的目的，相应形成了针对不同竞技子能力

[1] 佚名．内容［DB/OL］．［2021-05-21］．http：//baike. so. com/doc/5391657-5628392. html.

和比赛竞技能力专项需求特征的训练内容体系[1]，运动训练目标决定了运动训练内容的结构，而运动训练内容又是运动训练目标的实现途径和具体体现，两者存在相互依存的关系。所以，在设计运动训练内容之前，必须对运动项目的特征和运动员比赛需求进行深入剖析，确定训练内容范围，揭示各训练内容之间的内在关系，进而构建基于运动专项本质特征和训练目标导向的训练内容体系。网球运动属于技能类隔网对抗性项目，针对提高网球运动员专项竞技能力的发展和比赛中竞技能力的不同决定性需求，网球运动员的训练内容应包括体能、技术、战术、心理和智能训练。其中，网球体能训练又进一步分为速度、能力、力量等更为详尽的训练内容结构，而能力又依据人体能量代谢的特征分为无氧能力和有氧能力训练[2]。因此，网球专项能力训练内容设计理论应以训练需求所解决的"为什么练"的问题为出发点，根据网球运动项目的专项特性和运动员的比赛需求，建立符合网球项目规律和运动员竞技需要的训练内容体系。

5.3.2.2 男子网球运动员无氧和有氧能力的专项训练内容分析

- 男子网球运动员无氧能力及其专项训练内容分析

网球比赛中运动员无氧能力对专项运动表现的发挥具有重要的作用，运动员完成的跳跃、急起、急停、变向、冲刺和各种击球等爆发性动作都是无氧代谢能力的重要表现，具备良好无氧能力水平的网球运动员在比赛中也具有较顶尖的反复高强度运动表现。男子网球运动员在比赛中完成的急起、急停、跳跃、冲刺和大力击球等高强度活动都是在 ATP-CP 供能系统的参与下完成的，虽不生成乳酸产物，但其供能的持续时间较短。当运动员的每分回合时间较长时，无氧糖酵解系统则成为主要的能量供应形式且生成乳酸产物。在网球比赛中由于间歇时间比运动时间长，机体的 ATP-CP 供能系统将很快恢复至一半水平，并为下一次高强度运动继续提供能量来源，如果在较长的高强度运动后，且在相对较短的间歇时间内 ATP-CP 恢复不足，则糖酵解系统供能会成为最主要的能量供应来源。虽然磷酸原与糖酵解供能的代谢形式和特点不同，但都给网球运动员的高强度活动质量奠定了重要的代谢基础。此外，肌肉中酶的活性对无氧代谢供能也至关重要，肌肉中 ATP 的含量较少，能量物质主要以 CP 的形式存在，而 CP 需要

[1] 肖红征，曾于久．运动训练主体内容结构及其要素的研究［J］．武汉体育学院学报，2005，39（10）：75-77.
[2] 刘保华，阎琳琳，付辉．网球运动训练内容体系研究［J］．哈尔滨体育学院学报，2009，27（3）：85-89.

在肌酸激酶的活化作用下才能再次形成ATP，同样，肌肉中肌糖原的分解与利用也需要无氧糖酵解酶的活化作用才能完成，因此，磷酸原与糖酵解供能系统所需的酶的活性水平也是运动员发挥无氧代谢能力和保持高强度运动表现的重要因素[1]。

针对网球运动员在比赛中磷酸原和糖酵解供能等无氧能力代谢形式特征，应选择相应的训练内容以提高运动员的无氧能力水平，而无氧无乳酸能力和无氧有乳酸能力训练可以分别提高运动员机体磷酸原和糖酵解供能底物和酶的活性，以促进运动员无氧能力的发展（表5.12）[2]。无氧有乳酸能力基于糖酵解代谢能力的刺激需求，应注重促进运动员乳酸生成性能力和乳酸耐受性能力，相应安排无氧有乳酸生成性训练和无氧有乳酸耐受性训练。虽然两种训练都可以提高运动员进行反复大强度运动的能力，但是在训练方法设计中，应结合专项比赛需求特征与相同的有球练习形式，通过对运动时间、间歇时间等训练要素的控制，有针对性地刺激运动员无氧有乳酸能力的发展。而无氧无乳酸能力对网球运动员在比赛中完成技术或非技术爆发性动作的高质量表现具有重要的影响，在训练中可通过比赛反映出来的急起、急停、冲刺和击球等瞬时性高强度动作刺激运动员无氧无乳酸能力的提高。然而，除网球运动员在比赛中表现出来的技术或非技术爆发性动作以外，其快速反应、变向和冲刺等都是速度或灵敏能力的表现形式。运动员所具备的短距离加减速能力和动态平衡能力均属于无氧能力表现的重要范畴，与运动员冲刺能力和灵敏性的改善与提高技术质量、动作节奏，以及减少能量消耗等密切相关。所以，在无氧无乳酸能力训练中也可以加入反应、灵敏以及协调等训练，更全面化、专项化地促进网球运动员无氧无乳酸能力的加强。综上所述，男子网球运动员的无氧能力训练内容应包括无氧有乳酸训练和无氧无乳酸训练。其中，无氧有乳酸训练又包含无氧有乳酸生成性训练与无氧有乳酸耐受性训练等综合训练内容。

---

[1] Greenhaff PL, Bodin K, Soderlund K, et al. Effect of oral creatine supplementation on skeletal muscle phosphocreatine resynthesis [J]. American Journal of Physiology Endocrinology and Metabolism, 1994, 266 (5): 725-730.

[2] Fernandez JF, Rivas DS, Villanueva MA. A review of the activity profile and physiological demands of tennis match play [J]. Strength and Conditioning Journal, 2009, 31 (4): 15-26.

表 5.12　男子网球运动员无氧能力的专项训练内容与原则

训练内容	练习时间（s）	间歇时间（s）	训练强度	训练次数
无氧无乳酸能力训练	<10	>50	极限	5~20
无氧有乳酸生成性训练	10~30	>100	次极限	5~10
无氧有乳酸耐受性训练	20~60	20~60	次极限	5~10

● 男子网球运动员有氧能力及其专项训练内容分析

有氧能力是机体通过有氧氧化供能系统产生能量并维持机体长时间运动的能力。网球运动员具备较强的有氧能力是其在比赛中持续长时间运动的基础和保障。一般而言，影响机体有氧能力水平的因素较多，其中，最大摄氧量、乳酸阈以及运动经济性与运动员的有氧代谢能力具有更密切的关系[1-2]。最大摄氧量对于从事长时间运动特征项目的运动员较为重要，运动员最大摄氧量水平的高低主要取决于氧运输系统、心脏泵血功能和组织肌肉利用氧的能力[3]，运动中的心排血量是最大摄氧量最主要的影响因素，且提高每搏输出量也可以促进最大摄氧量水平，除提高运动员的心脏泵血功能以外，有效促进机体肌纤维中的线粒体数量、酶的活性等提高肌肉利用氧的能力都对改善运动员最大摄氧量具有重要的影响[4]。相关研究表明高强度有氧能力训练有助于运动员最大摄氧量水平的改善[5]，Krustrup P 等[6]的研究强调间歇训练中采用高强度负荷刺激比低强度负荷刺激对提高运动员最大摄氧量的积极作用更加显著。乳酸阈作为提高运动员有氧能力的重要指标，在实践操作中具有较高的可塑性和操作性，乳酸阈水平越

[1] Pate RP，Kriska A. Physiological Basis of the Sex Difference in Cardiorespiratory Endurance［J］. Sports Medicine，1984，1（2）：87-89.

[2] Helgerud J. Maximal oxygen uptake，anaerobic threshold and running economy in women and men with similar performances level in marathons［J］. European Journal of Applied Physiology and Occupational Physiology，1994，68（2）：155-161.

[3] Wagner PD. New ideas on limitations to VO_2max［J］. Exercise and Sport Sciences Reviews，2000，28（1）：10-14.

[4] Richardson RS. What governs skeletal muscle VO_2max? New evidence［J］. Medicine and Science in Sports and Exercise，2000，32（1）：100-107.

[5] Helgerud J，Hoydal K，Wang E，et al. Aerobic high-intensity intervals improve VO_2max more than moderatetraining［J］. Medicine and Science in Sports and Exercise，2007，39（4）：665-671.

[6] Krustrup P，Hellsten Y，Bangsbo J. Intense interval training enhances human skeletal muscle oxygen uptake in the initial phase of dynamic exercise at high but not at low intensities［J］. The Journal of Physiology，2004，59（1）：335-345.

高的运动员具备的有氧能力也越高。乳酸阈值主要与外周的代谢因素，如肌肉的血流量、肌纤维类型的百分组成和酶的活性等关系密切[1]。有效的有氧能力训练可以改善机体的有氧代谢水平，使乳酸阈值有较大幅度的提高[2]，如 Burke J 等[3]的研究表明中强度与高强度有氧间歇训练对运动员乳酸阈水平的刺激作用更加有效。虽然有氧能力训练都可以提高运动员的最大摄氧量和乳酸阈水平，但是最大摄氧量受遗传因素的影响较大，通过运动训练活动对最大摄氧量的提高幅度明显低于乳酸阈，原因是遗传因素限制了最大摄氧量的提高幅度；除此以外，跑步经济性也是反映提高运动员有氧能力水平的重要指标之一，其表示运动员运动功率输出与氧气消耗的比值大小，比值越大，则反映运动员的跑步经济性越好。相关研究表明，运动员跑步经济性每提高 5%，在比赛中可提高 1km 的跑动距离[4]，且高强度间歇训练可以有效改善运动员跑步经济性[5]。网球运动员在比赛中的有氧能力特征与长跑等能力性运动员存在本质的不同[6]，因网球运动的间歇性特征导致网球运动员机体的能量代谢与消耗形式随着间歇时间的重复而存在不断恢复和再生，由此也反映出针对网球运动员的有氧能力专项训练应该更多采用间歇性的训练形式。相关研究也证实采用高强度间歇性训练对网球运动员有氧能力的培养和发展具有积极作用[7]。然而，网球运动员在比赛中的心率等生理负荷特征也表现出有氧代谢特征的不同强度水平与比例，且心率所反应的运动强度也是不断变化的。因此，对男子网球运动员专项有氧能力训练的强度设计也应具有针对性，即在结合比赛需求和有球专项形式下，对运动员在不同负荷强度下有氧代谢能力的刺激与提高方式也应有所不同，并以心率强度等指标对

---

[1] Ivy JL, Withers RT, Handel PJ, et al. Muscle respiratory capacity and fiber type as determinants of the lactate threshold [J]. Journal of Applied Physiology, 1980, 48 (3): 523-527.

[2] Acevedo EO, Goldfarb AH. Increased training intensity effects on plasma lactate, ventilatory threshold, and endurance [J]. Medicine and Science in Sports and Exercise, 1989, 21 (5): 563-568.

[3] Burke J, Thayer R, Belcamino M. Comparison of effects of two interval-training programmes on lactate and ventilatory thresholds [J]. British Journal of Sports Medicine, 1994, 28 (1): 18-21.

[4] Hoff J, Helgerud J. Endurance and Strength Training for Soccer Players [J]. Sports Medicine, 2004, 34 (3): 165-180.

[5] Franch J, Madsen K, Djurhuus MS, et al. Improved running economy following intensified training correlates with reduced ventilatory demands [J]. Medicine and Science in Sports and Exercise, 1998, 30 (8): 1250-1256.

[6] Novak D, Vucetic V, Zugaj S. Differences in Energy Capacities between Tennis Players and Runners [J]. Sport Sciences, 2013, 37 (2): 107-112.

[7] Fernandez JF, Zimek R, Wiewelhove T, et al. High-intensity interval training vs repeated-sprint training in tennis [J]. Journal of Strength & Conditioning Research, 2012, 26 (1): 53-59.

低、中、高强度有氧能力专项训练的运动与恢复负荷进行合理设计，以实现男子网球运动员在比赛中有氧能力表现的提高[1]。

5.3.2.3　男子网球运动员无氧和有氧能力的专项训练内容设计体系构建

男子网球运动员无氧和有氧能力的专项训练内容设计应该以宏观训练目标为导向，结合网球专项特征和比赛需求，建立针对不同具体训练目标的全面专项训练内容结构体系。本研究即在大量相关研究文献的理论支撑与专家访谈的研究建议基础上，结合网球运动项目专项规律构建了关于男子网球运动员无氧和有氧能力专项训练方法的内容设计（图 5.10），主要包括有氧能力训练、无氧无乳酸能力训练和无氧有乳酸能力训练三大训练内容，而每个训练内容又细分为不同的子内容。其中，有氧能力训练包括旨在提高男子网球运动员反复高强度运动能力、乳酸阈水平和跑动经济性的有氧高强度训练，提高脂肪氧化能力的有氧中强度训练和促进机体快速恢复水平的有氧低强度训练；而无氧无乳酸能力训练包括加强男子网球运动员反应动作与起动及制动效率的加减速训练、提高动态平衡水平与移动步法效率的多向性训练和加强运动员高强度跑动能力的冲刺跑训练；无氧有乳酸训练包括促进运动员专项表现稳定性的乳酸生成性训练和提升运动员疲劳适应性的乳酸耐受性训练。男子网球运动员无氧和有氧能力的专项训练内容构建旨在为男子网球运动员专项训练理论进行梳理的同时，也为运动训练实践活动提供理论参考，在具体的训练实践中，应针对不同的运动员特点、不同的训练阶段和不同的训练周期安排选择相应的训练内容。

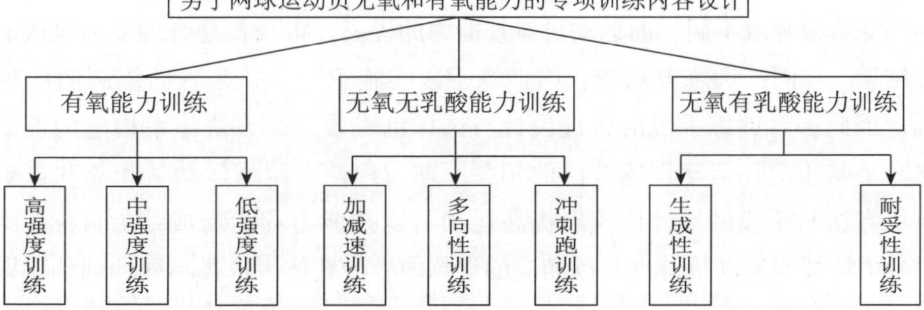

图 5.10　男子网球运动员无氧和有氧能力的专项训练内容设计体系

[1] Fernandez JF, Rivas DS, Villanueva MA. A review of the activity profile and physiological demands of tennis match play [J]. Strength and Conditioning Journal, 2009, 31 (4): 15-26.

5.3.3 男子网球运动员无氧和有氧能力的专项训练方法设计体系

5.3.3.1 男子网球运动员无氧和有氧能力的专项训练方法设计的理论依据

方法是人类认识客观世界和改造客观世界应遵循的某种方式、途径和程序的总和。方法具有层次性、结构性和要素性。人类的认识活动或实践活动都要以明确的目的性为出发点去实现对事物的认识或改造，然后根据活动的目的确定相应的指导方法，进而选择有效的工具与手段，最终实现认识或实践活动的目的等[1]。因此，方法论的层次性表明了人类认识事物和改造事物的步骤或阶段特征，且目的、方法与手段表现出认识和改造世界的要素特征。其中，手段是为达到某种目的而采取的具体措施，是方法实施过程中更为具体化或物质性的途径，方法和手段两者之间既互有不同，又密不可分。在运动训练活动中，运动训练方法是实现提高运动训练成绩和运动员竞技能力等目的的途径，训练目标的导向性决定了训练方法的针对性，对训练方法的选择应以比赛需求特征与运动员特点为基础。运动训练活动中主要的运动训练方法包括重复训练法、间歇训练法、持续训练法、变换训练法、循环训练法、比赛训练法、完整训练法和分解训练法等，且因训练实践中训练阶段、训练目的和训练内容等的不同，各训练方法又表现出不同的应用特点。训练内容是训练目标的实现路径，也是训练方法选择的依据之一。如果从提高运动员竞技能力的目标来看，在发展运动员的技术、体能和心理智能等不同训练内容应具备相应的不同训练方法。训练手段是训练方法的实施工具，不同的训练方法应采用与之对应的训练手段，通过训练手段要素的不同变换与组合产生的训练负荷刺激不同，而运动员竞技能力的提高，本身就是合理负荷刺激的适应性结果。在同一训练方法中，因训练手段实施不同，必然对训练刺激的程度不同。因此，对训练手段的合理设计与选择也成为训练方法体系构建的重要环节之一。基于上述运动训练方法的相关原理与理论，网球运动员无氧和有氧能力训练方法与手段的设计应该以提高运动员竞技能力和运动成绩为目标，结合网球专项特征与运动员特点，以相应的训练内容为载体，选择不同的训练手段为工具。

[1] 李志才．方法论全书［M］．南京：南京大学出版社，1995.

5.3.3.2 男子网球运动员无氧和有氧能力的专项训练方法设计体系构建

- 男子网球运动员无氧能力的专项训练方法设计

无氧能力是指在运动中机体利用磷酸原和糖原的无氧分解产生的能量以供应肌肉收缩的能力。由于磷酸原供能不产生乳酸，故又称无氧无乳酸供能，而糖酵解供能产生乳酸，故又称无氧有乳酸供能。一般而言，运动员的无氧能力水平主要受机体肌肉中的肌糖原含量及其无氧酵解酶的活性、乳酸缓冲能力和脑细胞对血液中代谢产物堆积的耐受力等因素的综合影响。对运动员无氧能力的提高主要通过重复或间歇训练法得以实现，相关研究表明，高强度冲刺间歇训练有助于提高机体骨骼肌的氧化能力，增强柠檬酸合成酶和线粒体酶的活性[1]，减少糖原消耗和乳酸堆积[2-3]，提高专项能力运动表现[4]。一个完整的间歇训练方案主要由每组练习的运动强度、每组运动的持续时间、每节训练课完成的组数、组间界限时间和方式、训练课次数和课间恢复时间决定的训练计划总时长等组成[5]。其中，间歇训练中的运动强度、运动与间歇时间等负荷结构是设计间歇训练最重要的因素，也是获得运动训练效果的关键因素。较多研究采用高强度的重复或间歇训练方法的负荷结构，主要具有力竭强度或接近极限的强度、运动时间为 15s 或 30s、间歇时间为 4min 的充分恢复形式等特征[6-9]。这为重复或间歇训练的设计

[1] Burgomaster KA, Hughes SC, Heigenhauser GJ, et al. Six sessions of sprint interval training increases muscle oxidative potential and cycle endurance capacity in humans [J]. J Appl Physiol, 2005, 98 (6): 1985-1990.

[2] Burgomaster KA, Heigenhauser GJ, Gibala MJ. Effect of short-term sprint interval training on human skeletal muscle carbohydrate metabolism during exercise and time-trial performance [J]. J Appl Physiol, 2006, 100 (6): 2041-2047.

[3] Harmer AR, Mc-Kenna MJ, Sutton JR, et al. Skeletal muscle metabolic and ionic adaptations during intense exercise following sprint training in humans [J]. J Appl Physiol, 2000, 89 (5): 1793-1803.

[4] Hazell TJ, Macpherson RE, Gravelle BM, et al. 10 or 30s sprint interval training bouts enhance both aerobic and anaerobic performance [J]. European Journal of Applied Physiology, 2010, 110 (1): 153-160.

[5] 马国强.不同专项速度能力训练方法对优秀自行车运动员运动能力的影响 [D].上海:上海体育学院, 2014.

[6] Helgerud J, Hoydal K, Wang E, et al. Aerobic high-intensity intervals improve VO_2max more than moderate training [J]. Med Sci Sports Exerc, 2007, 39 (4): 665-671.

[7] Kubukeli ZN, Noakes TD, Dennis SD. Training techniques to improve endurance exercise performances. Sports Med, 2002, 32 (8): 489-509.

[8] Kim J, Lee N, Trilk J, et al. Effects of Sprint Interval Training on Elite Judoists [J]. International Journal of Sports Medicine, 2011, 32 (12): 929-934.

[9] Bayati M, Farzad B, Gharakhanlou R. A practical model of low-volume high-intensity interval training induces performance and metabolic adaptations that resemble "all-out" sprint interval training [J]. The Journal of Sports Science and Medicine, 2011, 10 (1): 571-576.

与组织提供了重要的参考和依据。网球运动员在比赛中的无氧能力特征主要表现在急起、急停、跳跃、变向、冲刺以及击球等高强度反复运动中，且因运动时间长短与供能形式的不同，网球运动员的无氧能力可分为无氧无乳酸能力和无氧有乳酸能力，与之对应的训练为无氧无乳酸能力训练和无氧有乳酸能力训练（包含无氧乳酸生成训练和无氧乳酸耐受训练）。专项无氧能力训练可以促使网球运动员获得高强度运动能力和高负荷状态下的持续运动能力，尤其对比赛中的专项动作表现具有重要作用。然而，男子网球运动员无氧能力专项训练的目的本身就是要提高运动员在比赛中的运动表现，而比赛需求特征则成为专项训练方法设计的重要依据。所以，基于专项特征或比赛需求为依据、以训练目标为导向而设计的无氧能力专项训练方法更具专项化和高效化。根据上述理论分析得知，无氧能力专项训练的原则和内容的具体差异主要体现在供能形式的不同。由磷酸原供能形式为主的无氧无乳酸能力训练主要的特点为极限运动强度、持续时间较短（< 10s）和恢复时间较长，与之对应的训练方法为重复训练法；而由糖酵解供能形式为主的无氧有乳酸能力训练主要的特点为次极限运动强度、运动持续时间相对较长（10~90s）与不充分间歇恢复，与之相对应的间歇训练法为最适宜的方法；因在糖酵解供能形式下乳酸代谢水平的不同，根据运动与间歇时间长短，无氧有乳酸能力训练又可分为无氧乳酸生成性训练和无氧乳酸耐受性训练。男子网球运动员无氧能力专项训练的方法主要为重复训练法和间歇训练法，对运动强度、持续时间和间歇特征等因素的控制，可相应促进网球运动员无氧无酸和无氧有酸能力的发展。然而，在无氧能力的网球专项训练中，除对运动与间歇时间等因素的把握外，结合专项运动特征的练习形式、练习规则、用球类型、球员人数、练习场地、负荷形式、击球形式、练习时间和间歇时间等操作调整要素也是男子网球运动员无氧能力专项训练方法设计的重要因素。总之，在训练实践中，教练员可根据运动员的实际特点和训练阶段的要求，对网球专项训练中的重复训练法和间歇训练法的设计与实施，可通过对训练强度、运动时间、间歇特征和专项训练操作程序参数等进行针对性调控，从而使男子网球运动员无氧能力的专项训练更加专项化和高效化。因此，本研究基于无氧能力与重复、间歇训练方法等的理论分析，结合专家访谈中关于男子网球运动员比赛需求、无氧能力训练方法特点和网球运动员无氧能力训练方法等理论研究建议，构建了男子网球运动员无氧能力的专项训练方法体系（图 5.11）。

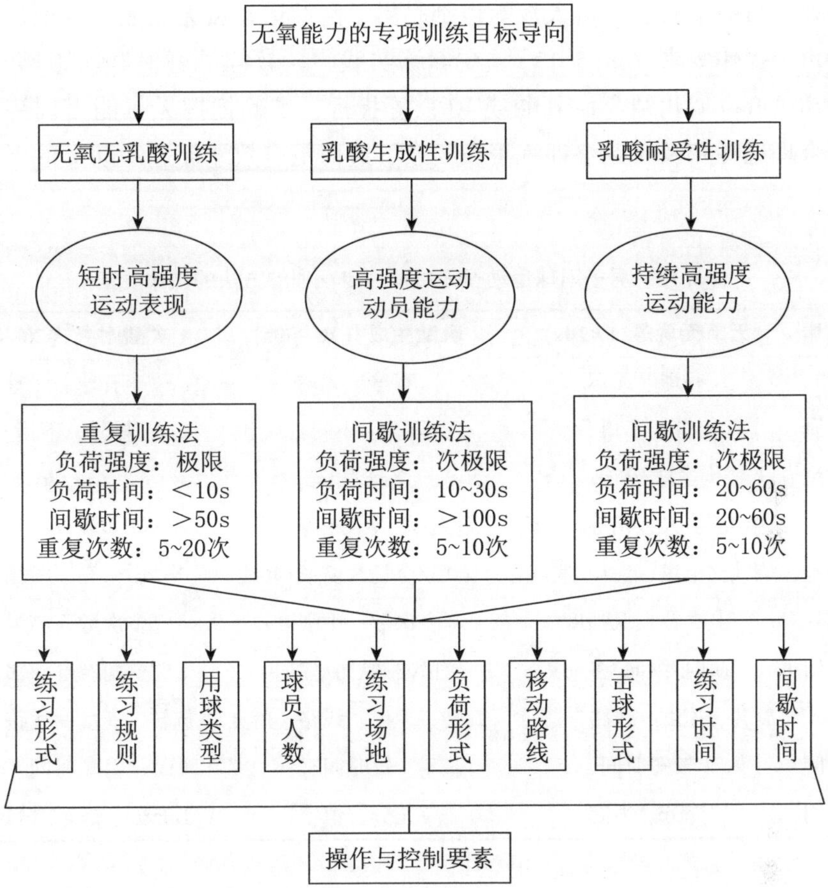

图 5.11 男子网球运动员无氧能力的专项训练方法设计结构图

对男子网球运动员无氧能力的针对性刺激在于对训练强度的把握和调控，而与训练手段相关的操作调控要素则成为训练方法设计的关键。本研究结合了网球专项运动特征与有关网球训练方法的专家访谈的建议，构建了针对男子网球运动员无氧能力专项训练的操作要素。在众多要素中，对运动与间歇时间和移动与击球速度等因素的把握是最重要的。结合不同供能代谢的运动与间歇特征和比赛需求特点是专项训练设计的重要依据，如采用短运动时间和不充分间歇安排，以加强男子网球运动员无氧乳酸耐受性能力，且每次练习间可采用递增、恒定或递减等间歇形式，最大化地促进运动员持续高强度的运动能力和对疲劳的耐受适应性表现；而移动速度是运动与间歇时间设计的基础，采用底线横向折返移动或多向性跑动等形式更容易提升训练强度，且更密切结合比赛形式。此外，有球类型、练习场地、负荷形式、球员人数等也都是男子网球运动员无氧能力专项训练方法设计的重要操作要素（表 5.13）。在训练实践中，教练员可根据训练目的需求，通过运动员心率变化结合血乳酸或 RPE 等指标，准确把握无氧能力训练强度大小，以合理选择和及时调整训练手段要素，进而更有效地促进运动员的无氧能力水平。

表 5.13 男子网球运动员无氧能力专项训练方法的操作要素

手段要素	无氧无乳酸（<10s）	乳酸生成（10~30s）	乳酸耐受（20~60s）
练习形式	有球、无球	有球、无球	有球、无球
练习规则	得分、不得分	得分、不得分	得分、不得分
用球类型	多球/单球	多球/单球	多球/单球
球员人数	单人/多人、相等/不等	单人/多人、相等/不等	单人/多人、相等/不等
练习场地	半场/全场、前场/底线	半场/全场、前场/底线	半场/全场、前场/底线
负荷形式	多次数、低强度	多次数、中强度	多次数、高强度
移动路线	横向/纵向/多向	横向/纵向/多向	横向/纵向/多向
击球形式	旋转、速度、线路、落点	旋转、速度、线路、落点	旋转、速度、线路、落点
练习时间	较短时间	短时间	短时间
间歇时间	充分、恒定	充分、恒定	不充分、递增/恒定/递减

- 男子网球运动员有氧能力的专项训练方法设计

男子网球运动员的比赛需求特征为运动员专项有氧能力训练方法的选择提供了重要参考，且运动员有氧能力水平的发展也对比赛胜负结果产生了重要影响。尽管男子网球运动员的比赛持续时间较长，且对有氧能力的需求较高，但比赛形式明显的间歇性特点决定了男子网球运动员有氧能力的训练不应该采取马拉松式的训练，脱离专项特征和形式的有氧能力训练并不能满足运动员的比赛需求[1]。此外，男子网球运动员在比赛中表现出来的跳跃、急起、急停、变向和各种爆发性击球动作等形式也表明男子网球运动员的有氧代谢能力是基于高强度爆发性动作负荷刺激下的能量供应形式，如长期采用无球形式下的持续性非专项有氧能力训练，会使运动员专项动作的肌肉收缩形式、运动单位的募集水平、肌纤维比

[1] Kovacs MS. Tennis physiology: Training the competitive athlete [J]. Sports Medicine, 2007, 37 (3): 189-198.

例类型和力量水平等产生背离专项需求的适应性改变[1]。因此，基于网球专项特征和比赛需求的有氧能力专项训练才是提高男子网球运动有氧能力水平的重要途径。间歇训练法和持续训练法都是提高运动有氧能力水平的基本训练方法，因训练中是否存在无氧供能阶段也表现出两种训练方法的强度差异。虽然有关研究表明高强度间歇训练和高量的持续训练都会引起运动员骨骼肌有氧分型、线粒体生物合成功能、脂肪氧化能力、糖原含量等的改善[2-3]，但由于训练强度的不同，高强度的间歇训练对运动员有氧代谢能力的改善主要是通过提高和加强机体肺通气功能[4]、乳酸阈强度[5]募集骨骼肌做功能力[6]和脂肪氧化供能能力等多方面因素实现的[7]。而采用低强度的持续性有氧能力训练对机体肺通气功能、血液载氧能力、心脏泵血能力等心血管功能和脂肪氧化能力具有积极的促进作用[8-11]。

网球运动员在比赛中的强度特征和网球运动所具备的间歇性与持续性运动项目特征，使间歇训练与持续训练方法成为提高网球运动员有氧能力的方法之一，而低强度的持续性训练在网球运动员恢复性训练中的应用对促进运动员低强度有

[1] Reid M，Schneiker K. Strength and conditioning in tennis：Current research and practice [J]. Journal of Science & Medicine in Sport，2008，11（3）：248-256.

[2] Laursen PB. Training for intense exercise performance：High-intensity or high-volume training? [J]. Scand J Med Sci Sports，2007，20（2）：1-10.

[3] Coffey VG，Hawley JA. The molecular bases of training adaptation [J]. Sports Med，2007，37（9）：737-763.

[4] Acevedo EO，Goldfarb AH. Increased training intensity effects on plasma lactate，ventilatory threshold，and endurance [J]. Med Sci Sports Exerc，1989，21（5）：563-568.

[5] Driller MW，Fell JW，Gregory JR，et al. The effects of high intensity interval training in well trained rowers [J]. Int J Sports Physiol Perform，2009，4（1）：110-121.

[6] Creer AR，Ricard MD，Conlee RK，et al. Neural，metabolic，and performance adaptations to four weeks of high-intensity sprint-interval training in trained cyclists [J]. Int J Sports Med，2004，25（2）：92-98.

[7] Taylor CW，Hawley JA，Rickard S，et al. Metabolic and performance adaptations to interval training in endurance-trained cyclists [J]. Eur J Appl Occup Physiol，1997，75（4）：298-304.

[8] Klein S，Coyle EF，Wolfe RR. Fat metabolism during low-intensity exercise in endurance-trained and untrained men [J]. The American Journal of Physiology，1994，267（1）：934-940.

[9] Meyer T，Auracher M，Heeg K. Effectiveness of low-intensity endurance training [J]. International Journal of Sports Medicine，2007，28（1）：33-39.

[10] Loenneke JP，Wilson JM，Marin PJ，et al. Low intensity blood flow restriction training：A meta-analysis [J] European Journal of Applied Physiology，2012，112（5）：1849-1859.

[11] Schrauwen P，Aggel-Leijssen DPC，Hul G，et al. The Effect of a 3-Month Low-Intensity Endurance Training Program on Fat Oxidation and Acetyl-CoA Carboxylase-2 Expression [J]. American Diabetes，2002，51（7）：2220-2226.

氧能力水平的加强具有重要意义[1]。在训练实践中，男子网球运动员有氧能力的专项训练应选择与比赛实际需求相接近的训练形式和负荷强度，这样才能全面促进运动员专项技术表现的质量和机体有氧能力水平的加强，而采用间歇训练与网球多球练习相结合的专项训练方法已成为网球运动员有氧能力训练的最佳选择[2]。Ferrauti A 等[3]的研究也表明网球运动员在专项训练中的生理负荷强度高于相同时间的非专项训练，且负荷的波动性特点更加接近网球比赛的实际强度水平，对运动员有氧能力的刺激效果优于跑步等非专项有氧能力训练。然而，在有氧能力专项训练中对训练强度的控制是有效提高运动员有氧低强度、有氧中强度和有氧高强度适应能力的重要途径，而训练中的运动时间、间歇时间、跑动路线、变向次数、练习规则、击球频率和击球质量等因素都对训练强度具有不同程度的影响，在训练实践中也应该将各训练操作要素作为实施训练强度调控的重要环节。Murphy AP 等[4]的研究也表明网球运动员在不同训练形式和手段刺激下的专项训练中表现出不同的负荷特征。如在防守性多球训练中，运动员的生理负荷强度较大，但也伴随着较高的失误率；在二打一的对打训练形式中，运动员的击球失误率最低；在开放模式击球训练形式中，会有较高的击球频次，对运动员的生理负荷刺激也更集中。以持续训练法与间歇训练法对机体有氧能力的影响和网球专项比赛需求下的有氧能力训练对网球运动员有氧代谢能力的积极效应为理论基础，结合专家访谈中有关网球专项有氧能力训练的理论建议，建立网球专项有氧能力训练方法与操作设计体系，根据有氧能力的强度类型，设计出 3 种满足不同强度需求的有氧能力训练方法和操作调控参数（图 5.12）。男子网球运动员有氧能力专项训练方法的设计应以提高运动员机体快速恢复能力、长时间持续性运动能力和高强度运动与恢复能力等为目标导向，相应以有氧低强度训练、有氧中强度训练和有氧高强度训练为训练内容载体而设计为不同刺激强度的持续训练法与间歇训练法，且不同的训练方法都可通过练习形式、练习规则、用球类型、

---

[1] Suchomel A. Aerobic Capacity and Exercise Intensity on Different Player Levels in Tennis [J]. Sport Science Review, 2012, 19 (2): 21-29.

[2] Ferrauti A, Pluim BM, Weber K. The effect of recovery duration on running speed and stroke quality during intermittent training drills in elite tennis players. [J]. J Sports Sci, 2001, 19 (4): 235-242.

[3] Ferrauti A, Bergeron MF, Pluim BM, et al. Physiological responses in tennis and running with similar oxygen uptake [J]. European Journal of Applied Physiology, 2001, 85 (2): 27-33.

[4] Murphy AP, Duffield R, Kellett A, et al. A Descriptive Analysis of Internal and External Loads for Elite-Level Tennis Drills [J]. International Journal of Sports Physiology and Performance, 2014, 9 (5): 863-870.

球员人数、练习场地、负荷形式、击球形式、练习时间和间歇时间等操作程序参数的改变来调整训练负荷强度，从而更有针对性、更有效地促进男子网球运动员有氧能力水平的提高。

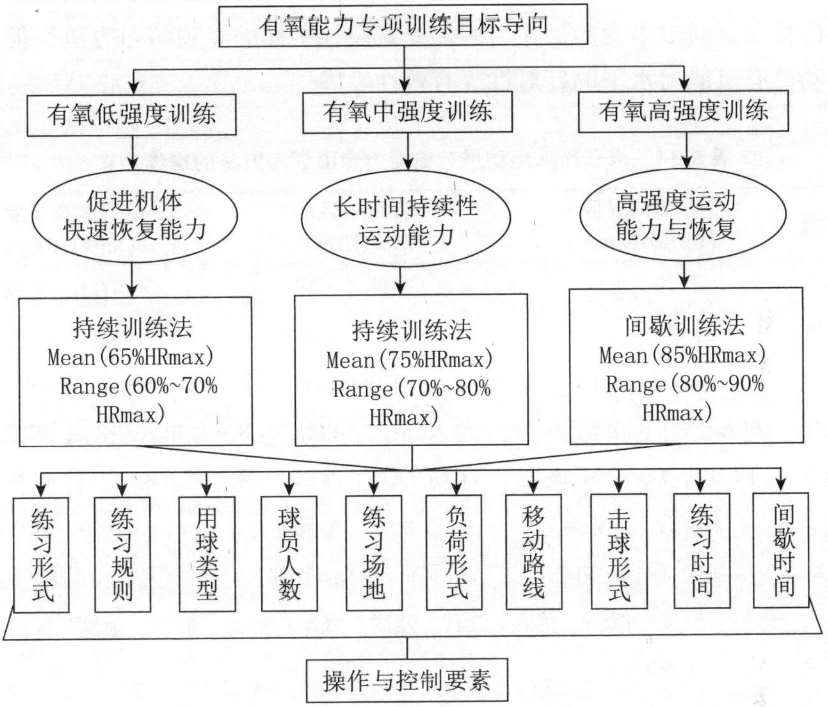

图 5.12 男子网球运动员有氧能力的专项训练方法设计结构图

本研究结合了网球专项运动特征和有关网球训练方法的专家访谈建议，构建了针对男子网球运动员有氧能力训练方法的操作要素（表 5.14），对众多操作程序参数的选择与组合是为了更准确地加强网球运动员对不同强度的有氧训练的适应性，对各训练方法要素参数特点的把握则成为训练实践中训练强度调控的前提。如男子网球运动员在有球形式下的练习强度要高于无球形式，且有助于形成专项技战术表现和身体机能的全方面刺激效应；在专项训练中设置得分要素，加大了运动员的心理作用的参与，提高了训练的难度与对抗性，更加切合比赛规则和情景[1]；且用球类型、球员人数、练习场地和移动路线等因素的不同都会对

[1] Periard JD, Racinais S, Knez WL, et al. Thermal, physiological and perceptual strain mediate alterations in match-play tennis under heat stress [J]. British Journal of Sports Medicine, 2014, 48 (1): 32-38.

训练负荷强度发挥不同程度的影响。此外，在训练实践中，应合理利用运动员心率指标，结合不同类型的练习调控因素，对运动员的有氧能力训练强度进行科学调控，即使在相同的运动间歇形式下，也可通过其他要素的改变来实现不同强度刺激的训练效应。因此，教练员在具体的训练实践中可根据运动员的实际需求和训练阶段特点，通过多变的操作与调控要素设计多样的专项练习方法，促进男子网球运动员有氧能力水平的针对性、有效性发展。

表 5.14　男子网球运动员有氧能力专项训练方法的操作要素

手段要素	有氧低强度（65%HRmax）	有氧中强度（75%HRmax）	有氧高强度（85%HRmax）
练习形式	有球、无球	有球、无球	有球、无球
练习规则	得分、不得分	得分、不得分	得分、不得分
用球类型	多球/单球	多球/单球	多球/单球
球员人数	单人/多人、相等/不等	单人/多人、相等/不等	单人/多人、相等/不等
练习场地	半场/全场、前场/底线	半场/全场、前场/底线	半场/全场、前场/底线
负荷形式	多次数、低强度	多次数、中强度	多次数、高强度
移动路线	横向/纵向/多向	横向/纵向/多向	横向/纵向/多向
击球形式	旋转、速度、线路、落点	旋转、速度、线路、落点	旋转、速度、线路、落点
练习时间	长时间	长时间	短时间
间歇时间	充分、间歇恒定	充分、间歇恒定	不充分、递增/恒定/递减

5.3.4　男子网球运动员无氧和有氧能力的专项训练负荷控制设计

5.3.4.1　男子网球运动员无氧和有氧能力的专项训练负荷控制理论依据

体育活动多学科应用的综合性决定了以系统性和整体性的角度认识和指导运动训练实践活动，而系统论、信息论和控制论等为运动训练活动实践提供理论的支撑。系统是由相互作用、相互依赖的若干组成部分结合而成的具有特定功能的有机整体[1]。系统是一个由两个或两个以上相互联系、相互作用的局部所构成的整体，是人们进行科学研究的具体对象和客观事物。系统具有层次性，低一级

[1] 魏宏森，曾国屏，等．系统论——系统科学哲学［M］．北京：清华大学出版社，1995.

的系统可从属于上一级或更高级的系统中[1]。从系统的结构来看，系统又可以分为整体系统和子系统，整体系统即大系统，是由相互联系的子系统构成的整体，而子系统则是指构成系统的各分支或局部结构，且两者之间具有明显的从属关系和层次关系。在研究领域中，要研究的对象为大系统，而研究或控制对象所包含的局部就是子系统，大系统和子系统之间是相对的。如运动训练领域中，可将网球运动称为大系统，而网球训练相关的技术、战术、体能等训练是子系统，针对不同的子系统可进一步划分，且每层系统中又由两个或两个以上的相近结构组成。由此，系统是以大小和从属关系进行分层的，一个完整的系统是由系统上下不同层次子系统的纵向层次结构和每层次中由于结构、形式、大小与功能相似并列的横向系统结构的整体组合构成。如果一个系统出了问题，并不是孤立的现象，而应该是系统内部某个或几个结构相互作用的整体结果。在控制论中，"控制"的定义是为了改善某个或某些受控对象的功能或发展，需要获得并使用信息对受控对象产生作用或变化的过程。其基本特征主要包括：一个预订的稳定状态或平衡状态、从外部环境到系统内部的信息传递、专门设计出来的校正和调控的装置，以及自动调节的内部动态系统，控制过程既包括控制环节，又包括反馈环节[2]。由此可见，控制的基础是信息，一切信息传递都是为了控制，控制系统把信息输送出去，又把其作用结果返送回来，对信息的再输出发生影响并起到制约的作用，从而达到预定目的。信息是实施控制的重要条件，既包括控制信息也包括反馈信息。控制信息在控制过程中发挥着约束、限制和调节的作用，而反馈信息则是对控制信息调节作用效果或结果的评价，是再次实施控制过程的参考和依据。总之，系统论、控制论和信息论既反映了人类认识和改造事物的本质，也是人类科学技术发展的理论依据。体育教学中学生运动技能的形成和运动训练活动中运动员竞技能力的提高，其本质上都是控制过程的体现，其中对运动负荷的控制是取得教学和训练效果的关键[3]。在运动训练过程中的负荷主要是训练负荷，运动员机体和竞技能力的提高也主要是通过合理的训练负荷刺激和科学的训练负荷安排来实现的，运动训练的科学化水平也是基于对运动项目专项的本质特征和内在规律的正确认识，经合理的训练内容、方法与负荷设计，使运动员机体产生适应性改变的综合体现。运动员在训练过程中所承受的负荷的本质就是"刺

[1] 常绍舜. 从经典系统论到现代系统论 [J]. 系统科学学报，2011，19（3）：1-4.
[2] 冯国瑞. 系统论、信息论、控制论与马克思主义认识论 [M]. 北京：北京大学出版社，1991.
[3] 惠飞虎，杜世敏. 体育控制论与程序教学 [J]. 西安体育学院学报，1995，11（3）：56-58.

激—破坏—适应—再刺激—再破坏—再适应”的循环过程，且运动员在完成某一活动时会同时反映出相应的外部负荷与内部负荷特征，但在训练实践中，教练员主要通过外部负荷的设计与实施来促进运动员机体适应性的形成，即相应表现出外部负荷是内部负荷反应的刺激条件，而内部负荷则是外部负荷的应答结果的关系特征。运动训练活动是由训练目标、训练内容、训练方法、训练负荷以及训练评价等不同部分构成的综合体系。运动员的训练效应主要是基于专项化特征和比赛需求的训练目标，选择相应的训练内容和方法，通过适宜的训练负荷等一系列设计程序而实现的。训练的有效性和针对性是训练活动开展的基本条件，而对训练负荷的控制和监控则成为保证运动训练活动科学化和促进训练效应最大化的重要环节。运动训练活动的系统性和有效训练的控制本质特征等决定了基于控制论的训练负荷控制理论体系应该包括训练负荷的系统原理、训练负荷的信息原理和训练负荷的控制原理等，以奠定训练负荷控制或监控操作手段的理论基础。总之，应该以系统论、控制论和信息论为理论依据，结合运动项目的专项特征和比赛需求，应用多学科的理论知识，构建出训练负荷控制或监控的理论体系和操作程序。

5.3.4.2 男子网球运动员无氧和有氧能力的专项训练负荷控制过程

网球运动员无氧和有氧能力的专项训练活动本身就是将训练内容、方法、负荷等作用于训练主体和客体的系统过程。其系统性表现为训练要素的综合性和各要素之间彼此关系的复杂性，其训练目的是以提高运动员在专项训练形式下的无氧和有氧能力，而对运动员无氧和有氧能力的有效刺激是通过训练负荷的安排来实现的，且只有相应的训练强度才能有效地刺激机体的不同能力。因此，在训练实践中，针对提高不同能力水平的训练负荷设计和控制至关重要。本研究结合了训练控制理论与专家访谈的建议，认为网球运动员无氧和有氧能力的专项训练负荷控制的过程（训练最优化控制的实施过程，如图 5.13 所示）的目的是通过训练信息的反馈，对训练负荷实施及时调整，使训练负荷能够准确刺激机体代谢能力的提高[1]。男子网球运动员无氧和有氧能力专项训练负荷控制操作过程主要包括以下几个环节：施控主体和被控对象，即施控主体为教练员或科研人员，而被控对象既可以是运动员也可以是器械。控制信息和前向信息控制通道是控制实施的基本条件，而网球运动员无氧和有氧能力专项训练的信息就是训练过程中运

[1] 徐本力．运动训练控制与运动训练系统工程［J］．福建体育科技，1984，10（5）：169-178.

动员的所有负荷特征，如跑动距离、跑动速度、心率以及血乳酸值等，教练员通过对训练信息的获取和解读，可以准确掌握运动员所承受负荷的直接反映，是实施训练反馈过程的前提，如在采用持续训练法提高运动员有氧低强度能力的训练中，如果运动员的及时心率在最大心率的90%以上，此训练信息则说明训练负荷超过了有氧能力训练适宜负荷的强度，不能有效地刺激运动员有氧代谢水平，应下调负荷强度；前向信息控制通路也主要是教练员通过练习形式、组织形式、练习规则、运动时间和间歇时间等环节的实施过程。反馈信息、反馈装置以及反馈信息控制通道等，是运动员等被控对象经过接受教练员等施控主体的信息控制后产生的调控结果，其结果既可能是积极的影响，也可能是负面影响；反馈信息与预定目标等进行对比后可通过调整或修订训练计划再重新形成控制信息等，而此操作过程实际上也就是反馈信息通道；无氧和有氧能力专项训练中负荷强度不同，对运动员机体供能形式的刺激也不同，即使再全面的训练方案在具体执行过程中也会出现偏离训练目标的情况，训练反馈就是及时更正和调整训练方案的过程，如在无氧能力专项训练中，运动员的内部负荷反映训练强度较小，教练员可通过增加击球频率、跑动变向次数等提高负荷强度，以刺激运动员糖酵解供能的代谢水平。此外，运动员竞技能力的发展和竞技状态的形成是一个长期而复杂的过程，运动训练活动的空间性和时间性特征也决定了网球专项能力训练负荷控制活动的及时性和长期性，具体表现为在一次练习中的及时训练控制和一个时间阶段或周期中的长期训练控制[1]。总之，结合网球专项特征和比赛需求的无氧和有氧能力的专项训练负荷控制过程，是有效促进网球运动员在专项形式下无氧和有氧代谢能力准确性、有效性刺激的重要基础。

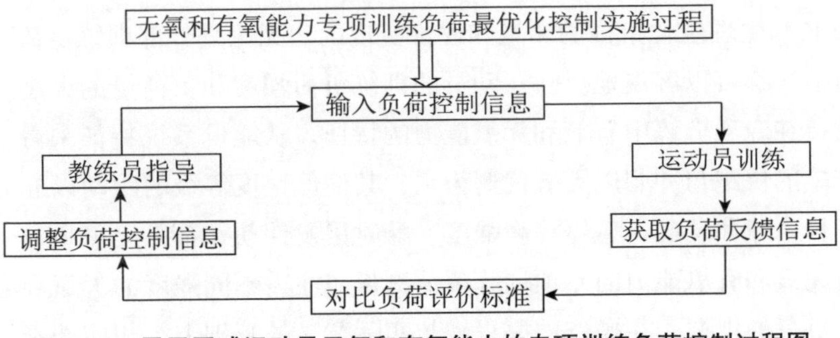

图 5.13 男子网球运动员无氧和有氧能力的专项训练负荷控制过程图

[1] 徐本力．关于竞技状态最优调控原则体系的初步构想［J］．成都体育学院学报，1994，20（2）：25-30.

5.3.4.3 男子网球运动员无氧和有氧能力的专项训练负荷测量途径

运动负荷是反映运动员机体在一定时间内进行各类身体运动时所完成的一定工作量度，运动员机体既是负荷的主体，又是负荷的客体，而所设计负荷的内容、方式与大小等可通过机体承受负荷后的活动表现、生理或心理反应等来评价负荷的性质和效果。一般也将负荷分为训练负荷和比赛负荷，且负荷通常由外部负荷和内部负荷构成，外部负荷是运动员身体活动工作量和心理刺激的总量或总负荷，而内部负荷则是机体承受外部负荷刺激所表现出来的生理应答反应。任何运动的比赛负荷需求都是训练负荷设计的重要依据，网球运动员的比赛负荷表现主要包括：比赛过程的时间特征，如有效比赛时间、间歇时间和总时间等；比赛中运动员技术应用的特征，如正手、反手等技术使用的频次等；比赛中运动员跑动特征，如跑动距离、跑动速度、跑动方式等；比赛中运动员的生理特征，如心率、血乳酸、摄氧量等。其中，网球运动员在比赛中的比赛时间、技术应用与跑动特征等都属于外部负荷，而其生理负荷则属于内部负荷。网球运动员在比赛中的外部负荷与内部负荷特征是其专项训练方法设计的重要依据和参考，对网球运动员训练负荷的测量也主要是通过外部负荷与内部负荷特征的监测与评价来实现的（图5.14）。网球运动员无氧和有氧能力的专项训练负荷测量的指标也主要基于比赛负荷特征不同而有所不同，比赛负荷包括外部负荷与内部负荷，外部负荷训练测量途径主要通过运动员在训练中不同强度的跑与爆发性动作等的特征进行测量与评价，如按不同速度区间（0~1m/s、1~2m/s、2~3m/s、3~4m/s、4~5m/s、>5m/s）内跑动的距离和时间，以及跳跃、急起、急停、变向、击球等爆发性动作的频次等进行评价，而内部负荷控制主要是通过对运动员训练中的心率、血乳酸值、RPE和生理生化指标的测量和评价实现的。无论是外部训练负荷，还是内部训练负荷，都可以客观地反映运动员的训练负荷强度和负荷量的大小，也可以判断运动员在专项训练中有氧和无氧能力的特征。从能量系统特征来看，单一重复性动作中的快跑与冲刺以无氧代谢为主，其他低速度等级的跑动以有氧代谢为主，而各种击球和急起、急停等高强度、瞬时爆发性动作都是无氧负荷。男子网球运动员无氧和有氧能力的专项训练负荷测量应注重不同强度的无氧和有氧能力专项训练负荷的把握，在操作便捷程度与实际意义的基础上，相应选择与运动员代谢能力和专项需求相关的监控指标，如有氧低、中强度专项训练的内部负荷特征应该选择心率、s-RPE等指标进行评价，而无氧乳酸生成性训练和耐受性训练的内部负荷评价指标更应该以血乳酸与心率的结合为主。

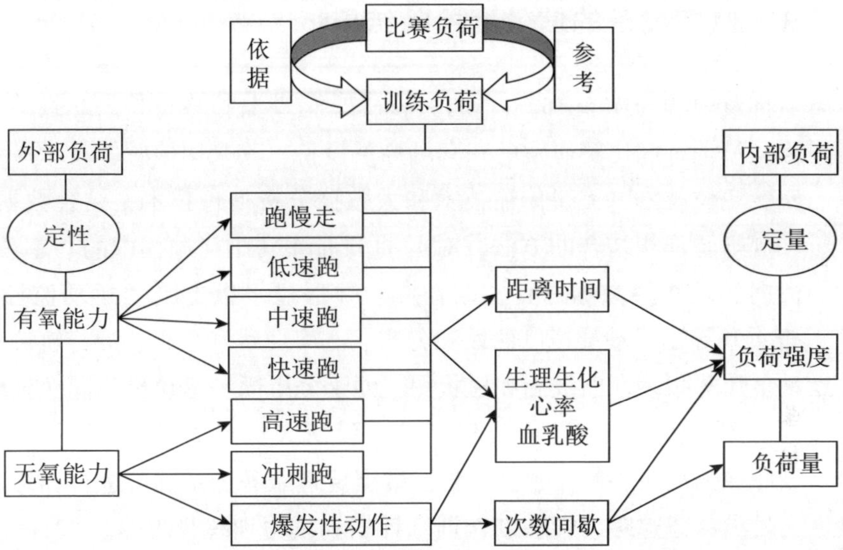

图 5.14　男子网球运动员无氧和有氧能力的训练与比赛负荷测量图

5.4　男子网球运动员无氧和有氧能力的专项训练方法设计实证

本研究经过对男子网球运动员专项运动特征与比赛需求特点的归纳，结合相关理论支撑与分析，对男子网球运动员无氧和有氧能力的专项训练方法设计理论体系进行了构建，依据所构建的理论体系设计出符合男子网球运动员专项有氧和无氧能力训练的方法和方案，并通过实证研究验证所设计的训练方案是否能够满足男子网球运动员专项无氧和有氧能力发展的基本要求，以检验男子网球运动员无氧和有氧能力的专项训练设计理论体系的实效性和可行性。其中，所设计的男子网球运动员专项无氧和有氧能力训练等方案主要是对各训练中的练习形式、练习规则、用球类型、球员人数、练习场地、负荷形式、击球形式、练习时间和间歇时间等操作手段和参数的设计与调整，并通过生理指标实时测试与评价，以探求与论证哪种训练方法能够有效满足男子网球运动员有氧低强度、中强度、高强度专项训练和无氧无乳酸、无氧有乳酸能力专项训练等的要求，试图对不同形式的无氧和有氧能力专项训练的负荷强度差异和实践效果进行验证，旨在提高男子网球运动员无氧和有氧能力专项训练的质量和科学化水平的同时，也为网球运动员的专项训练提供理论参考。

5.4.1　监控设备的信效度检验结果

设备名称及说明（图 5.15）：“MT-Sports”运动监控系统是由北京动量科技公司针对运动员训练和比赛研发的一套可穿戴设备，其采用传感器技术、生物识别技术、GPS 定位技术、无线传输技术和大数据分析处理技术，结合数据滤波、数据分析、规则验证相结合的方法，对运动员训练或比赛过程中的心率、速度、加速度、变向、跳跃等数据进行实时监测，并通过平板电脑“运动监控软件”APP 实时查看和导出运动员速度曲线和分布、心率曲线和分布、运行轨迹、跑动距离、运动负荷等报表、曲线图和柱状图，便于分析同一运动员不同次训练或不同运动员同一次训练之间的差异。教练员或科研人员可通过“运动分析专家”软件进行训练数据分析，制作数据报告。数据管理服务云系统可进行训练监测数据管理、运动员状态追踪、管理制作训练计划和撰写训练日志等。“MT-Sports”运动监控系统主要用于量化运动员训练负荷强度、实时监控运动员的专项负荷强度指标、帮助教练员更客观地评价训练效果、有针对性地制订训练计划，进而保证运动训练效果和促进运动训练水平的提高。

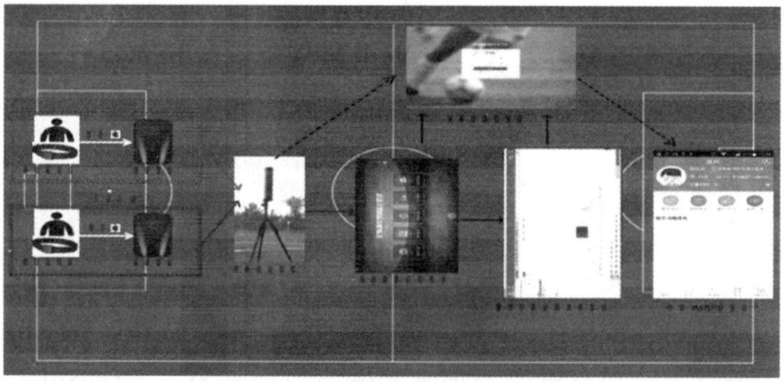

图 5.15　“MT-Sports”运动监控系统构成与使用示意图

5.4.1.1　GPS 设备的信度测试结果

对 GPS 设备的信度进行研究时，研究的关注点集中于不同的采集单元在完成完全相同的活动后采集数据的一致性程度，一致性程度越高才能够保障在实践过程中设备监控的稳定性与可信性。在同类型的研究中，大多数研究都采用了组内相关系数（Intra-Class Correlation Coefficient，ICC）和变异系数（Coefficient of Variation，CV）两个指标来测量 GPS 设备的信度问题，其中 *ICC* 指标主要反映了两组数据的一致性程度，而 *CV* 主要反映了一组数据的离散程度，为了使本文的数据具备横向的可比性，本文同样采用这两个指标来反映采集设备的信度。根据前人的研究，组内相关系数（*ICC*）的评定标准一般定为[1]：非常好 $r \geq 0.90$、好 $0.70 \leq r < 0.90$、一般 $0.40 \leq r < 0.70$、差 $r < 0.40$，而变异系数（*CV*）暂时没有评价标准。以下分别为 GPS 所采集的指标在混合间歇横向移动测试中的信度测试结果（表 5.15）。

表 5.15　GPS 采集单元信度检测结果

测试指标	GPS-1 (*M*±*SD*)	GPS-2 (*M*±*SD*)	*ICC*	信度评价	*CV*（90%*CI*）
跑动距离（m）	116.8±8.9	113.7±8.4	0.82	好	0.7%（0.3%~1.2%）
最高速度（m/s）	4.9±0.2	4.9±0.3	0.98	非常好	1.4%（0.7%~2.3%）
<1m/s	41.3±2.4	40.7±2.6	0.91	非常好	0.6%（0.5%~0.8%）
1~2m/s	25.1±3.5	24.9±3.1	0.94	非常好	2.2%（1.0%~3.5%）
2~3m/s	15.5±2.4	15.1±2.8	0.93	非常好	3.0%（2.1%~3.8%）
3~4m/s	18.6±2.8	18.3±2.5	0.91	非常好	3.1%（2.3%~4.0%）
4~5m/s	15.1±3.5	13.9±3.1	0.82	好	7.5%（5.7%~11.4%）
>5m/s	5.2±0.7	4.3±0.6	0.69	一般	10.7%（7.3%~51.2%）

从表 5.15 可以看出，在混合间歇横向移动测试中，从组内相关系数（*ICC*）来讲，绝大多数指标的评价为好或非常好，只有冲刺跑指标评价为一般。同样从变异系数（*CV*）来讲，GPS 设备在大多数指标上均表现出了很低的变异程度，但是冲刺跑的变异程度较高，并且表现出了随着速度区间的增加，变异系数逐步增大的趋势。总体来说，GPS 设备在混合间歇横向移动测试中的绝大多数采集指标都表现出了较高的信度。

5.4.1.2　GPS 设备的效度测试结果

GPS 设备的效度主要反映了设备在测量某个指标时所具备反映此指标准确程

[1] Barbero-Alvarez JC，Coutts A，Granda J，et al. The validity and reliability of a global positioning satellite system device to assess speed and repeated sprint ability（RSA）in athletes［J］. J Sci Med Sport，2010，13：232-235.

度的能力。在实践过程中，GPS 的效度极其重要，它主要反映了采集单元所采集数据的准确性。在对可穿戴设备 GPS 的效度进行测量时，较多研究主要关注于设备采集的跑动数据与实际跑动距离（标准跑动距离）之间的偏差，所采用的指标主要有相对标准值的偏离百分比、估计值的标准误差（Standard Error of the Estimate，SEE）以及变异系数[1-2]。其中，相对标准值偏离%=（测试距离-标准距离）/标准距离×100%、估计值的标准误差为相对标准值偏离百分比的标准差。相对标准值偏离百分比反映设备测量距离与标准距离的平均差异程度，差异程度越低表明设备准确性越高，而估计值的标准误差反映这种差异程度的离散程度，离散程度越小也表明设备准确性越高。

从表 5.16 可以看出，在效度测试中，GPS 设备表现出了较高的效度，相对标准值偏离百分比为 0.7%，*SEE* 为 2.3%。与其他类似的研究相比较，由于不同研究中 GPS 设备的品牌、采集频率、测试环境、设计的运动模式等因素都不相同，研究结果也有所不同。但总体来说，在类似的运动模式下，相对标准值偏离百分比方面，其他研究结果一般在-5.0%~5.0%浮动，而估计值的标准误差方面一般在 0.0%~4.0%浮动，与本文效度数据相比较可以看出，在两项测试中，本研究所用的 GPS 设备在效度方面表现出不差于其他设备的效度。总体来讲，通过效度测试，说明 GPS 设备在网球运动折返混速间歇的专项运动模式下，表现出了较高的效度水平，具备研究网球比赛负荷监控的需要。

表 5.16 GPS 采集单元效度检测结果

测试指标	标准距离 (m)	测试距离 (m)	相对标准值偏离 (*M*±*SD*)	相对标准值偏离（%）(90%*CI*)	*SEE*
跑动距离	109.8	113.7±8.4	3.6±1.4	0.7（-1.0~2.2）	2.3

5.4.1.3 心率采集设备的信度测试结果

对心率设备的信度的重点在于不同的心率采集单元在完成完全相同的活动后采集数据的一致性程度。一致性程度越高，才能够保证在实践的过程中，不同队

[1] Petersen C, Pyne D, Portus M, et al. Validity and reliability of GPS units to monitor cricket-specific movement patterns [J]. Int J Sports Physiol Perform, 2009, 4: 381-393.

[2] Edgecomb SJ, Norton KI. Comparison of global positioning and computer-based tracking systems for measuring player movement distance during Australian football [J]. J Sci Med Sport, 2006, 9: 25-32.

员之间的数据具有可比性，以及设备可以稳定地提供数据。在数据的处理方法上，由于不同指标的适用特点不同，对最高心率和平均心率使用 *ICC* 和 *CV* 两种统计量进行表示，对不同心率区间所持续的时间用 Kappa 一致性检验的方法对其进行分析，最后对原始数据进行组内相关性分析。最高心率、平均心率的信度测试结果表明，这两项指标均表现出了非常高的可信程度。其中，*ICC* 均为 0.99，而 *CV* 为 0.0%~0.2%（表 5.17），由此说明，心率采集单元在这两个指标的采集上具有较高的信度。

表 5.17 心率采集单元信度检测结果

测试指标	Unit-1（*M*±*SD*）	Unit-2（*M*±*SD*）	*ICC*	信度评价	*CV*（90%*CI*）
最高心率（bpm）	186.8±0.6	186.8±0.6	0.99	非常好	0.0%（0.0%~0.0%）
平均心率（bpm）	167.4±4.7	167.4±4.9	0.99	非常好	0.2%（0.1%~0.3%）

为了验证不同心率区间持续时间这一组指标的采集信度，对受试运动员完成模拟比赛测试的两组设备的心率原始数据（每秒的心率值）进行处理，分别按照心率区间的标准对两组设备所采集的心率原始数据进行分组，然后采用 Kappa 一致性检验对两组分组数据进行处理分析，结果表明 Kappa = 0.860，$P = 0.0001 < 0.01$，本研究中 Kappa 值的结果表明，不同心率采集设备在对不同心率区间持续时间这组变量进行采集时，具备较高的一致性（表 5.18）。

表 5.18 心率区间采集单元信度检测结果

		Unit-2						
		区间 1	区间 2	区间 3	区间 4	区间 5	区间 6	合计
Unit-1	区间 1	152	24	0	0	0	0	176
	区间 2	2	144	6	0	0	0	152
	区间 3	0	2	152	3	0	0	157
	区间 4	0	22	0	221	58	0	301
	区间 5	0	0	0	46	366	21	433
	区间 6	0	0	0	0	20	647	667
	合计	154	192	158	270	444	668	1886

5.4.1.4 心率采集设备的效度测试结果

在研究的过程中一般采用待检验的设备与效标设备对同一受试运动员进行监测，并对数据进行对比分析，来说明待检测设备的准确度。在数据的处理方法上，对最高心率和平均心率两项指标使用相对标准值偏离、估计值的标准误差两种统计量进行表示，对不同心率区间所持续的时间用 Kappa 一致性检验的方法进行分析，最后对 MT-Sports 和 Polar 的原始心率数据进行相关性分析。在最高心率方面，相对标准值偏离为 1.3±0.6，*SEE* 为 0.3%，说明本研究所采用的心率采集设备与 Polar 心率表相比，数据非常接近，数值稍微偏高。在平均心率方面，相对标准值偏离为 1.1±0.4，*SEE* 为 0.3%，说明与 Polar 心率带的采集数据非常接近，数值稍微偏低。总体来讲，心率采集单元在这两个指标的采集上均较为准确（表 5.19）。

表 5.19 心率采集单元效度检测结果

测试指标	MT-sports (*M*±*SD*)	Polar (*M*±*SD*)	相对标准值偏离 (*M*±*SD*)	相对标准值偏离（%）(90%*CI*)	*SEE*
最高心率	186.8±0.6	185.9±0.5	1.3±0.6	0.6（0.5~0.7）	0.3
平均心率	167.4±4.7	167.1±4.4	1.1±0.4	0.6（0.4~0.8）	0.3

为了验证不同心率区间持续时间这一组指标的采集准确度，对受试者完成模拟比赛测试时不同采集设备的心率原始数据进行处理，分别按照心率区间的标准对两组设备所采集的心率原始数据进行分组，然后采用 Kappa 一致性检验对两组分组数据进行处理分析，结果表明 Kappa = 0.843，$P = 0.0001 < 0.01$，本研究中 Kappa 值的结果表明，本心率采集设备与 Polar 心率带在对不同心率区间持续时间这组变量进行采集时，具备较高的一致性，从而也表明本心率采集设备具有较高的采集准确性（表 5.20）。

表 5.20 心率区间采集单元效度检测结果

		MT-Sports						
		区间 1	区间 2	区间 3	区间 4	区间 5	区间 6	合计
Polar	区间 1	155	21	0	0	0	0	176
	区间 2	2	144	6	0	0	0	152
	区间 3	0	2	142	13	0	0	157

续表

		MT-Sports						
		区间 1	区间 2	区间 3	区间 4	区间 5	区间 6	合计
Polar	区间 4	0	22	0	211	68	0	301
	区间 5	0	0	0	26	366	41	433
	区间 6	0	0	0	0	30	637	667
	合计	157	189	148	250	464	678	1886

5.4.2　男子网球运动员专项能力测试结果

5.4.2.1　男子网球运动员最大移动速度专项测试结果

网球运动员的专项最大移动速度是准确反映运动员在专项运动模式下的速度表现和速度区间制定的依据，因网球场的尺度特点和运动员的跑动特征，其有别于30m 等绝对速度测试。本研究对所有受试运动员的最大专项移动速度测试结果显示，所有受试运动员底线横向移动正手击球的最大位移平均速度为 4.90m/s、平均位移时间为 2.04s，而反手最大位移平均速度为 4.71m/s、平均位移时间为 2.11s（图 5.16），由此为监控设备速度区间的设置以及训练中速度强度负荷的设计提供了重要依据。

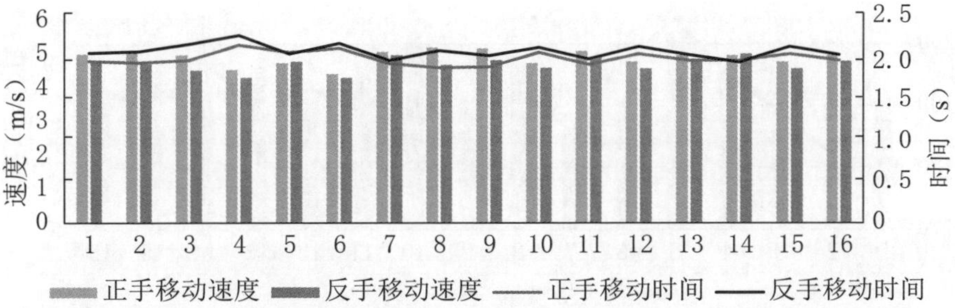

图 5.16　网球运动员底线横向移动模拟击球最大位移速度与时间测试结果

基于专项移动最大速度对本研究中的男子网球运动员移动速度强度区间设置为 0～1m/s、1～2m/s、2～3m/s、3～4m/s、4～5m/s 和 >5m/s 六个区间（图 5.17），为本研究实证部分的测试与评价提供了重要依据。

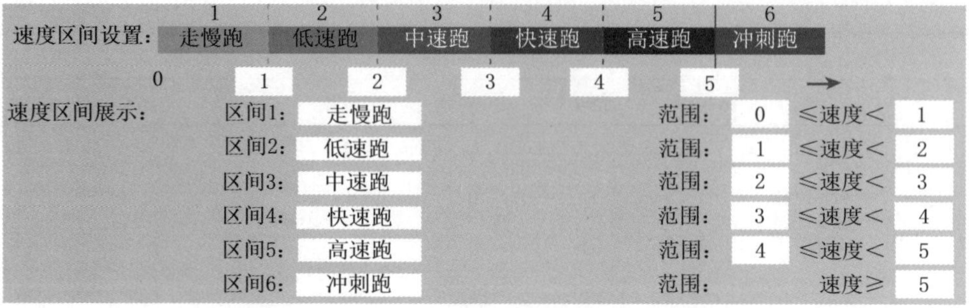

图 5.17　男子网球运动员移动速度强度区间设置结果

5.4.2.2　男子网球运动员最大心率专项测试结果

采用专项测试方法评价受试运动员最大心率水平是准确确定运动员心率强度区间以及评价心率负荷强度的重要依据，测试结果显示，16 名受试运动员在专项测试中的平均最大心率为 198 次，为心率强度区间的制定提供了依据，而根据此测试法推算出的最大摄氧量为 58.87mL／(kg·min)（图 5.18），也基本反映出运动员的最大有氧能力，相关研究也表明顶尖男子网球运动员的最大摄氧量值为 50~65mL／(kg·min)，但并不是越高越好，当最大摄氧量大于 65mL／(kg·min) 时并不能显著提高运动员在比赛中的运动表现。

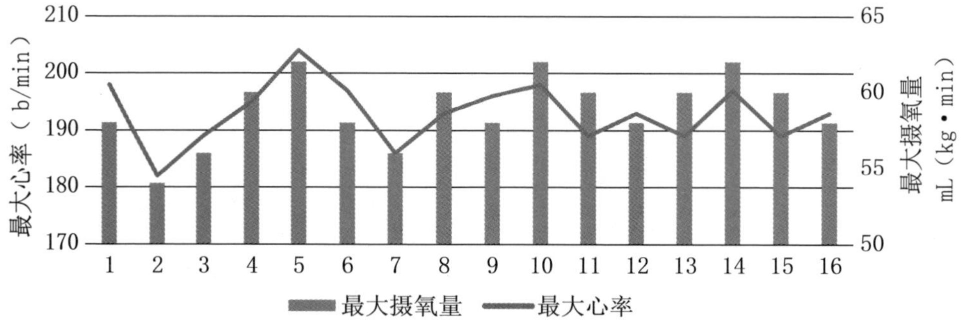

图 5.18　受试运动员最大心率和最大摄氧量测试结果

基于专项测试的最大心率对本研究中的男子网球运动员心率强度区间设置为<50bpm、50~59bpm、60~69bpm、70~79bpm、80~89bpm 和>90bpm 六个区间（图 5.19），为本研究实证部分的测试与评价提供了重要依据。

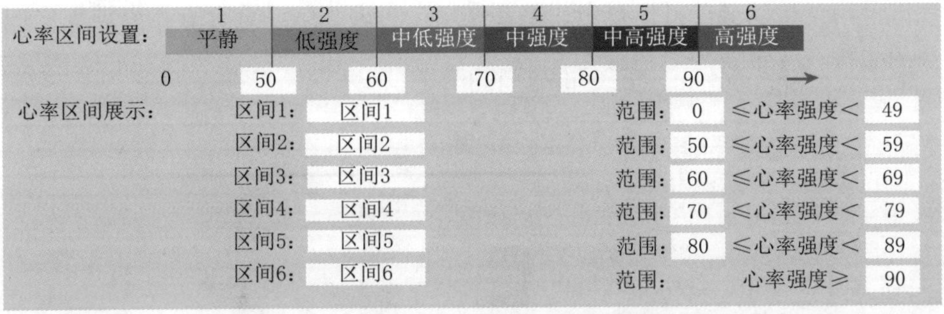

图 5.19 男子网球运动员心率强度区间设置结果

5.4.3 男子网球运动员无氧和有氧能力的比赛监控实证研究

5.4.3.1 男子网球运动员比赛心率强度区间特征监控结果与分析

对网球运动员比赛中无氧和有氧能力负荷特征进行监控是有效设计训练的重要参考，而本研究主要利用 MT-Sports 运动监控系统对受试男子网球运动员在模拟比赛中的心率强度特征，不仅有助于了解男子网球运动员比赛的负荷特征，也有助于为训练方法的设计提供重要参考。通过对 16 名受试运动员共 48 场模拟比赛中不同心率强度区间的时间比例特征来看（图 5.20），男子网球比赛中运动员在 70%~79%心率强度区间的比例最高为 36.89%，其次是 60%~69%心率强度区间为 26.13%，再次是 80%~89%心率强度区间，而 90%以上和 60%以下的各心率强度区间的时间比例均较低。如果以心率强度和能量代谢角度分析来看，此心率强度特征可以反映出男子单打比赛中的内部负荷强度主要以中强度和低强度为主，而能量代谢主要以有氧中强度为主。Baiget E 等[1]的研究表明顶尖男子网球比赛中运动员在<70%HRmax 的强度区间占 77.1%，70%~85%HRmax 的强度区间占 20.0%，而>85%HRmax 的强度区间占 2.9%，虽与本研究的心率强度区间设置有所不同，但是，也基本反映出处于有氧中强度以下的较高强度比例，其次为有氧高强度和无氧强度等的特征。虽然，心率指标本身具有较大的波动性，但是在模拟比赛中也可以基本反映网球运动员的比赛强度特征，其评价结果也是运动员训练设计的重要依据，本研究的模拟比赛监控结果可以反映出有氧能力水

[1] Baiget E, Fernandez JF, Iglesias X, et al. Tennis play intensity distribution and relation with aerobic fitness in competitive players [J]. Sport and Exercise Science, 2015, 10 (6): 1-15.

平在男子网球运动员单打比赛中的重要作用，对训练中注重有氧能力训练比例和负荷的安排具有重要的参考意义。

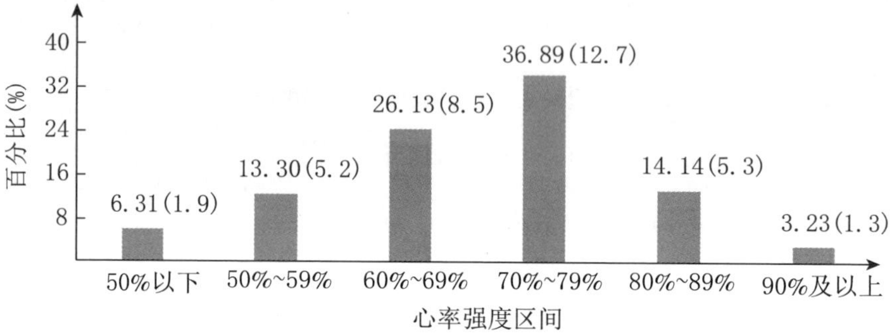

图 5.20　男子网球运动员比赛心率强度区间比例特征监控结果

注：括号内为平均值（标准差）。

5.4.3.2　男子网球运动员比赛移动速度区间特征监控结果与分析

速度—距离指标可有效反应运动员在比赛中的强度大小，对网球运动员在比赛中的速度强度特征的获取，不仅有助于了解运动员的比赛强度需求，也是设计训练的重要参考依据。本研究对受试男子网球运动员比赛速度距离特征监控结果显示，男子网球运动员在单打比赛中处于 1~2m/s 速度区间的移动距离占总距离的 41.51%，0~1m/s 速度区间占 23.23%，2~3m/s 速度区间占 20.84%，而>3m/s的速度区间中的比例均较低，由此表现出男子网球运动员在比赛中移动速度不均且较低的强度特征（图 5.21）。虽然，本研究利用速度—距离指标反映出男子网球运动员在单打比赛中以低速度为主的负荷特征，但此指标相比于速度时间指标对训练负荷设计的指导意义较大。因为，相同时间中在不同速度区间产生的强度不同，且移动距离也存在较大的差异性等，因此，在比赛监控中应该用速度区间的距离特征来反映运动员的外部负荷表现。但是，针对本研究中受试运动员的速度强度表现，与顶尖职业男子网球运动员在比赛中表现出来的以 2~3m/s 速度区间为主的特征相比还存在一定的强度差距。其中，运动员竞技水平是导致此差异的最主要原因，如 Fernandez JF 等[1]的研究表明在职业男子网球

[1] Fernandez JF, Rivas DS, Pluim BM, et al. A Comparison of the Activity Profile and Physiological Demands Between Advanced and Recreational Veteran Tennis Players [J]. Journal of Strength and Conditioning Research, 2009, 23 (2): 604-610.

比赛中，运动员的跑动强度显著高于业余网球运动员，而运动员在比赛中表现出来的低对抗性和短距离折返是最主要的因素[1]。比赛是诊断运动员运动强度特征和设计训练的主要依据，与职业男子网球运动员相比，本研究中的受试运动员在模拟比赛中表现出来的低速度强度特征，反映出在训练中应该注重中高速强度训练的安排，尽可能提高训练强度以保证运动员在比赛中的强度水平。

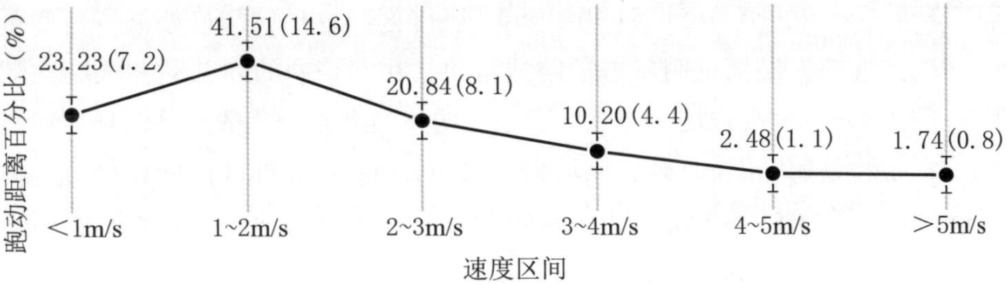

图 5. 21 男子网球运动员模拟比赛中速度强度特征监控结果

5. 4. 3. 3 男子网球运动员比赛与训练负荷强度的比较分析

比赛是训练最好的导师，对网球比赛中运动负荷特征的准确掌握是把握网球运动项目特征和进行科学训练设计的前提条件[2-3]。只有全面、深入地认识和了解网球项目的运动负荷特征，才能真正了解比赛对运动员所提出的负荷需求，指导运动训练中的负荷强度、负荷量、训练方法、训练手段、训练内容的设计与安排，使网球训练活动建立在科学依据的基础上，减少训练的随意性和盲目性，提高训练的针对性、专项性和科学化水平。在实践训练过程中，对训练负荷进行测量或监控，把比赛负荷作为参考依据进行分析，有助于教练员明确训练负荷量和训练强度安排的合理性，在特定的训练目的中判断训练能否满足比赛负荷的要求。本研究通过对受试网球运动员共 48 次训练课的负荷进行监控，从内部负荷和外部负荷两个角度评价训练负荷与比赛负荷之间的相关性特点，旨在对训练负荷与比赛负荷的关系进行实证检验，并利用比赛负荷的特征和结构在一定程度上

[1] Kubukeli ZN, Noakes TD, Dennis SD. Training techniques to improve endurance exercise performances [J]. Sports Med, 2002, 32 (8): 489-509.

[2] Kovacs MS. Tennis physiology: Training the competitive athlete [J]. Sports Medicine, 2007, 37 (3): 189-198.

[3] Kubukeli ZN, Noakes TD, Dennis SD. Training techniques to improve endurance exercise performances [J]. Sports Med, 2002, 32 (8): 489-509.

评价和指导训练负荷，指出男子网球运动员在训练设计或安排方面可能存在的不足。

利用心率和速度强度区间的比例特征指标对男子网球运动员在比赛和训练中负荷强度特征的比较研究结果表明，运动员在训练中低于50%的心率强度区间和高于90%的心率强度区间的比例均高于比赛，且存在显著性差异（$P<0.05$），50%~59%强度区间和80%~89%强度区间的比例也均高于比赛负荷，且均存在非常显著性差异（$P<0.01$），而70%~79%强度区间的比例却显著低于比赛负荷（$P<0.05$）。此研究结果表明，男子网球运动员在训练中的内部负荷强度比例特征与比赛中的内部负荷强度比例之间存在较明显的差异。其中，以低强度和高强度区间的内部负荷为主，且其比例均高于比赛负荷；而在速度区间比例特征的比较结果表明：训练中0~1m/s、1~2m/s、4~5m/s以及5m/s以上的速度区间的比例均高于比赛中的比例，且均存在非常显著性差异（$P<0.01$），而2~3m/s速度区间的比例却均低于比赛，并存在非常显著性差异（$P<0.01$），3~4m/s速度区间的比例也均低于比赛，仅存在显著性差异（$P<0.05$）等。由此表明，男子网球运动员在训练中主要以低速度和高速度的强度为主，且其比例均高于比赛强度（图5.22）。

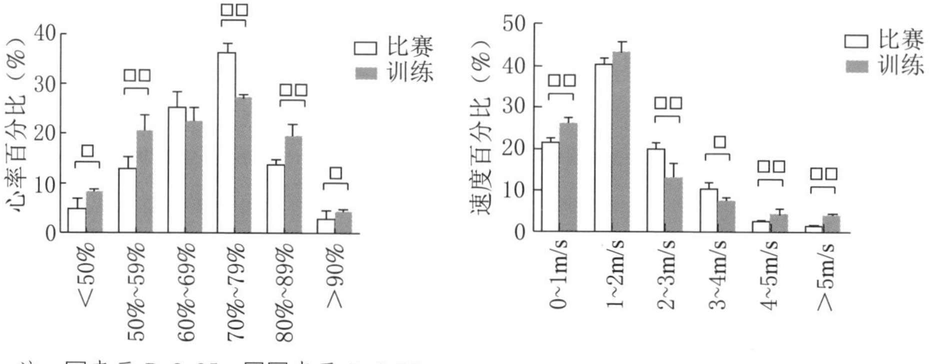

注：□表示 $P<0.05$；□□表示 $P<0.01$。

图5.22　男子网球运动员比赛与训练中的心率和速度区间比例特征对比结果

基于上述心率与速度负荷强度区间比例的综合比较得知，本研究中的男子网球运动员在训练中的负荷强度比例安排明显不同于比赛特征，如果从不同强度区间所对应的代谢特点和标准来看，上述研究结果表明[1]，男子网球运动员在训练中主要是以有氧中、低强度和最大无氧强度等负荷为主。虽然有别于比赛中的强度比例形式，但是这种专项“两极化”的强度模式安排，可能与满足网球运动员专项表现的磷酸原代谢供能特征需求和满足间歇形式下促进运动员恢复能力的有氧氧化供能特征等需求有关。针对训练负荷强度的比例和有氧能力训练的重要性问题，大量的研究已经表明，采用大部分训练强度集中于低强度区域和少部分训练集中在无氧阈值以上强度的训练的“两极化模式（Polarized Training Model）”比采用注重无氧阈强度的“乳酸阈训练模式（Lactate Threshold Training Model）”和强调训练强度由下至上有比例地逐渐减少的“金字塔模式（Pyramid Training Model）”更有助于促进运动员的有氧代谢能力和提高训练成绩等[2-5]。虽然，网球比赛的间歇性和持续性决定了有氧能力训练在网球运动员专项训练中的重要地位，长期系统的有氧能力训练可以从形态和功能上，在量和质两个方面改善神经—肌肉系统，不仅能够推迟无氧供能的时间，延缓高强度运动时机体酸性环境的出现，而且可以提高机体疲劳时的恢复速度[6]，忽视有氧能力训练将对运动员在运动时氧气的储备、运输和利用系统造成极大的负面影响，并且，有氧能力是无氧能力的基础，当有氧能力没有得到应有的重视和发展时，被影响的就不仅是有氧能力本身，而且会制约无氧能力水平的提高[7]。但是，我们必须要清晰地认识到网球运动完全不同于长跑或马拉松等耐力性运动项目，两极化的训练模式可能适合耐力性体能类运动员的训练设计，却不一定适宜网球运动员的训练安排，尤其对男子网球运动员的训练强度设计不仅要充分借鉴顶尖职业网球运动员比赛特征，而且要清晰地探别运动员自身在比赛中所存在的强度差距与不足。如

---

[1] Petersen C, Pyne D, Portus M, et al. Validity and reliability of GPS units to monitor cricket-specific movement patterns [J]. Int J Sports Physiol Perform, 2009, 4: 381-393.

[2] Seiler S. What is best practice for training intensity and duration distribution in endurance athletes? [J]. International Journal of Sports Physiology and Performance, 2010, 5 (3): 276-291.

[3] Seiler KS, Kjerland GO. Quantifying training intensity distribution in elite endurance athletes: Is there evidence for an “optimal” distribution? [J]. Journal of Medicine & Science in Sports, 2006, 16 (1): 49-56.

[4] Algrøy EA, Hetlelid KJ, Seiler S. Quantifying training intensity distribution in a group of Norwegian professional soccer players [J]. International Journal of Sports Physiology and Performance, 2006, 6 (1): 70-81.

[5] Munoz I, Seiler S, Bautista J, et al. Does polarized training improve performance in recreational runners? [J]. Int J Sports Physiol Perform, 2014, 9 (2): 265-272.

[6] 陈小平．有氧训练——提高我国能力项目运动水平的关键 [J]．体育科学，2004，24（11）：45-50.

[7] 陈小平．我国能力训练存在的主要问题——对训练强度失衡的反思 [J]．体育科学，2008，42（4）：9-14.

何进行合理的专项训练设计并通过有效的训练监控手段优化训练设计安排，以提升男子网球运动员在比赛中无氧和有氧能力的合理发挥，将是本研究依据网球比赛需求与专项特征，针对男子网球运动员无氧和有氧能力的训练方法设计的重要原因和目标。

5.4.4 男子网球运动员无氧和有氧能力的专项训练方法设计方案

5.4.4.1 男子网球运动员无氧能力的专项训练方法设计方案

示例 1：底线横向移动正反手击球练习（图 5.23）

练习目标：提高运动员的无氧无乳酸能力，提高起动、制动和正反手击球等爆发性动作的质量。

仪器与器材：MT-Sports 运动监控系统、血乳酸测试仪、RPE 量表、秒表。

送球类型：定点多球。

练习场地：底线全场。

练习人数：1 人（多人轮换）。

练习形式 1：受试运动员持拍从底线正手位处准备，送球员依次送球至受试运动员底线反手位和正手位，受试运动员先快速冲刺至反手位完成反手斜线击球，再迅速跑动至起点位置完成正手直线击球，练习持续时间 A 5s、练习持续时间 B 10s。

练习持续时间 A：5s；练习重复次数：10 次；运动间歇比：1∶5。

练习持续时间 B：10s；练习重复次数：10 次；运动间歇比：1∶5。

练习形式 2：受试运动员持拍从底线反手位处准备，送球员依次送球至受试运动员底线正手位和反手位，受试运动员先快速冲刺至正手位完成正手斜线击球，再迅速跑动至起点位置完成侧身直线击球，练习持续时间 A 5s、练习持续时间 B 10s。

练习持续时间 A：5s；练习重复次数：10 次；运动间歇比：1∶5。

练习持续时间 B：10s；练习重复次数：10 次；运动间歇比：1∶5。

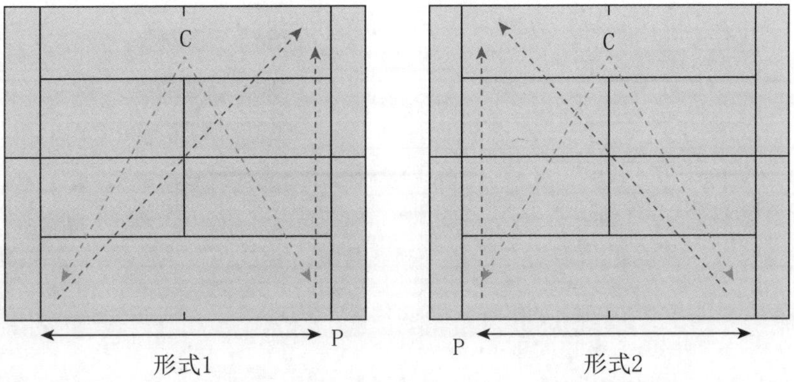

图例（下同）　◄--- 送球路线 ◄──► 移动路线 ---► 击球路线　C 送球员　P 运动员

图 5.23　示例 1 底线横向移动正反手击球练习图示

示例 2：发球上网全场移动击球练习（图 5.24）

练习目标：提高运动员磷酸原供能能力、多向性移动效率和发球分的主动进攻性。

仪器与器材：MT-Sports 运动监控系统、血乳酸测试仪、RPE 量表、秒表。

送球类型：单球和定点多球组合。

练习场地：全场。

练习人数：1 人（多人轮换）。

练习形式 1：送球员在发球线位置持拍连续送球，受试运动员在一区完成外角发球并迅速随球移动至网前左侧，接送球员的来球完成反手截击回球至斜线，迅速移动至网前右侧再完成正手截击对角斜线回球，最后侧身后退至发球线完成高压击球，练习持续时间 A 5s、练习持续时间 B 10s。

练习持续时间 A：5s；练习重复次数：10 次；运动间歇比：1∶5。

练习持续时间 B：10s；练习重复次数：10 次；运动间歇比：1∶5。

练习形式 2：送球员在发球线位置持拍连续送球，受试运动员在二区完成外角发球并迅速随球移动至网前右侧，接送球员的来球完成正手截击斜线击球，迅速移动至网前左侧并完成反手对角斜线截击，最后侧身后退至发球线完成高压击球，练习持续时间 A 5s、练习持续时间 B 10s。

练习持续时间 A：5s；练习重复次数：10 次；运动间歇比：1∶5。

练习持续时间 B：10s；练习重复次数：10 次；运动间歇比：1∶5。

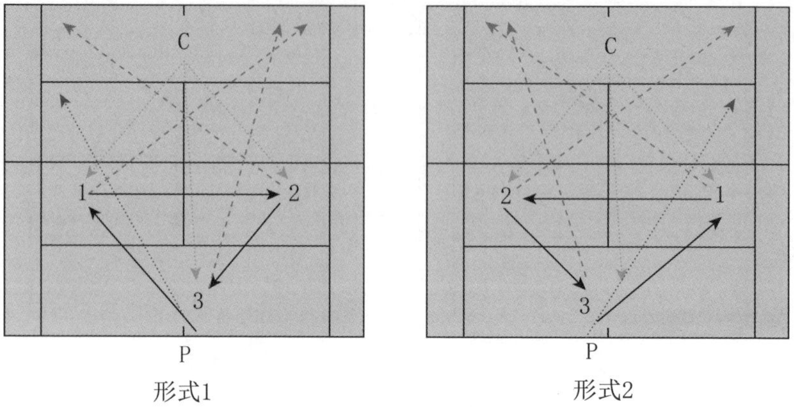

图 5.24　示例 2 发球上网全场移动击球练习图示

示例 3："Z" 型全场移动击球练习（图 5.25）

练习目标：提高运动员糖酵解供能能力、保持高强度运动的效率。

仪器与器材：MT-Sports 运动监控系统、血乳酸测试仪、RPE 量表、秒表。

送球类型：定点多球。

练习场地：全场。

练习人数：1 人（多人轮换）。

练习形式 1：送球员在发球线位置持拍连续送球，受试运动员在底线反手位区域快速跑动至对侧正手位完成正手斜线击球，迅速随球跑动至网前左侧完成反手斜线截击，再滑步移动至网前右侧区域并完成正手斜线截击，然后侧身移动至起点位置完成反手斜线击球，重复依次进行。

练习持续时间：20s。

练习时间与间歇比 A：1∶2；练习时间与间歇比 B：1∶4。

练习重复次数：5 次。

练习形式 2：送球员在发球线位置持拍连续送球，受试运动员在底线反手位区域快速跑动至对侧正手位完成正手直线击球，迅速冲刺至网前左侧完成反手直线截击，再滑步移动至网前右侧区域并完成正手直线截击，然后侧身移动至起点位置完成反手直线击球，重复依次进行。

练习持续时间：20s。

练习时间与间歇比 A：1∶2；练习时间与间歇比 B：1∶4。

练习重复次数：5 次。

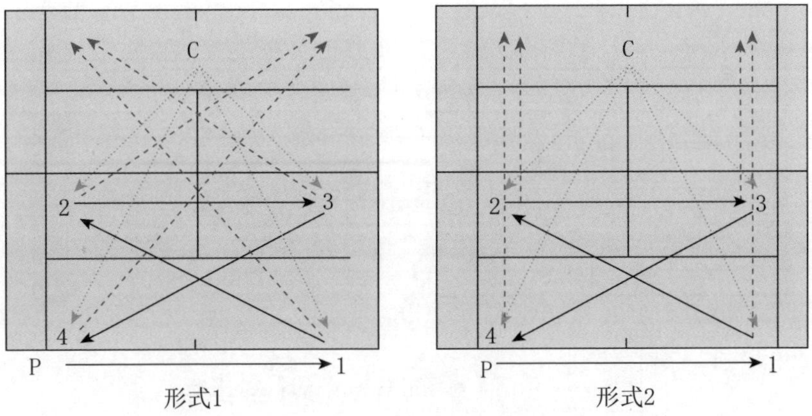

图 5.25 示例 3 “Z” 型全场移动击球练习图示

示例 4：前场进攻移动击球练习（图 5.26）

练习目标：提高运动员大强度运动动员能力、保持高强度负荷运动表现和前场击球进攻性。

仪器与器材：MT-Sports 运动监控系统、血乳酸测试仪、RPE 量表、秒表。

送球类型：定点多球。

练习场地：半场。

练习人数：1 人（多人轮换）。

练习形式 1：送球员在发球线位置持拍连续送前场短球至受试运动员右侧发球线位置，受试运动员在底线中点位置起动先随上完成正手斜线击球，迅速移动回至中点位置，再次随上完成正手直线击球，连续重复进行。

练习形式 2：送球员在发球线位置持拍依次连续送前场短球至受试运动员右侧和左侧发球线位置，受试运动员在底线中点位置起动先随上至右前场完成正手直线击球，迅速移动回至中点位置，再次随上至左前场完成正手侧身斜线击球，连续重复进行。

练习持续时间：20s。

练习时间与间歇比 A：1∶2；练习时间与间歇比 B：1∶3。

练习重复次数：5 次。

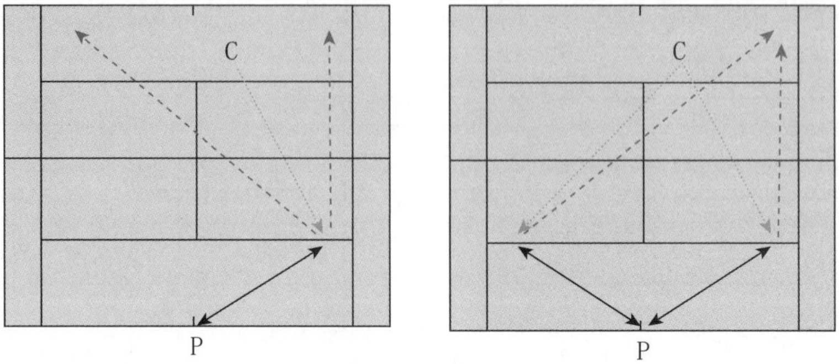

形式1　　形式2

图 5.26　示例 4 前场进攻移动击球练习图示

示例 5：正手侧身移动击球练习（图 5.27）

练习目标：提高运动员糖酵解供能能力、保持高强度运动能力和正手击球进攻性。

仪器与器材：MT-Sports 运动监控系统、血乳酸测试仪、RPE 量表、秒表。

送球类型：定点多球。

练习场地：半场。

练习人数：1 人（多人轮换）。

练习形式 1：送球员在发球线位置持拍依次连续送球至受试运动员反手侧和中路，受试运动员在底线反手位开始先完成正手侧身斜线击球，再移动至中点位置完成正手侧身斜线击球，然后侧滑步还原至起点连续重复进行。

练习形式 2：送球员在发球线位置持拍依次连续送球至受试运动员反手侧和中路，受试运动员在底线反手位开始先完成正手侧身直线击球，再移动至中点位置完成正手侧身斜线击球，然后侧滑步还原至起点连续重复进行。

练习持续时间：20s。

练习时间与间歇比 A：1∶1；练习时间与间歇比 B：1∶2。

练习重复次数：5 次。

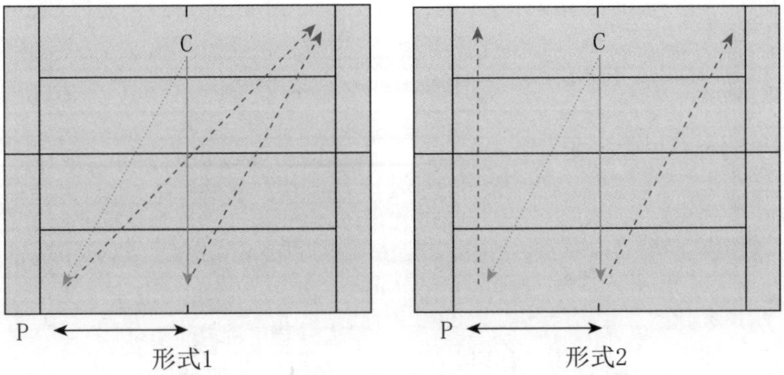

图 5.27　示例 5 正手侧身移动击球练习图示

示例 6："Suicide" 底线折返移动击球练习（图 5.28）

练习目标：提高运动员乳酸耐受能力、促进运动员在高负荷状态下的底线进攻与防守质量。

仪器与器材：MT-Sports 运动监控系统、血乳酸测试仪、RPE 量表、秒表。

送球类型：定点多球。

练习场地：全场。

练习人数：1 人（多人轮换）。

练习形式 1：送球员在发球线位置持拍依次连续送前场短球至受试运动员右侧和左侧发球线位置，受试运动员在底线中点位置起动，依次折返完成正手定点斜线进攻性击球和反手定点防守性击球，其中，反手防守可选择切削等击球，依次连续重复进行。

练习形式 2：送球员在发球线位置持拍依次连续送前场短球至受试运动员右侧和左侧发球线位置，受试运动员在底线中点位置起动，依次折返完成正手不定点进攻性击球和反手不定点防守性击球，正手进攻性击球可选择随意线路，即不定点线路变化形式，而反手防守性击球既可选择切削等不同技术变化形式，又可选择不同线路的变化形式等，依次连续重复进行（图 5.28）。

练习持续时间：40s。

练习时间与间歇比 A：1∶1；练习时间与间歇比 B：1∶1.5。

练习重复次数：5 次。

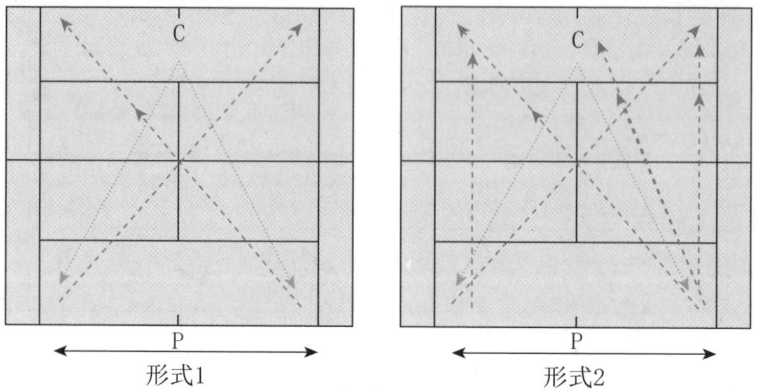

图 5.28　示例 6“Suicide”底线折返移动击球练习图示

示例 7：“2vs1”底线横向移动轮换击球练习（图 5.29）

练习目标：提高运动员乳酸耐受能力和在高强度间歇形式下运动表现的稳定性。

仪器与器材：MT-Sports 运动监控系统、血乳酸测试仪、RPE 量表、秒表。

送球类型：定点单球。

练习场地：全场。

练习人数：3 人。

练习形式 1（设置得分要素规则）：三名受试运动员同时进行对打练习。受试运动员 1 与受试运动员 2 在底线轮换进行横向移动一正一反击球练习，且正反拍均回球至中路深区，受试运动员 3 的回球线路依次为直线和斜线；并对受试运动员 1 和受试运动员 2 设置得分要素规则，即如果击球失误或未进入后场（底线和发球线之间），需继续完成一正一反击球，直到两次击球都成功为止后才进行轮换，两名运动员每次击球轮换后需位于中点场外位置站立，准备下一次击球，对受试运动员 3 无规则要求；连续重复进行。

练习形式 2（不设置得分要素规则）：三名受试运动员同时进行对打练习。其中，受试运动员 1 与受试运动员 2 在底线轮换进行横向移动一正一反击球练习，且要求每次正反拍击球均回至中路深区，受试运动员 3 的回球线路依次为直线和斜线，受试运动员 1 和受试运动员 2 每次击球轮换后需位于中点场外位置站立准备下一次击球；连续重复进行。

练习持续时间：60s。

练习时间与间歇比 A：1∶1；练习时间与间歇比 B：1∶1.5。

练习重复次数：3 次。

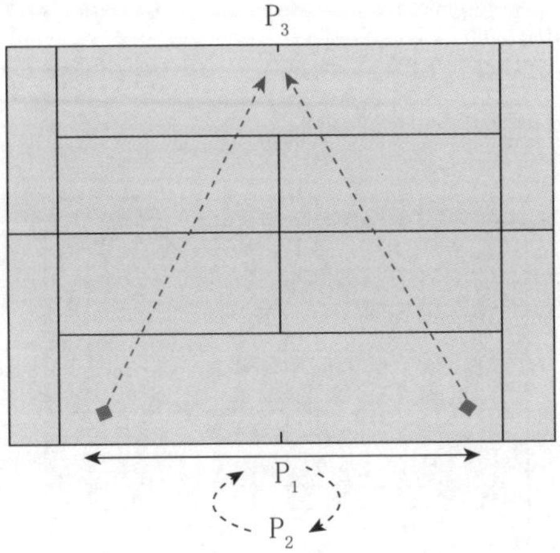

图 5.29 示例 7“2vs1”底线横向移动轮换击球练习图示

5.4.4.2 男子网球运动员有氧能力的专项训练方法设计方案

示例 8：“1vs1”底线计数对打练习（图 5.30）

练习目标：促进机体的恢复能力，提高技术稳定性。

仪器与器材：MT-Sports 运动监控系统、RPE 量表、秒表。

送球类型：定点单球。

练习场地：全场。

练习人数：2 人。

练习形式 1（设置得分要素规则）：两名受试运动员同时进行对打练习，运动员可采用任何击球技术，但必须当对方回球落地后才可进行回击，每次击球落点进入后场深区（底线与发球线之间）计 1 拍，如果任何一方击球出界需在已累积共同完成的回合数中减除 10 拍，如果击球下网则需减除 5 拍，两名运动员共同累计完成 40 拍或计时结束时结束练习，如果两名运动员计时结束时未达到拍数要求则均需进行相应的惩罚，击球失误或练习中断时由教练员及时送球以保证练习的持续性等。

练习形式 2（不设置得分要素规则）：两名受试运动员同时进行对打练习，可采用任何击球技术，但必须当对方回球落地后才可进行回击，每次击球落点进入后场深区（底线与发球线之间）算 1 拍，需累计完成 60 拍，击球失误或出界后继续进行，当累计完成拍数或计时结束时结束练习，击球失误或练习中断时由教练员及时送球以保证练习的持续性。

练习持续时间：6min。

练习重复节数：1 节。

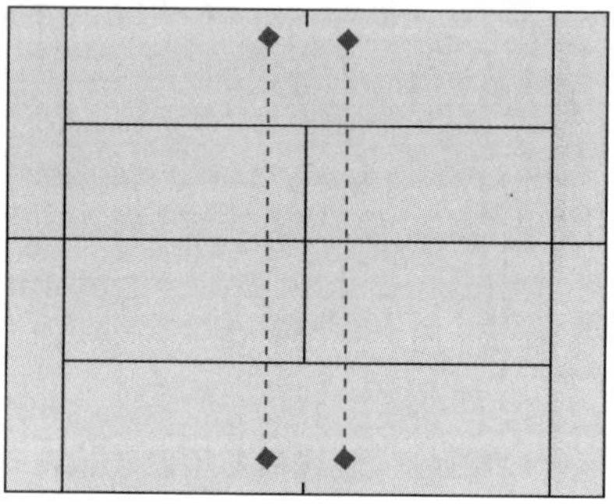

图 5.30　示例 8“1vs1”底线计数对打练习图示

示例 9：“1vs1”底线对角对打练习（图 5.31）

练习目标：促进机体的恢复能力，提高正反拍技术的稳定性。

仪器与器材：MT-Sports 运动监控系统、RPE 量表、秒表。

送球类型：定点单球。

练习场地：全场。

练习人数：2 人或 4 人。

练习形式 1（正手）：两名受试运动员为一对进行对角线正手对打练习，当对方回球落地后才可进行回击，每次击球落点进入单打边线与中线之间区域计 1 拍，如果有一方运动员击球出界需在已共同累计完成的回合数中减除 6 拍，如果击球下网则需减除 5 拍，两名运动员共同累计完成 50 拍或计时结束时结束练习，如果两名运动员计时结束时未达到拍数要求则均需进行相应的惩罚，击球失误或练习中断时由教练员及时送球以保证练习的持续性，以此连续进行练习。

练习形式 2（反手）：两名受试运动员为一对进行对角线反手对打练习，当对方回球落地后才可进行回击，每次击球落点进入单打边线与中线之间区域计 1 拍，如果有一方运动员击球出界需在已共同累计完成的回合数中减除 6 拍，如果击球下网则需减除 5 拍，两名运动员共同累计完成 50 拍或计时结束时结束练习，如果两名运动员计时结束时未达到拍数要求则均需进行相应的惩罚，击球失误或练习中断时由教练员及时送球以保证练习的持续性。

练习持续时间：6min。

练习重复节数：1 节。

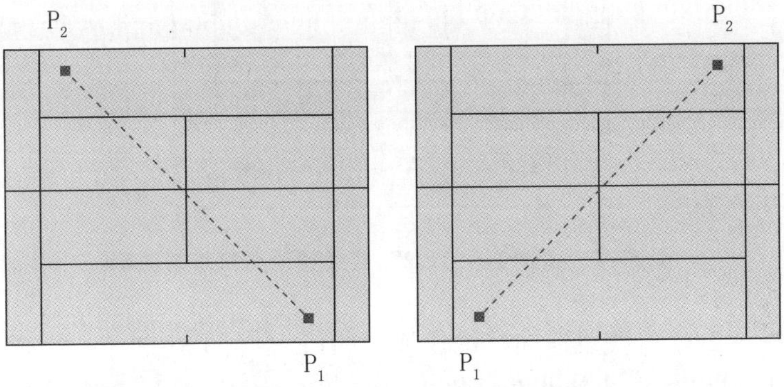

图 5.31　示例 9 "1vs1" 底线对角对打练习图示

示例 10："1vs2" 底线移动对打练习（图 5.32）

练习目标：促进机体有氧能力水平，提高正反拍技术击球的准确性和稳定性。

仪器与器材：MT-Sports 运动监控系统、RPE 量表、秒表。

送球类型：定点单球。

练习场地：全场。

练习人数：3 人。

练习形式：三名运动员同时参与练习。其中，受试运动员 P_1 从底线正手位单打边线位置先与受试运动员 P_2 连续完成两次正手斜线对打和一次直线回球，迅速移动至反手位侧再与受试运动员 P_3 连续完成两次反手斜线对打和一次直线回球，然后再迅速移动至起点位置连续依次进行练习，每分钟按逆时针方向轮换角色与位置，每次击球失误或练习中断时由教练员及时送球以保证练习的持续性。

练习持续时间：3min。

间歇形式 A：恒定间歇 2min。

间歇形式 B：递减间歇时间依次为 3min、2min 20s、2min、1min 30s。

练习重复节数：5 节。

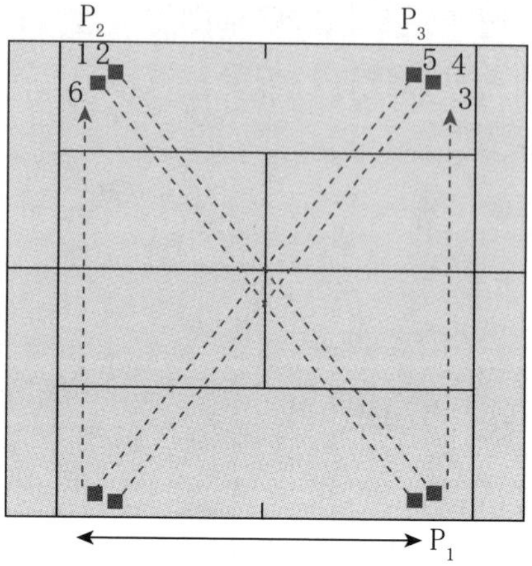

图 5.32　示例 10“1vs2”底线移动对打练习图示

示例 11：“2vs1”底线横向移动轮换对打练习（图 5.33）

练习目标：提高运动员的有氧能力水平，提高正反拍技术的稳定性。

仪器与器材：MT-Sports 运动监控系统、RPE 量表、秒表。

送球类型：定点单球。

练习场地：全场。

练习人数：3 人。

练习形式：两名主打受试运动员 P_1 和 P_2 与另一名受试运动员 P_3 同时进行对打练习。其中，P_3 运动员站于底线中点附近位置，每次回球线路依次为 P_1 运动员场地的左侧单打线和 P_2 运动员右侧单打线，而 P_1 和 P_2 运动员分别采用反手和正手完成回击，落点必须回至中点附近，且每次击球后都需移动还原至中点后再准备下一次击球。每分钟 3 名运动员按逆时针方向交换位置和角色，击球失误或练习中断时由教练员及时送球以保证练习的持续性。

练习持续时间：3min。

间歇形式 A：恒定间歇 1min30s。

间歇形式 B：递减间歇时间依次为 3min、2min20s、2min、1min30s。

练习重复节数：5 节。

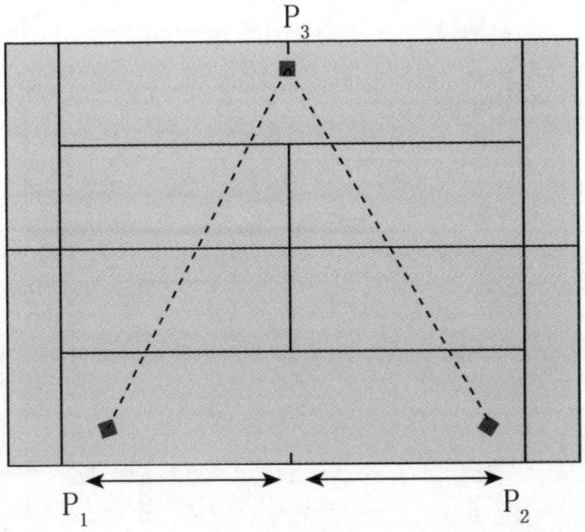

图 5.33　示例 11“2vs1”底线横向移动轮换对打练习图示

示例 12：“1vs2”网前—底线对打练习（图 5.34）

练习目标：提高运动员的有氧能力水平，提高正反拍技术的稳定性。

仪器与器材：MT-Sports 运动监控系统、RPE 量表、秒表。

送球类型：定点单球。

练习场地：全场。

练习人数：3 人。

练习形式：1 名主打受试运动员与 2 名陪打运动员同时进行对打练习。其中，陪打运动员站于网球中场位置进行截击回球，每次回球落点均为中点位置附近，而主打运动员位于底线中点位置完成正手或反手击球，且随意回球至任何一名陪打运动员，但与同一名陪打运动员对打回合最多不能超过 3 次，在 3 次以内可变换回球至另一名陪打运动员，击球失误或练习中断时由教练员及时送球以保证练习的持续性。

练习持续时间：3min。

间歇形式 A：恒定间歇 1min30s。

间歇形式 B：递减间歇时间依次为 2min30s、2min、1min30s、1min。

练习重复节数：5 节。

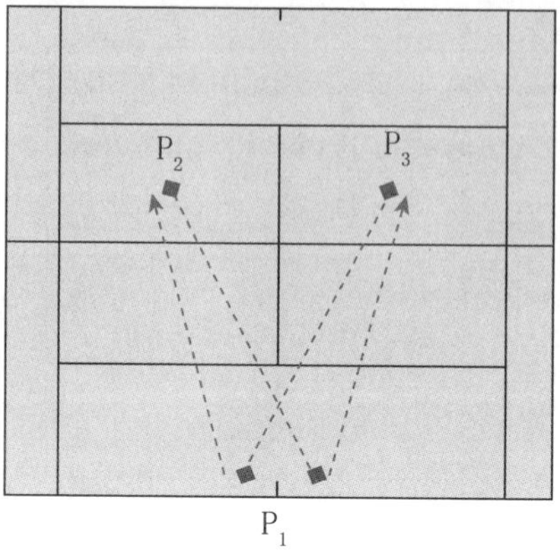

图 5.34　示例 12 "1vs2" 网前—底线对打练习图示

示例 13：底线半场移动正手击球练习（图 5.35）

练习目标：提高运动员的最大有氧能力水平，提高正手技术的稳定性和变线灵活性。

仪器与器材：MT-Sports 运动监控系统、RPE 量表、秒表。

送球类型：定点多球。

练习场地：半场。

练习人数：1 人（多人轮换）。

练习形式：送球员在发球线位置连续送球至受试运动员右侧底线单打边线位置，受试运动员从底线中点位置处迅速移动完成正手对角或小斜线击球，侧滑步移动还原至起点后再迅速跑动完成正手直线击球，依次重复进行练习。

练习持续时间：1min30s。

间歇形式 A：递增间歇时间依次为 1min、1min30s、2min、2min20s。

间歇形式 B：递减间歇时间依次为 2min30s、2min、1min30s、1min。

练习重复节数：5 节。

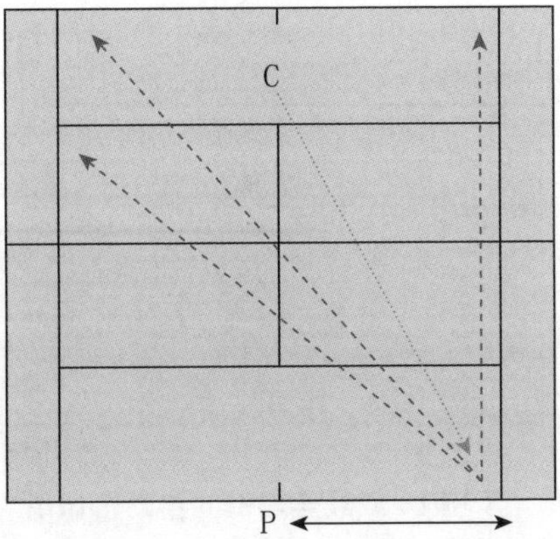

图 5.35 示例 13 底线半场移动正手击球练习图示

示例 14：底线全场横向移动击球练习（图 5.36）

练习目标：提高运动员的最大有氧能力水平，提高正反手击球的稳定性和准确性。

仪器与器材：MT-Sports 运动监控系统、RPE 量表、秒表。

送球类型：定点多球。

练习场地：全场。

练习人数：1 人（多人轮换）。

练习形式：送球员在发球线位置依次连续送 2 球至受试运动员左侧和右侧底线单打边线位置，受试运动员在底线左侧单打线处原地完成一次侧身正手斜线击球和一次反手直线击球，快速移动至右侧单打线处依次完成一次正手斜线击球和一次正手直线击球，依次重复练习。

练习持续时间：1min30s。

间歇形式 A：恒定间歇 1min30s。

间歇形式 B：变换间歇时间依次为 2min、1min30s、2min、1min30s。

练习重复节数：5 节。

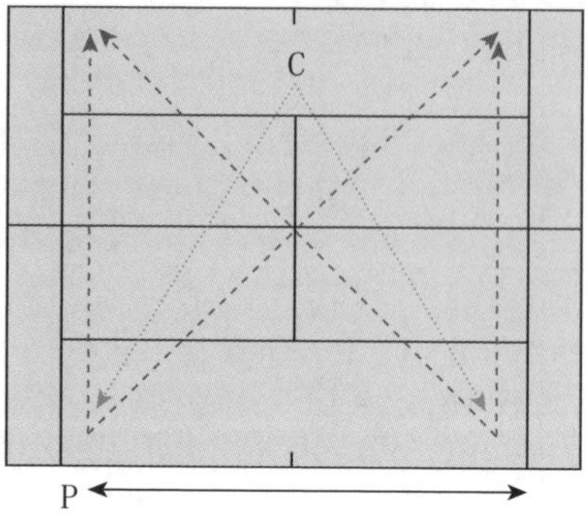

图 5.36 示例 14 底线全场横向移动击球练习图示

示例 15："Point" 比赛练习（图 5.37）

练习目标：提高运动员的高强度能力水平和比赛专项表现。

仪器与器材：MT-Sports 运动监控系统、RPE 量表、秒表。

送球类型：单球。

练习场地：全场。

练习人数：2 人（多人轮换）。

练习形式：两名运动员进行抢 10 比赛，先发球者从一区发球，之后轮换每人完成两次发球分，先赢得 10 分的运动员为获胜方，比分 9∶9 后 1 分决胜。

间歇形式 A：每分间歇 25s。

间歇形式 B：每分间歇 20s。

间歇形式 C：每分间歇 10s。

练习重复节数：每种间歇形式各 1 节，共 3 节。

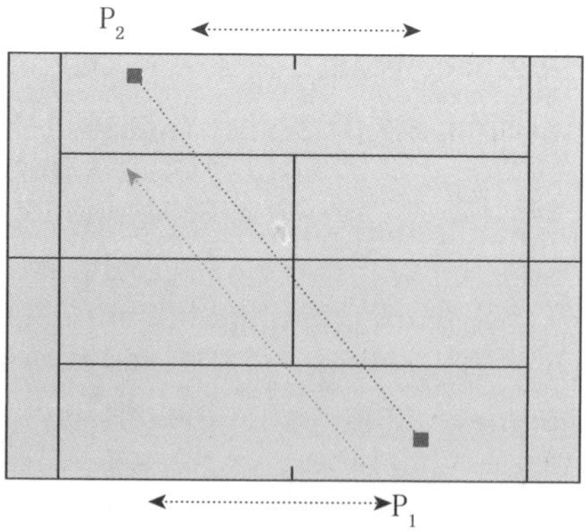

图 5.37 示例 15 "Point" 比赛练习图示

5.4.5 男子网球运动员无氧和有氧能力的专项训练方法实验结果

5.4.5.1 男子网球运动员无氧能力的专项训练方法实验结果

● 底线横向移动正反手击球练习的运动员负荷强度结果

研究结果显示，受试运动员在底线横向移动正反手击球练习形式 1、运动时间 B（10s）的练习中平均心率、心率区间、RPE 及血乳酸值等均高于运动时间 A（5s），且均存在非常显著性差异（$P<0.01$），其效果量值也均高于 0.8，表现出大效应水平，而移动速度和速度区间却均低于运动时间 A，但均不存在显著性差异，其效果量值也表现出较小的效应水平；运动员在底线横向移动正反手击球练习形式 2、运动时间 B（10s）的练习中平均心率、心率区间、RPE 及血乳酸值等也均显著高于运动时间 A（5s），其效果量值也表现出大效应水平，而移动速度和速度区间却均低于运动时间 A，但均不存在显著性差异，其效果量值效应水平也较小；在相同运动时间 A 中练习形式 1 和练习形式 2 的各强度指标之间均无显著性差异，且运动时间 B 中两种练习形式之间的各强度指标也无显著性差异（表 5.21、图 5.38）。

表 5.21 底线横向移动正反手击球练习的运动员负荷强度测试结果

强度指标	练习形式 1		练习形式 2	
	运动时间 A (5s)	运动时间 B (10s)	运动时间 A (5s)	运动时间 B (10s)
平均心率（bpm）	158.33±8.62	172.51±9.40□□	155.52±9.05	177.82±7.73□□
	—	*ES*=1.57	—	*ES*=2.64
心率区间（%）	79.96±8.76	86.87±9.43□□	78.54±7.08	89.81±8.81□□
	—	*ES*=0.81	—	*ES*=1.41
RPE	5.77±1.12	7.25±1.13□□	5.69±1.16	7.98±1.15□□
	—	*ES*=1.31	—	*ES*=1.98
血乳酸（mmol/L）	2.53±0.33	3.15±0.57□□	2.72±0.35	3.12±0.34□□
	—	*ES*=1.33	—	*ES*=1.15
移动速度（m/s）	3.83±0.84	3.64±0.65	3.69±0.76	3.48±0.70

续表

负荷强度	练习形式 1		练习形式 2	
	运动时间 A (5s)	运动时间 B (10s)	运动时间 A (5s)	运动时间 B (10s)
	—	*ES*=0. 25	—	*ES*=0. 28
速度区间（%）	75. 11±8. 46	71. 37±7. 55	72. 35±7. 08	68. 23±8. 12
	—	*ES*=0. 36	—	*ES*=0. 44

注：□□表示 $P<0.01$，同一练习形式中运动时间 B 与运动时间 A 比较；ES 为同一练习形式中，运动时间 B 与运动时间 A 比较的效果量值。

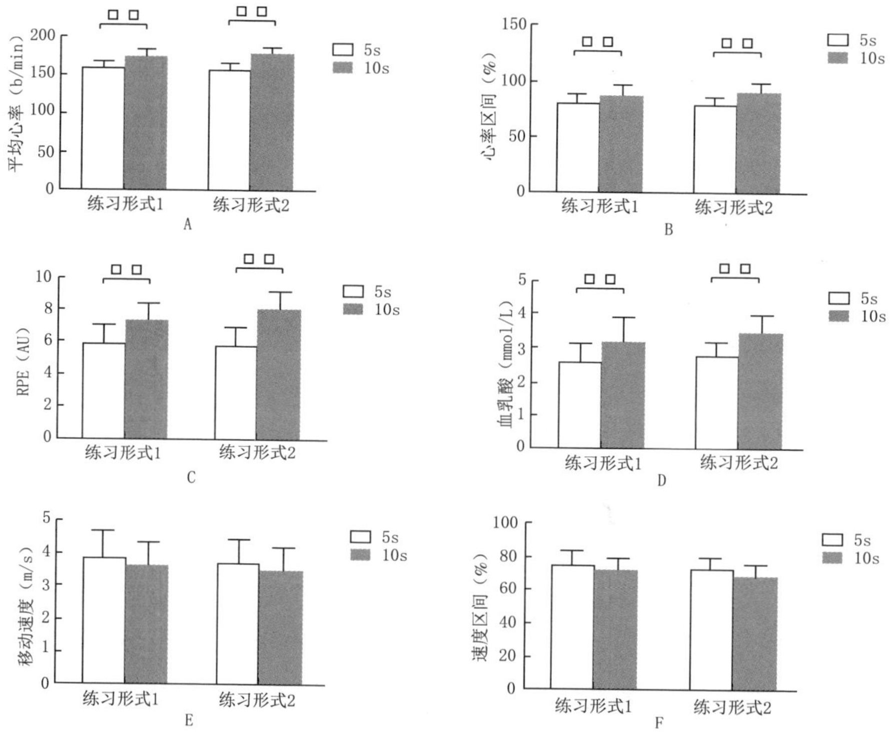

注：□□表示 $P<0.01$，同一练习形式中，运动时间 B 与运动时间 A 比较。

图 5. 38　底线横向移动正反手击球练习的运动员负荷强度结果对比

以上研究结果表明，血乳酸指标可以反映出底线横向移动正反手击球练习形式 1 和形式 2 分别在 5s 和 10s 的不同运动时间练习中均表现出无氧无乳酸练习的负荷强度特点，但通过不同练习或运动时间形式的比较来看，无论在练习形式 1，还是练习形式 2 中，10s 的运动时间要比 5s 运动时间使男子网球运动员产生更大的内部负荷刺激反应，但不会导致移动速度等外部负荷强度的显著性变化。机体在高强度的极限运动中的主要能量来源是磷酸原代谢供能，其代谢特点是在短时间内基本不会造成乳酸堆积，但随着大强度运动的相对持续进行，会导致疲劳的骤然增加和代谢产物的快速积累等[1]，在 5s 以内的高强度运动中 ATP-CP 是主要的能量代谢物质，但在近 10s 的高强度运动中糖酵解供能的参与比例逐渐增加，表现出在 10s 的运动时间中的心率强度、血乳酸值和 RPE 的显著提高，进而导致疲劳的逐渐累积，并且，又因 CP 恢复一半的时间约 30s，而完全恢复则需几分钟[2]，本练习中采用重复 10 次和 1∶5 运动间歇比的设计形式，导致运动员在 10s 的底线横向移动正反手击球练习中机体 CP 的恢复水平一直处于半恢复状态，进而导致在此形式的整体练习中表现出更大的负荷强度与疲劳效应。此外，相同运动时间不同形式的练习之间没有明显的强度差异，表明在采用底线横向移动正反手击球练习发展男子网球运动员的无氧无乳酸能力并不会因击球方式、线路落点等练习形式的不同产生不同的负荷强度，其原因可能是两个练习形式都设计了相同的移动路线、变向次数和折返方向等负荷要素，以保证运动员专项练习的高强度水平，其本身也反映出以上要素是影响负荷变化的主体，且相对较高的移动速度强度也为专项形式下发展男子网球运动员高强度无氧无乳酸能力奠定了强度基础。

- 发上全场移动击球练习的运动员负荷强度结果

研究结果显示，男子网球运动员在发上全场移动击球练习形式 1、运动时间 B（10s）的练习中平均心率、心率区间的结果均高于运动时间 A（5s），且均存在非常显著性差异（$P<0.01$），其效果量值均表现出大效应水平，RPE 和血乳酸值等均高于运动时间 A（5s），且均存在显著性差异（$P<0.05$），其效果量值均表现出中效应水平，而移动速度和速度区间却均低于运动时间 A，但并不存在显著性差异，其效果量值也较小；男子网球运动员在发上全场移动击球练习形式 2 运动时间 B（10s）的练习中平均心率、心率区间结果均高于运动时间 A（5s），且均存在非常显著性差异（$P<0.01$），其效果量值均表现出大效应水平，RPE 和

[1] Duffield R, King M, Skein M. Recovery of voluntary and evoked muscle performance following intermittent-sprint exercise in the heat [J]. Int J Sports Physiol Perform, 2009, 4 (2): 254-268.

[2] Mc-Lester JR. Muscle contraction and fatigue: The role of adenosine 5'diphosphate and inorganic phosphate [J]. Sports Med 1997, 23 (5): 287-305.

血乳酸值等均高于运动时间 A（5s），且均存在显著性差异（$P<0.05$），其效果量值均表现出中效应水平，而移动速度和速度区间却均低于运动时间 A，但并不存在显著性差异，其效果量效应值也较小；在相同运动时间 A 中练习形式 1 和练习形式 2 的各强度指标之间均无显著性差异，且运动时间 B 中两种练习形式之间的各强度指标也无显著性差异（表 5.22、图 5.39）。

表 5.22　发上全场移动击球练习的运动员负荷强度测试结果

负荷强度指标	练习形式 1		练习形式 2	
	运动时间 A（5s）	运动时间 B（10s）	运动时间 A（5s）	运动时间 B（10s）
平均心率（bpm）	155.27±7.63	170.85±8.70□□	156.92±7.05	173.76±9.23□□
	—	*ES*=1.91	—	*ES*=1.99
心率区间（%）	78.28±9.32	86.28±10.22□□	78.78±8.79	87.75±8.02□□
	—	*ES*=0.80	—	*ES*=1.04
RPE	6.83±2.01	7.84±1.63□	6.94±2.22	7.92±1.97□
	—	*ES*=0.54	—	*ES*=0.55
血乳酸（mmol/l）	2.85±0.29	3.18±0.35□	2.99±0.34	3.23±0.42□
	—	*ES*=0.54	—	*ES*=0.61
移动速度（m/s）	3.57±0.65	3.31±0.59	3.52±0.62	3.28±0.71
	—	*ES*=0.41	—	*ES*=0.35
速度区间（%）	70.01±6.54	64.90±7.37	69.11±7.76	64.31±6.33
	—	*ES*=0.37	—	*ES*=0.36

注：□表示 $P<0.05$，□□表示 $P<0.01$，同一练习形式中运动时间 B 与运动时间 A 比较；ES 为同一练习形式中，运动时间 B 与运动时间 A 比较的效果量值。

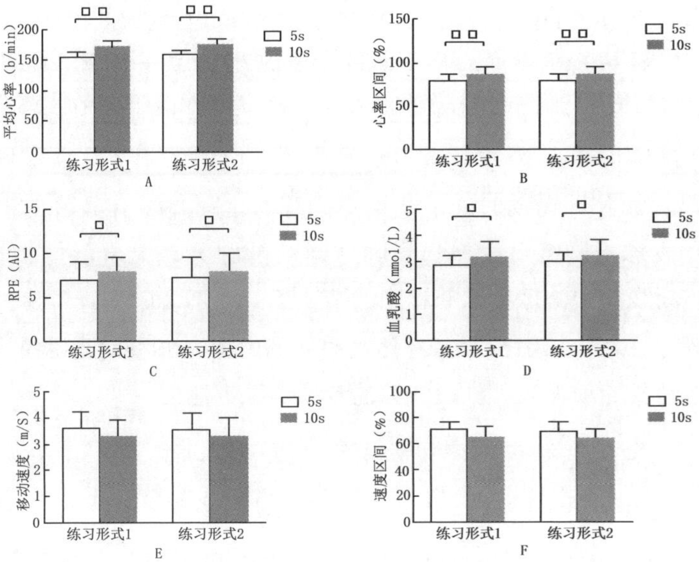

注：□表示 $P<0.05$，□□表示 $P<0.01$，同一练习形式中，运动时间 B 与运动时间 A 比较。

图 5.39　发上全场移动击球练习的运动员负荷强度结果对比

此练习方法设计的主要目的在于充分结合网球运动员比赛中专项运动表现的形式，利用时间要素的调整来刺激运动员机体无氧磷酸原代谢能力的发展，以及促进运动员发球分优势的利用效率和发球分战术应用的进攻性，进而达到比赛中负荷强度的形式要求。上述研究结果表明，血乳酸值等指标反映出采用发球上网的单球与多球相结合的不同练习形式 1 和练习形式 2 分别在 5s 和 10s 的不同运动时间练习中均表现出无氧无乳酸练习的负荷强度特点，但不同练习或运动时间的比较来看，无论在练习形式 1，还是练习形式 2 中，除移动速度以外，10s 的运动时间要比 5s 运动时间使男子网球运动员产生更大的内部负荷刺激反应，与男子网球比赛中运动员表现出来的约 80%最大心率、3~5mmol/L 血乳酸值等强度水平相比[1]，此练习基本实现了运动员平均心率、血乳酸值、RPE 等指标满足比赛强度的需求；此外，网球运动员在发球局中负荷强度要高于接发球局[2]，而将发球技术形式融入专项无氧能力训练中，既体现了专项练习的比赛特征，也充分实

[1] Kovacs MS. Tennis physiology: Training the competitive athlete [J]. Sports Medicine, 2007, 37 (3): 189-198.

[2] Fernandez J, Villanueva MA, Pluim BM. Intensity of tennis match play [J]. British Journal of Sports Medicine, 2006, 40 (5): 387-394.

现了在专项形式下对运动员产生更大强度刺激的训练设计要求。运动员在练习时间B（10s）的练习中表现出来的心率、血乳酸值以及RPE等内部负荷强度等均显著高于练习时间A（5s）中的内部负荷强度，主要与练习时间的相对持续导致糖酵解供能的比例逐渐增加和在10次的重复练习中磷酸肌酸的不完全恢复导致的疲劳累积等有关[1-2]；而相同运动时间形式中不同练习之间并没有显著的强度差异，也反映出在采用发球上网练习发展男子网球运动员的无氧无乳酸能力在运动时间、间歇时间、跑动线路、击球技术等相同的情境下，并不会因击球顺序的不同产生负荷强度差异等。总之，采用5s或10s运动时间的发上全场移动击球练习可以作为发展男子网球运动员专项无氧无乳酸能力的专项训练方法之一。

- “Z”型全场移动击球练习的运动员负荷强度结果

研究结果显示，男子网球运动员在“Z”型全场移动击球练习形式1、间歇形式B（20s∶80s）的练习中的平均心率、心率区间、RPE和血乳酸值等均低于间歇形式A（20s∶40s）。其中，仅血乳酸指标存在显著性差异（$P<0.05$），效果量值也表现出大效应水平，其他均不存在显著性差异。男子网球运动员在“Z”型全场移动击球练习形式2、间歇形式B（20s∶80s）的练习中的平均心率、心率区间、RPE和血乳酸值等也均低于间歇形式A（20s∶40s）。其中，仅血乳酸指标存在显著性差异（$P<0.05$），其他均不存在显著性差异。在相同间歇形式B（20s∶80s）中，仅练习形式2的血乳酸值显著高于练习形式1（$P<0.05$），其他指标均无显著性差异，且间歇形式A中两种练习形式之间的各强度指标也无显著性差异等（表5.23、图5.40）。

表5.23　“Z”型全场移动击球练习的运动员负荷强度测试结果

强度指标	练习形式1		练习形式2	
	间歇形式A（20s∶40s）	间歇形式B（20s∶80s）	间歇形式A（20s∶40s）	间歇形式B（20s∶80s）
平均心率（bpm）	181.64±8.81	179.76±9.23	184.53±10.27	182.76±9.37
	—	$ES=0.21$	—	$ES=0.18$

[1] Ferrauti A, Pluim BM, Weber K. The effect of recovery duration on running speed and stroke quality during intermittent training drills in elite tennis players [J]. Journal of Sports Science, 2001, 19 (3), 235-242.

[2] Abdessemed D, Duche P, Hautier C, et al. Effect of Recovery Duration on Muscular Power and Blood Lactate During the Bench Press Exercise [J]. International Journal of Sports Medicine, 1999, 20 (6): 368-373.

续表

强度指标	练习形式 1		练习形式 2	
	间歇形式 A (20s : 40s)	间歇形式 B (20s : 80s)	间歇形式 A (20s : 40s)	间歇形式 B (20s : 80s)
心率区间（%）	91.41±7.98	90.90±8.85	93.02±10.08	91.80±11.05
	—	*ES*=0.06	—	*ES*=0.11
RPE	8.82±1.63	8.38±0.95	8.40±1.12	8.27±1.32
	—	*ES*=0.32	—	*ES*=0.10
血乳酸（mmol/l）	12.74±1.20	10.16±0.91□	12.96±1.42	11.21±1.64□■
	—	*ES*=1.36	—	*ES*=1.11
移动速度（m/s）	3.45±0.42	3.64±0.50	3.42±0.48	3.61±0.63
	—	*ES*=0.39	—	*ES*=0.33
速度区间（%）	67.64±5.36	72.35±6.42	67.05±6.29	70.78±5.76
	—	*ES*=0.47	—	*ES*=0.49

注：□表示 $P < 0.05$，□□表示 $P < 0.01$，同一练习形式中，间歇形式 B 与间歇形式 A 比较；■表示 $P<0.05$，■■表示 $P < 0.01$，同一间歇形式中，练习形式 2 与练习形式 1 比较；ES 为同一练习形式中，间歇形式 B 与间歇形式 A 比较的效果量值。

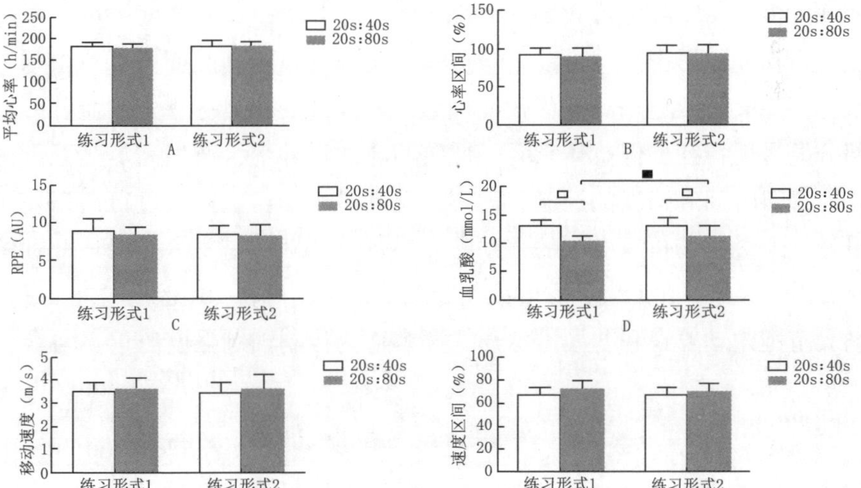

注：□表示 $P < 0.05$，同一练习形式中，间歇形式 B 与间歇形式 A 比较；■表示 $P < 0.05$，同一间歇形式中，练习形式 2 与练习形式 1 比较。

图 5.40 "Z"型全场移动击球练习的运动员负荷强度结果对比

此练习方法设计的主要目的在于结合大范围的变向跑动和不同形式的击球形式，以提高男子网球运动员糖酵解供能能力和保持高强度运动的效率。研究结果表明，心率、血乳酸等指标可以充分反映出“Z”型全场移动击球练习形式 1 和形式 2 分别在 20s∶40s 和 20s∶80s 的不同运动间歇形式中均表现出无氧有乳酸练习的负荷强度特点，即满足乳酸生成性训练的设计要求。研究结果反映出，男子网球运动员在“Z”型全场移动击球练习中，与较长的运动间歇时间相比，较短的运动间歇形式会引起运动员血乳酸值更大的刺激，表明在相同 20s 练习时间的专项无氧乳酸生成性训练中，可通过间歇时间要素的调整达到男子网球运动员在短时间提升和保持高强度运动负荷的训练目的，心率与血乳酸等指标也反映出在此练习形式中，无论间歇时间长短都会使运动员在短时间内达到较高的负荷水平，充分满足了专项无氧乳酸生成训练的负荷要求。血乳酸是运动员在高强度运动中疲劳产生的主要代谢物质，此练习方法在不同的练习形式中，间歇形式 A 的血乳酸浓度均显著高于间歇形式 B，其原因可能是运动员在高强度间歇训练中，相对较短的间歇时间内没有充分恢复，导致乳酸的持续性累积，进而在整体练习中表现出较高的乳酸水平，相关研究[1-2]也表明网球运动员在比赛或训练中，有限的间歇时间内必然导致机体负荷强度的上升，对间歇时间的针对性调整是变换负荷强度的主要形式之一；此外，在相同的 1∶4 间歇形式中，仅练习形式 2 的血乳酸浓度显著高于练习形式 1，其可能与直线击球的过网高度、难度程度等有关，反映出在此练习中采用直线击球比斜线击球的强度刺激要大，对击球线路练习要素的调整会导致运动员负荷强度刺激的差异性变化。尽管，在血乳酸指标上存在部分差异性特征，但总体来看，此练习方法设计中，产生高负荷强度的主要原因是对练习时间和强度的控制，即要求运动员在 20s 中持续进行高强度运动的负荷设计，通过全场折返变向的移动形式等训练外部负荷要素是保证此训练强度要求的关键。因此，在无氧乳酸生成性专项训练中，可将 20s 运动时间要素、“Z”型全场大范围跑动要素和变换击球形式要素作为控制训练强度的重要因素。

---

[1] Mendezvillanueva A, Fernandezfernandez J, Bishop D, et al. Activity patterns, blood lactate concentrations, and ratings of perceived exertion during a professional singles tennis tournament [J]. British Journal of Sports Medicine, 2007, 41 (5): 296-301.

[2] Reid M, Schneiker K. Strength and conditioning in tennis: Current research and practice [J]. Journal of Science & Medicine in Sport, 2008, 11 (3): 248-256.

● 前场进攻移动击球练习的运动员负荷强度结果

研究结果显示，男子网球运动员在前场进攻移动击球练习形式 1、间歇形式 B（20s∶60s）的练习中的平均心率、心率区间、RPE 和血乳酸值等均低于间歇形式 A（20s∶40s）。其中，血乳酸指标存在显著性差异（$P<0.05$），RPE 指标也存在非常显著性差异（$P<0.01$），两者的效果量值均表现出大效应水平，而其他均不存在显著性差异。男子网球运动员在前场进攻移动击球练习形式 2、间歇形式 B（20s∶60s）的练习中的平均心率、心率区间、RPE 和血乳酸值等也均低于间歇形式 A（20s∶40s）。其中，血乳酸指标存在显著性差异（$P<0.05$），RPE 指标存在非常显著性差异（$P<0.01$），两者的效果量值也均表现出大效应水平，其他均不存在显著性差异。在相同间歇形式 A（20s∶40s）和间歇形式 B（20s∶60s）中，练习形式 2 的血乳酸值均显著高于练习形式 1（$P<0.05$），其他指标均无显著性差异（表 5.24、图 5.41）。

表 5.24 前场进攻移动击球练习的运动员负荷强度测试结果

强度指标	练习形式 1		练习形式 2	
	运动间歇形式 A（20s∶40s）	运动间歇形式 B（20s∶60s）	运动间歇形式 A（20s∶40s）	运动间歇形式 B（20s∶60s）
平均心率（bpm）	181.76±9.56	179.21±8.03	186.94±10.52	182.44±11.04
	—	*ES*=0.28	—	*ES*=0.41
心率区间（%）	91.78±8.41	90.51±9.11	94.41±6.58	92.14±5.06
	—	*ES*=0.14	—	*ES*=0.37
RPE	9.33±0.53	8.35±0.74□□	9.85±0.51	8.81±0.45□□
	—	*ES*=1.48	—	*ES*=2.10
血乳酸（mmol/L）	12.12±1.70	10.42±1.81□	14.42±2.06■	12.75±1.58□■
	—	*ES*=0.94	—	*ES*=0.88
移动速度（m/s）	2.03±0.14	2.17±0.15	1.94±0.21	2.02±0.19
	—	*ES*=0.44	—	*ES*=0.38
速度区间（%）	39.80±3.28	42.54±4.73	38.04±4.11	39.61±4.26
	—	*ES*=0.45	—	*ES*=0.36

注：□表示 $P<0.05$，□□表示 $P<0.01$，同一练习形式中，间歇形式 B 与间歇形式 A 比较；■表示 $P<0.05$，同一间歇形式中，练习形式 2 与练习形式 1 比较；ES 为同一练习形式中，间歇形式 B 与间歇形式 A 比较的效果量值。

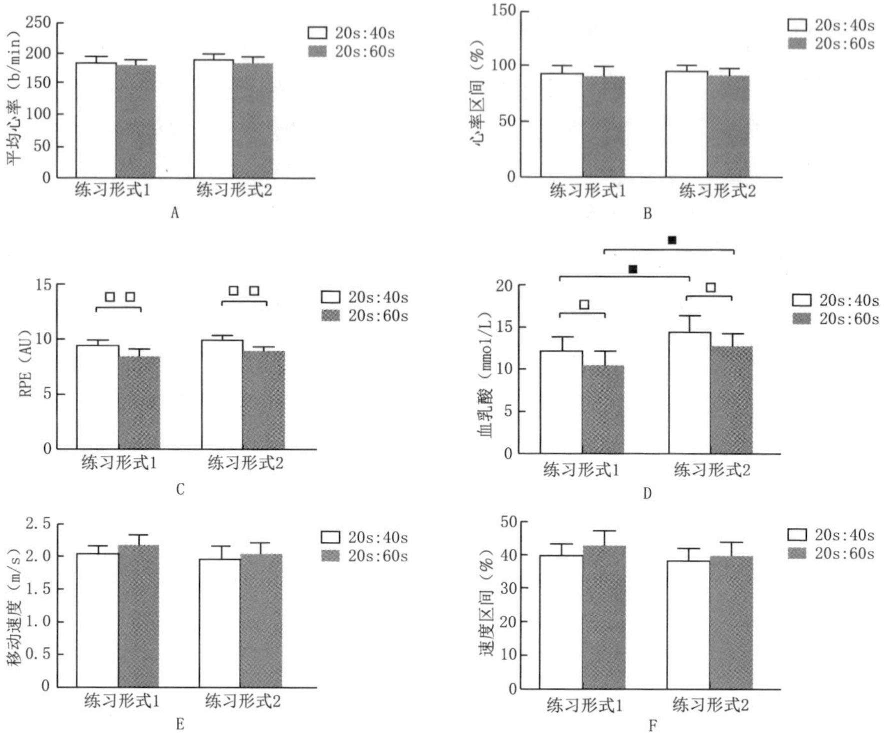

图 5.41　前场进攻移动击球练习的运动员负荷强度结果对比

注：□表示 $P<0.05$，□□表示 $P<0.01$，同一练习形式中，间歇形式 B 与间歇形式 A 比较；■表示 $P<0.05$，同一间歇形式中，练习形式 2 与练习形式 1 比较。

此练习方法设计的主要目的在于通过前场连续进攻形式，结合击球方式、击球落点线路、跑动路线、间歇时间等调整要素来提升男子网球运动员的乳酸生成能力。研究结果表明，在相同的练习形式中，因间歇形式不同会导致运动员机体中的血乳酸等代谢产物累积水平的差异性变化，即在更短的间歇时间中，机体的血乳酸浓度要显著高于较长的间歇时间，尽管心率强度和血乳酸指标均反映出此练习的无氧代谢水平，但是从不同间歇形式的比较结果来看，血乳酸相比于心率更能准确地反映 20s 前场进攻练习在不同间歇形式中的负荷强度差异，即在较短的间歇时间中或恢复不充分的情境下，对男子网球运动员肌肉代谢能力的刺激更加强烈；此外，研究结果也反映出在相同间歇形式中，采用多方向移动、固定击球落点的正反手半场进攻练习相比于单一移动线路、非固定击球落点的正手半场进攻练习能使男子网球运动员产生更大的无氧代谢刺激，主要是由于加大了运动员移动的变化性和击球落点限制的要求，使练习的整体难度提高，从而导致运动员产生更大的训练疲劳[1-2]。总之，采用20s的前场进攻移动击球练习在1:2和1:3的间歇形式下都会实现男子网球运动员专项无氧乳酸生成性能力训练的强度目的。血乳酸指标能更准确地反映运动员在不同间歇形式中或不同练习形式中的无氧强度负荷水平，而在训练要素控制中可将间歇形式、多向跑动路线和固定击球落点等要素作为增加此训练形式无氧负荷强度的调整手段要素。

- 正手侧身移动击球练习的运动员负荷强度结果

研究结果显示，男子网球运动员在正手侧身移动击球练习形式1、间歇形式B（20s:40s）的练习中的平均心率、心率区间、RPE和血乳酸值等均低于间歇形式A（20s:20s）。其中，仅血乳酸指标存在显著性差异（$P<0.05$），且效果量值也表现出大效应，其他指标均不存在显著性差异。男子网球运动员在正手侧身移动击球练习形式2、间歇形式B（20s:40s）的练习中的平均心率、心率区间、RPE和血乳酸值均低于间歇形式A（20s:20s）。其中，仅血乳酸指标存在显著性差异（$P<0.05$），且效果量值也表现出大效应，其他指标均不存在显著性差异。在相同间歇形式A（20s:20s）中，仅练习形式2的血乳酸值显著高于练习形式1（$P<0.05$），其他指标均无显著性差异，且间歇形式B中，两种练习形式之间的各强度指标也无显著性差异等（表5.25、图5.42）。

表5.25 正手侧身移动击球练习的运动员负荷强度测试结果

强度指标	练习形式1		练习形式2	
	间歇形式 A（20s:20s）	间歇形式 B（20s:40s）	间歇形式 A（20s:20s）	间歇形式 B（20s:40s）
平均心率（bpm）	178.53±9.44	174.76±11.07	181.64±9.60	176.76±10.53
	—	$ES=0.35$	—	$ES=0.47$
心率区间（%）	90.11±7.76	87.88±9.65	91.24±8.52	89.28±10.27
	—	$ES=0.24$	—	$ES=0.20$
RPE	8.84±1.11	8.23±0.78	8.97±0.86	8.29±0.73

[1] Ferrauti A, Pluim BM, Weber K. The effect of recovery duration on running speed and stroke quality during intermittent training drills in elite tennis players [J]. Journal of Sports Science, 2001, 19 (3): 235-242.

[2] Abdessemed D, Duche P, Hautier C, et al. Effect of Recovery Duration on Muscular Power and Blood Lactate During the Bench Press Exercise [J]. International Journal of Sports Medicine, 1999, 20 (6): 368-373.

续表

强度指标	练习形式 1		练习形式 2	
	间歇形式 A（20s : 20s）	间歇形式 B（20s : 40s）	间歇形式 A（20s : 20s）	间歇形式 B（20s : 40s）
	—	*ES*=0.41	—	*ES*=0.43
血乳酸（mmol/L）	9.75±1.42	8.12±1.10□	10.82±1.03■	8.97±1.50□
	—	*ES*=1.25	—	*ES*=1.40
移动速度（m/s）	1.96±0.16	2.09±0.21	1.92±0.18	2.03±0.24
	—	*ES*=0.37	—	*ES*=0.30
速度区间（%）	38.43±5.18	40.99±4.98	37.64±4.65	40.01±5.33
	—	*ES*=0.49	—	*ES*=0.46

注：□表示 $P<0.05$，同一练习形式中，间歇形式 B 与间歇形式 A 比较；■表示 $P<0.05$，同一间歇形式中，练习形式 2 与练习形式 1 比较；ES 为同一练习形式中，间歇形式 B 与间歇形式 A 比较的效果量值。

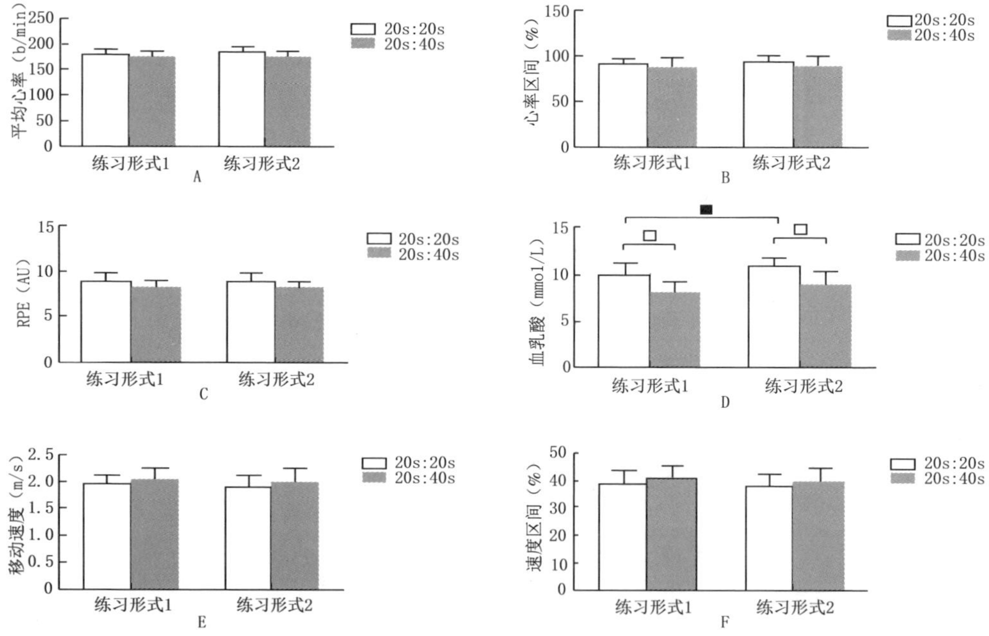

图 5.42　正手侧身移动击球练习的运动员负荷强度结果对比

注：□表示 $P<0.05$，同一练习形式中，间歇形式 B 与间歇形式 A 比较；■表示 $P<0.05$，同一间歇形式中，练习形式 2 与练习形式 1 比较。

此练习方法设计的主要目的在于通过底线正手侧身的连续进攻形式，结合击球落点线路变化、间歇时间等调整要素来促进男子网球运动员无氧耐酸能力水平。研究结果表明，相同击球形式下1:1与1:2的间歇时间均能对运动员产生较大的生理负荷强度刺激，但相比之下，较短的间歇时间能使运动员血乳酸耐受水平表现出更好的效果，其主要跟运动员在短时间歇中疲劳的积累有关，如Davey PR等[1]的研究表明网球运动员在训练和比赛中的血乳酸浓度存在波动性，但是随着专项运动的连续和持续，会使乳酸的清除速率逐渐低于生成速率，导致运动员机体在乳酸激增的内环境条件中的身体负荷刺激更深，会引起网球运动员专项运动表现的下降；此外，在相同间歇形式中，击球落点等因素的调整，会导致运动员血乳酸浓度的差异性变化。由此，在采用20s的正手侧身移动击球练习中，可通过改变击球线路要素以增加运动员的生理负荷强度。总之，正手侧身击球练习中1:1与1:2的间歇时间和固定落点与变化落点的训练形式都会保证男子网球运动员满足专项无氧乳酸耐受性能力训练的强度要求，并可将间歇时间和击球线路要素作为调整此练习训练负荷的主要手段之一。

- “Suicide” 底线折返移动击球练习的运动员负荷强度结果

研究结果显示，男子网球运动员在“Suicide”底线折返移动击球练习形式1、间歇形式B（40s:60s）的平均心率和心率区间值均低于间歇形式A（40s:40s），且存在显著性差异（$P<0.05$）。其中，平均心率指标的效果量值为大效应，心率区间的效果量值为中效应。此外，间歇形式B的RPE值也低于间歇形式A，且存在非常显著性差异（$P<0.01$），其效果量值为大效应，而移动速度和速度区间也均高于间歇形式A，且存在显著性差异（$P<0.05$）。其效果量值也为大效应，而其他指标均不存在显著性差异。男子网球运动员在“Suicide”底线折返移动击球练习形式2中，间歇形式B（40s:60s）的平均心率和心率区间值也均低于间歇形式A（40s:40s），且存在显著性差异（$P<0.05$）。其中，平均心率指标的效果量值为大效应，心率区间的效果量值为中效应。此外，间歇形式B的RPE值也低于间歇形式A且存在非常显著性差异（$P<0.01$），其效果量值为大效应，而平均移动速度和移动速度强度区间均高于间歇形式A，且存在显著性差异（$P<0.05$），其效果量值也为大效应，其他指标均不存在显著性差异。在相同间歇形

[1] Davey PR, Thorpe RD, Williams C. Fatigue decreases skilled tennis performance [J]. Sports Science, 2002, 20 (4): 311-318.

式 A（40s∶40s）中练习形式 2 的血乳酸值低于练习形式 1，且存在显著性差异（$P<0.05$），在相同间歇形式 B（40s∶60s）中练习形式 2 的血乳酸值也低于练习形式 1，且存在非常显著性差异（$P<0.01$），而其他指标均无显著性差异（表 5.26、图 5.43）。

表 5.26　“Suicide”底线折返移动击球练习的运动员负荷强度测试结果

强度指标	练习形式 1 运动间歇形式 A（40s∶40s）	练习形式 1 运动间歇形式 B（40s∶60s）	练习形式 2 运动间歇形式 A（40s∶40s）	练习形式 2 运动间歇形式 B（40s∶60s）
平均心率（bpm）	185.46±7.72	176.05±9.51□	183.82±8.57	178.05±10.11□
	—	*ES*=1.06	—	*ES*=0.80
心率区间（%）	93.65±5.97	88.90±7.22□	92.83±5.28	89.92±4.97□
	—	*ES*=0.70	—	*ES*=0.65
RPE	9.48±0.62	8.36±0.71□□	9.55±0.83	8.57±1.03□□
	—	*ES*=1.63	—	*ES*=1.02
血乳酸（mmol/L）	9.16±1.65	8.77±1.86	8.36±1.35■	7.68±1.66■■
	—	*ES*=0.21	—	*ES*=0.43
移动速度（m/s）	3.12±0.23	3.36±0.19□	3.07±0.22	3.31±0.21□
	—	*ES*=1.11	—	*ES*=1.09
速度区间（%）	61.17±5.43	65.88±6.41□	60.20±5.18	64.90±5.35□
	—	*ES*=0.81	—	*ES*=0.87

注：□表示 $P<0.05$，□□表示 $P<0.01$，同一练习形式中，间歇形式 B 与间歇形式 A 比较；■表示 $P<0.05$，■■表示 $P<0.01$，同一间歇形式中，练习形式 2 与练习形式 1 比较；ES 为同一练习形式中，间歇形式 B 与间歇形式 A 比较的效果量值。

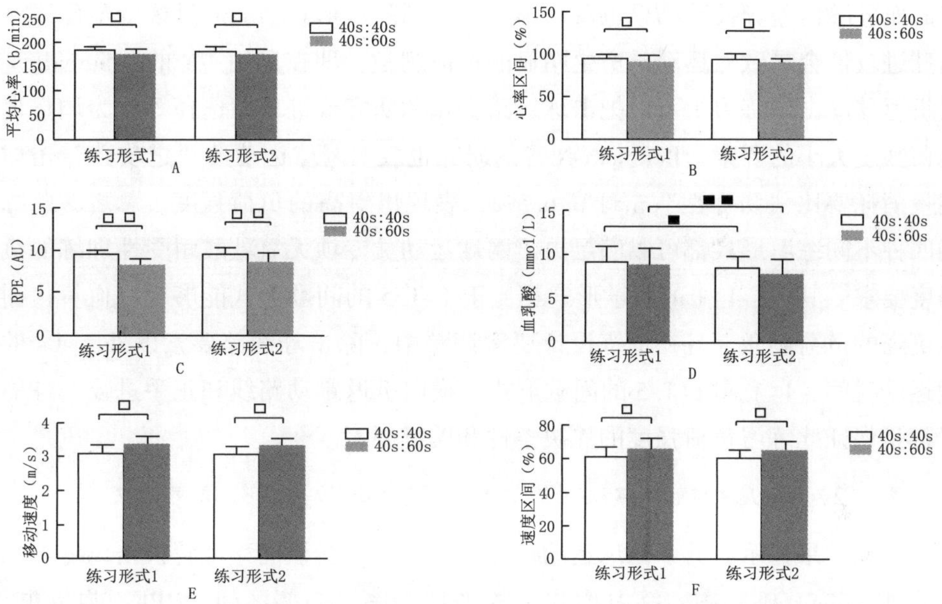

图 5.43　“Suicide”底线折返移动击球练习的运动员负荷强度结果对比

注：□表示 $P<0.05$，□□表示 $P<0.01$，同一练习形式中，间歇形式 B 与间歇形式 A 比较；■表示 $P<0.05$，■■表示 $P<0.01$，同一间歇形式中，练习形式 2 与练习形式 1 比较。

此练习方法设计的主要目的在于通过底线折返移动击球形式，结合击球线路变化、进攻与防守变化、间歇时间等调整要素来促进男子网球运动员无氧耐酸能力水平。研究结果表明，运动员在不同“Suicide”底线折返移动击球练习形式和不同间歇形式中的生理负荷强度均达到无氧有酸能力训练的强度要求，且在不同的间歇形式中，运动员的内部和外部负荷强度也不同，即在 1∶1.5 间歇形式中，运动员的心率负荷强度要明显低于 1∶1 间歇形式，也反映出男子网球运动员在此练习中，即短间歇形式或恢复不充分的情况下对心血管代谢能力的刺激更加强烈；虽然研究结果发现在此练习中运动员的乳酸浓度均超过了 7mmol/L 的乳酸水平，但是在改变间歇时间要素的情境下却没有表现出机体中血乳酸浓度的差异性特点，反而表现出心率等负荷强度变化的明显差异，其原因可能是在 40s 的持续练习中，运动员机体的血乳酸等代谢产物会及时清除，且血乳酸的波动性也使其在相对较长的练习中出现均值相对不高的情况，而反观心率强度指标则在此练习形式中具有更好的评价效益；除此以外，相同间歇形式中的不同练习之间表现出来的血乳酸值差异性等结果也反映出，在相同间歇形式中，通过改变击球线路和击球进攻性会导致对运动员产生明显的负荷刺激，即在采用40s的“Suicide”底线折返移动击球练习中可以把击球线路变化和防守或进攻性选择等作为调整训练负荷强度大小的要素。Bekraoui N等的研究也表明网球运动员“进攻性”击球的能量消耗要比“防守性”击球高6.5%，表现出更高的负荷强度。总之，此练习的四种不同练习形式都可以满足男子网球运动员专项无氧乳酸耐受性训练的负荷强度要求。其中，1∶1的间歇形式相比于1∶1.5的间歇形式能够对心血管代谢产生更强的负荷刺激，且在训练设计要素调整中，除击球线路要素以外，40s的持续运动时间、1∶1或1∶1.5的间歇形式、横向折返跑动路线和正手进攻击球等要素都是保证此练习负荷强度的先决条件和关键要素。

- “2vs1”底线横向移动轮换击球练习的运动员负荷强度结果

研究结果显示，男子网球运动员在“2vs1”底线横向移动轮换击球练习间歇形式A（60s∶60s）中，练习形式2的平均心率、心率区间、RPE、血乳酸值、移动速度和速度区间等均低于练习形式1，且均存在显著性差异（$P<0.05$）；男子网球运动员在“2vs1”底线横向移动轮换击球练习间歇形式B（60s∶90s）中，练习形式2的平均心率、心率区间、RPE、血乳酸值、移动速度和速度区间等也均低于练习形式1，且均存在显著性差异（$P<0.05$）；而在同一练习形式中，不同的间歇形式之间的所有负荷强度指标均不存在显著性差异（表5.27、图5.44）。

表5.27　“2vs1”底线横向移动轮换击球练习的运动员负荷强度测试结果

强度指标	练习形式1（设置得分要素）		练习形式2（不设置得分要素）	
	运动间歇形式A（60s∶60s）	运动间歇形式B（60s∶90s）	运动间歇形式A（60s∶60s）	运动间歇形式B（60s∶90s）
平均心率（bpm）	178.56±10.84	176.25±9.67	171.36±9.95■	165.67±9.33■
	—	*ES*=0.21	—	*ES*=0.37
心率区间（%）	89.89±9.97	88.89±10.61	85.86±10.39■	83.33±9.41■
	—	*ES*=0.09	—	*ES*=0.24
RPE	7.12±1.02	6.86±0.84	6.33±0.85■	6.15±0.67■
	—	*ES*=0.27	—	*ES*=0.22
血乳酸（mmol/L）	7.32±1.47	7.18±1.21	6.92±1.31■	6.63±1.44■

续表

强度指标	练习形式 1（设置得分要素）		练习形式 2（不设置得分要素）	
	运动间歇形式 A（60s：60s）	运动间歇形式 B（60s：90s）	运动间歇形式 A（60s：60s）	运动间歇形式 B（60s：90s）
	—	*ES*=0.10	—	*ES*=0.21
移动速度（m/s）	2.81±0.18	2.93±0.29	2.62±0.21■	2.70±0.19■
	—	*ES*=0.38	—	*ES*=0.39
速度区间（%）	55.09±3.54	57.45±3.49	51.37±3.71■	52.94±3.88■
	—	*ES*=0.33	—	*ES*=0.20

注：■表示 $P < 0.05$，同一间歇形式中，练习形式 2 与练习形式 1 比较；ES 为同一练习形式中，间歇形式 B 与间歇形式 A 比较的效果量值。

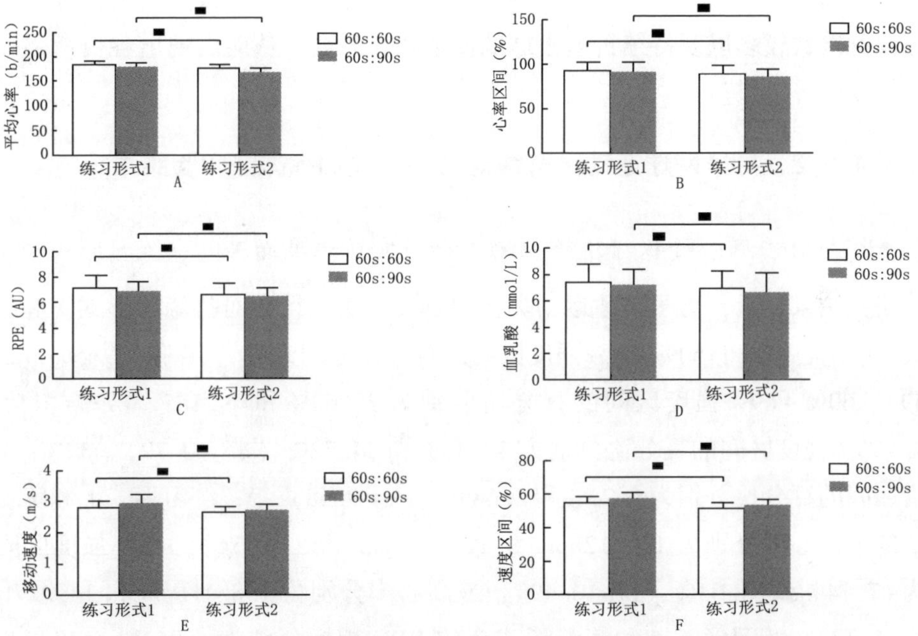

图 5.44 “2vs1”底线横向移动轮换击球练习的运动员负荷强度结果对比

注：■表示 $P < 0.05$，同一间歇形式中，练习形式 2 与练习形式 1 比较。

此训练设计的主要目的为采用单球对打、折返移动、得分规则、间歇形式和得分要素等练习形式，以提高男子网球运动员的专项无氧乳酸耐受能力。研究结果表明，运动员在不同“2vs1”底线横向移动轮换击球练习形式和不同间歇形式中的生理负荷强度均达到无氧有酸耐受能力训练的强度要求。虽然在相同练习形式中不同的间歇形式之间的各负荷强度指标并没有表现出显著性差异特征，但是在同一间歇形式中不同练习形式之间的各强度指标却表现出显著性差异特征。由此得知，在“2vs1”底线横向移动轮换击球练习中，60s 的持续运动时间形式、横向折返跑动形式、1∶1 或 1∶1.5 的间歇形式和轮换规则等是保证此练习负荷强度的重要因素，但在此练习中通过改变间歇形式并不会引起负荷强度的刺激变化，因为练习本身就存在轮换间歇的训练形式，使运动员在练习中有一定的间歇时间，导致练习中调整间歇形式未能引起运动员负荷强度的显著变化。而通过设置练习规则或要求是调整负荷强度的有效途径，因为在此练习中要求两名轮换击球的运动员采用底线折返正反拍击球的落点均为中路深区，如果击球失误或落点未进入指定区域，需继续完成一正一反击球，直到两次击球都成功为止后才进行轮换，此练习规则间接提高了练习的对抗性和练习难度，导致运动员在练习中击球失误的次数较多以及持续折返击球的次数明显升高，从而表现出各负荷强度的差异性变化等结果。

5.4.5.2 男子网球运动员有氧能力的专项训练方法实验结果

- “1vs1”底线计数对打练习的运动员负荷强度结果

研究结果显示，男子网球运动员在“1vs1”底线计数对打练习形式 1 和练习形式 2 中，心率处于 50%~59%强度区间的百分比分别为 29.70%和 23.45%（*ES*=1.59）、60%~69%强度区间的百分比分别为 33.62%和 49.18%（*ES*=1.95）、70%~79%强度区间的百分比分别为 30.45%和 24.72%（*ES*=0.79）、80%~89%强度区间的百分比分别为 6.23%和 2.68%（*ES*=9.68）等；练习形式 1 和练习形式 2 的平均心率分别为 134.12bpm 和 126.76bpm（*ES*=0.76），心率强度区间分别为 67.74%和 64.03%（*ES*=0.49），最高心率分别为 158.41bpm 和 149.27bpm（*ES*=1.13）；练习形式 1 和练习形式 2 的 RPE 指标分别为 4.85 和 4.48（*ES*=0.94），如表 5.28 所示。

表 5.28 “1vs1”底线计数对打练习的运动员负荷强度测试结果

强度指标	练习形式 1（设置得分要素）	练习形式 2（不设置得分要素）	*ES*
50%~59%强度比	29.70±3.22	23.45±4.33□□	1.59

续表

强度指标	练习形式 1（设置得分要素）	练习形式 2（不设置得分要素）	*ES*
60%～69%强度比	33.62±7.16	49.18±8.52□□	1.95
70%～79%强度比	30.45±8.03	24.72±5.77□	0.79
80%～89%强度比	6.23±0.45	2.68±0.23□□	9.68
平均心率（bpm）	134.12±10.28	126.76±8.50□	0.76
心率强度区间（%）	67.74±6.92	64.03±7.64□	0.49
最高心率（bpm）	158.41±8.83	149.27±6.76□	1.13
RPE	4.85±0.34	4.48±0.42□	0.94

注：□表示 $P < 0.05$，□□表示 $P < 0.01$，练习形式 2 与练习形式 1 比较；*ES* 为练习形式 2 与练习形式 1 同一指标比较的效果量值。

研究结果对比显示，男子网球运动员在“1vs1”底线计数对打练习形式 1（设置得分要素）中，处于 50%～59%强度区间和 80%～89%强度区间的比例均高于练习形式 2（不设置得分要素），且存在非常显著性差异（$P<0.01$），练习形式 1 中，处于 70%～79%强度区间的比例也高于练习形式 2，且存在显著性差异（$P<0.05$），而在 60%～69%强度区间上，练习形式 1 的比例却低于练习形式 2，且存在非常显著性差异（$P<0.01$）；练习形式 1 中的平均心率强度区间、平均心率、最高心率以及 RPE 等均高于练习形式 2，且均存在显著性差异（$P<0.05$）等，如图 5.45 所示。

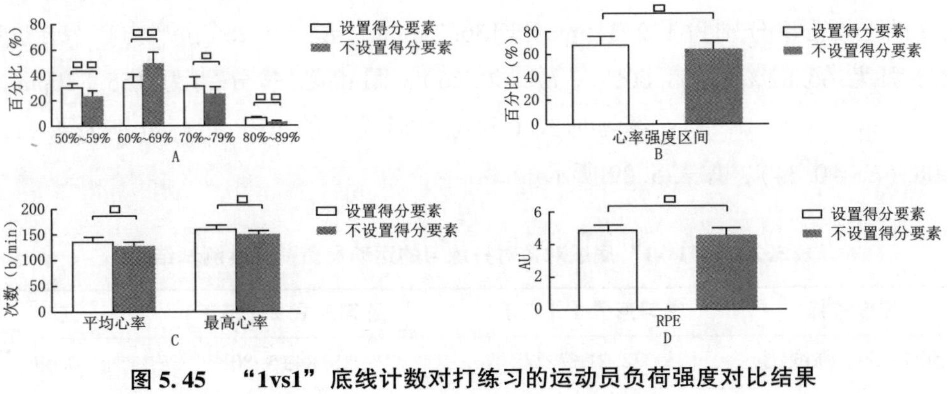

图 5.45 “1vs1”底线计数对打练习的运动员负荷强度对比结果

注：□表示 $P < 0.05$，□□表示 $P < 0.01$，练习形式 2（不设置得分要素）与练习形式 1（设置得分要素）比较。

此练习方法的主要训练目的在于通过有氧低强度能力促进运动员的恢复能力，通过降低训练强度和延长运动持续时间的方式将运动员的各项技术随机的融入底线对打练习中，以避免在恢复性练习中出现负荷强度较高的刺激。研究结果表明，虽然两个练习的负荷强度均较低，但不同强度区间的负荷比例略有不同。其中，练习形式 1 的中高强度负荷比例要高于练习形式 2，且练习形式 1 的平均心率、平均心率强度、最高心率以及 RPE 等也均高于练习形式 2，因为练习形式 1 中设置了得分要素，即采用失误减分的规则要求，使运动员一直处于压力和稳定性要求的情境中完成练习，这样的练习形式不仅有助于运动员始终处于低强度负荷中，且在注意力高度集中的情境中进行练习，有助于提高运动员击球的稳定性和连续性，降低练习的失误率；而练习形式 2 中并没有设置失误减分的得分要素规则，使运动员在无要求情境中练习，运动员的随意性较大，导致失误率较高、练习中断频繁，进而导致总练习负荷较低。总之，专项“1vs1”底线计数对打练习形式 1 和形式 2 的练习内容和设计要素均符合男子网球运动员专项有氧低强度能力训练的要求。

- “1vs1”底线对角对打练习的运动员负荷强度结果

研究结果显示，男子网球运动员在“1vs1”底线对角对打练习形式 1 和练习形式 2 中，心率处于 50%~59%强度区间的百分比分别为 22. 21%和 18. 84%（*ES*=0. 49）、60%~69%强度区间的百分比分别为 33. 25%和 29. 46%（*ES*=0. 42）、70%~79%强度区间的百分比分别为 40. 73%和 45. 27%（*ES*=0. 48）、80%~89%强度区间的百分比分别为 3. 54%和 6. 43%（*ES*=2. 17）等；练习形式 1 和练习形式 2 的平均心率分别为 132. 31bpm 和 136. 23bpm（*ES*=0. 28），平均心率强度区间分别为 66. 82%和 68. 80%（*ES*=0. 26），最高心率分别为 155. 87bpm 和 158. 35bpm（*ES*=0. 25）；练习形式 1 和练习形式 2 的 RPE 指标分别为 4. 92 和 5. 08（*ES*=0. 34），如表 5. 29 所示。

表 5. 29　“1vs1”底线对角对打练习的运动员负荷强度测试结果

强度指标	练习形式 1（正手）	练习形式 2（反手）	*ES*
50%~59%强度比	22. 21±7. 27	18. 84±5. 80□	0. 49
60%~69%强度比	33. 25±9. 58	29. 46±8. 05□	0. 42
70%~79%强度比	40. 73±7. 67	45. 27±10. 33□	0. 48

续表

强度指标	练习形式 1（正手）	练习形式 2（反手）	*ES*
80%～89%强度比	3.54±1.33	6.43±1.26□□	2.17
平均心率（bpm）	132.31±7.10	136.23±8.66	0.28
心率强度区间（%）	66.82±7.65	68.80±6.82	0.26
最高心率（bpm）	155.87±8.47	158.35±10.24	0.25
RPE	4.92±0.34	5.08±0.54	0.34

注：□表示 $P<0.05$，□□表示 $P<0.01$，练习形式 2 与练习形式 1 比较；*ES* 为练习形式 2 与练习形式 1 同一指标比较的效果量值。

研究结果对比显示，男子网球运动员在“1vs1”底线对角对打练习形式 1（正手）中，处于 50%～59%强度区间和 60%～69%强度区间的比例均高于练习形式 2（反手），且存在显著性差异（$P<0.05$），而练习形式 1 中，处于 70%～79%强度区间的比例却低于练习形式 2，且存在显著性差异（$P<0.05$），在 80%～89%强度区间上，练习形式 1 的比例也低于练习形式 2，且存在非常显著性差异（$P<0.01$）；练习形式 1 与练习时间 2 在平均心率强度区间、平均心率、最高心率及 REP 等强度指标上均无显著性差异等，如图 5.46 所示。

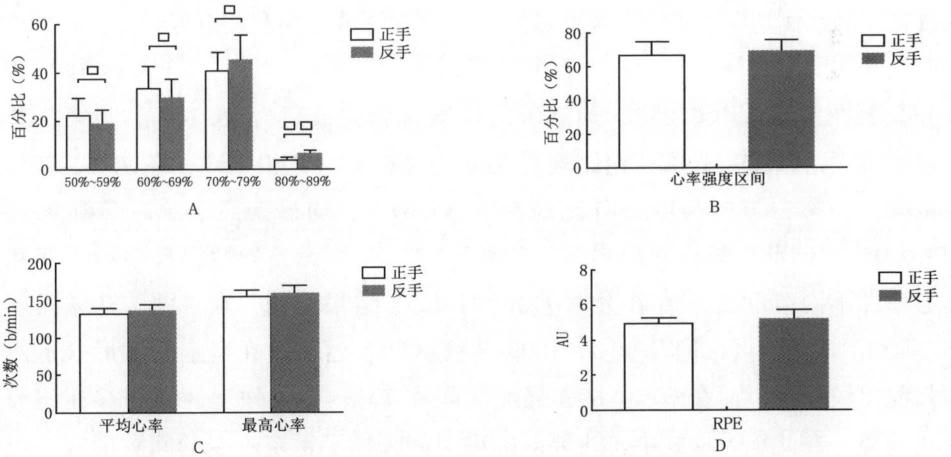

图 5.46 “1vs1”底线对角对打练习的运动员负荷强度对比结果

注：□表示 $P<0.05$，练习形式 2（反手）与练习形式 1（正手）比较。

“1vs1”底线对角对打练习的主要目的在于促进机体的恢复能力，提高正反拍技术的稳定性，通过固定的击球线路与练习规则，结合正反手击球方式的变换以达到恢复性练习所需的有氧低强度负荷需求。研究结果表明，虽然两个练习的负荷强度均较低，但是仅在不同强度区间的比例存在显著不同，其中，练习形式2的中高强度负荷比例要高于练习形式1，但其他指标均无差异性特征。尽管两种练习形式都设置了失误减分的规则要素，但是主要的训练调整要素在于技术应用的不同，即一个采用正手斜线对角对拉形式，而另一个采用反手斜线对角对拉形式，其负荷强度的结果反映出在相同练习规则与运动时间等的底线斜线对拉练习中，连续底线正手斜线对打的负荷强度与底线反手斜线对打的负荷强度并不存在明显差异，即改变练习内容或技术应用形式并不会导致负荷强度的差异性变化。Fernandez JF 等[1]的研究也表明同一水平的网球运动员反手击球的负荷强度或能量消耗略高于正手击球，但并不存在显著性。总之，“1vs1”底线对角正手对打练习形式和反手对打练习可以满足男子网球运动员有氧低强度专项训练的负荷要求。

- 底线移动对打练习的运动员负荷强度结果

A. 节间恒定间歇形式（2min）的运动员负荷强度结果

研究结果显示，在“1vs2”底线移动对打练习节间恒定间歇形式中，每节的负荷强度主要集中于70%~79%强度区间，其次为80%~89%强度区间，而其他强度区间的比例均较少；每个强度区间在不同训练节之间存在差异特征，在60%~69%强度区间上，第三节的强度百分比最低为10.19%，与第一节的14.04%相比存在显著性差异（$P<0.05$），第二节的强度百分比最高为15.14%，与第三节的10.19%和第五节的11.02%相比均存在显著性差异（$P<0.05$）；在70%~79%强度区间上，第三节的强度百分比最高为38.61%，均显著高于第一节和第二节（$P<0.05$）；除此以外，其他强度区间在不同组间均无差异性，且平均心率和最高心率在不同节间也不存在显著差异性；以上结果表明，在50%~59%强度区间、80%~89%强度区间及90%~100%强度区间，运动员在恒定间歇形式下的负荷强度比较稳定，而在60%~69%强度区间和70%~79%强度区间均存在波浪式变化趋势。在此练习形式中，主要对间歇时间采用了恒定不变的间歇形式，以保证对运动员在专项跑动实战对抗练习中负荷强度的持续刺激，以提高运动员在实

[1] Fernandez JF, Kinner V, Ferrauti A. The physiological demands of hitting and running in tennis on different surfaces [J]. J Strength Cond Res, 2010, 24 (12): 255-264.

战对抗形式下的恢复能力和专项表现的稳定性，而采用训练角色轮换的形式可能会导致在中等负荷强度区间出现波动性特征，如表 5. 30 所示。

表 5. 30 “1vs2”底线移动对打练习的运动员负荷强度测试结果

负荷强度	第一节	第二节	第三节	第四节	第五节
50%~59%强度比	11. 11±3. 13	11. 47±1. 41	9. 25±2. 04	10. 21±3. 04	9. 42±2. 67
60%~69%强度比	14. 04±4. 92	15. 14±6. 21	10. 19±3. 19□△	13. 41±3. 31	11. 02±4. 16△
70%~79%强度比	33. 33±10. 67	32. 06±9. 77	38. 61±10. 77□△	34. 30±9. 44	36. 62±6. 99
80%~89%强度比	30. 21±11. 42	28. 18±8. 14	30. 55±9. 31	29. 86±8. 75	31. 36±12. 30
90%~100%强度比	11. 32±4. 02	13. 15±5. 51	11. 40±11. 26	12. 22±15. 50	11. 58±13. 55
平均心率（bpm）	153. 73±9. 45	151. 82±8. 45	153. 28±10. 45	152. 43±8. 53	155. 89±9. 27
强度区间比（%）	77. 64±5. 83	76. 22±6. 44	77. 27±6. 55	76. 77±7. 12	78. 28±7. 36
最高心率（bpm）	171. 51±13. 39	173. 15±13. 39	170. 21±13. 39	169. 32±10. 14	171. 14±7. 70

注：□表示 $P<0.05$，与第一节比较；△表示 $P<0.05$，与第二节比较。

B. 节间递减间歇形式的运动员负荷强度结果

研究结果显示，在“1vs2”底线移动对打练习形式 2 中，每节的负荷强度在 70%~79%强度区间的百分比最高，其次是 80%~89%强度区间，而低强度区间和最高强度区间的百分比均较低；在 50%~59%强度区间和 60%~69%强度区间上，第三节的百分比均低于第一节，且存在显著性差异（$P<0.05$），第四节和第五节也均低于第一节、第二节，且均存在非常显著性差异（$P<0.01$），60%~69%强度区间上第五节百分比也低于第三节，且均存在非常显著性差异（$P<0.01$），其他无显著差异；在 80%~89%强度区间，第五节的强度百分比最高，为 34. 19%，与第一节相比存在显著性差异（$P<0.05$），与其他相比无显著性差异；90%~100%强度区间第四节的百分比为 16. 49%，高于第一节的 10. 02%，且存在非常显著性差异（$P<0.01$），第五节的强度百分比与第一节相比，存在显著性差异（$P<0.05$），第四节和第五节均高于第二节，且存在显著性差异（$P<$

0.05），与其他相比无显著性差异；70%~79%强度区间各节之间均无显著性差异；此外，第四节和第五节的最大心率均最高，且与第一节相比均存在显著性差异（$P<0.05$），其他节间无差异特征；从波动趋势角度来看，在此练习形式下运动员在70%以下的强度的百分比呈现出递减的趋势特征，而80%以上的强度百分比却呈现出递增的趋势特点，在70%~79%强度区间的强度百分比表现出较稳定的趋势等，如表5.31所示。此练习采用的递减间歇形式主要通过对间歇时间要素的调整与变化来提高对运动员负荷强度的刺激，研究结果显示，运动员在中等强度以上的强度区间负荷百分比增加的趋势特征与运动员在每节练习之间间歇时间逐级缩短使机体的疲劳积累逐渐增加有关，也反映出在有氧中强度训练设计中，可将递减间歇要素作为控制“1vs2”底线移动对打练习负荷强度的主要手段。

表5.31 “1vs2”递减间歇形式下底线移动对打练习的运动员负荷强度测试结果

负荷强度	第一节	第二节	第三节	第四节	第五节
50%~59%强度比	13.53±5.02	10.38±3.76	8.25±4.27□	6.60±3.87□□△△	4.26±2.56□□△△※※
60%~69%强度比	16.72±6.18	13.42±5.13	10.53±5.33□	8.67±5.37□□△△	8.64±4.82□□△△
70%~79%强度比	34.43±9.05	38.56±11.72	34.81±10.51	35.34±11.92	37.71±8.08
80%~89%强度比	25.30±12.16	26.51±9.76	33.21±14.26	32.60±13.50	34.19±9.59□
90%~100%强度比	10.02±3.70	11.15±4.80	14.20±5.27	16.49±7.11□□△	15.20±4.62□△
平均心率（bpm）	157.46±8.55	159.64±9.64	161.27±9.79	163.91±11.74	163.38±7.93
强度区间比（%）	79.53±7.44	79.98±6.63	81.31±6.17	82.33±8.40	82.15±5.72
最高心率（bpm）	169.51±8.56	172.53±9.25	175.42±8.55	178.26±10.55□	179.42±9.66□

注：□表示$P<0.05$，□□表示$P<0.01$，与第一节比较；△表示$P<0.05$，△△表示$P<0.01$，与第二节比较；※※表示$P<0.01$，与第三节比较。

- “2vs1”底线横向移动轮换对打练习的运动员负荷强度结果

A. 节间恒定间歇形式下的运动员负荷强度结果

测试结果显示，“2vs1”底线横向移动轮换对打练习中，恒定间歇形式下运动员的主要负荷强度在80%强度以上表现出较高的负荷强度，而在五节练习中，除第五节的负荷强度在70%~79%强度区间与第一节的负荷强度百分比之间相比存在显著性差异（$P<0.05$）以外，其他所有节组之间在各强度区间均无显著性差异；平均心率和最大心率在不同练习节数之间也均无显著性差异；由此，反映出采用节间90s的恒定间歇形式使运动员在“2vs1”底线横向移动轮换对打练习中的负荷强度较高，但其变化趋势较稳定，如表5.32所示。

表5.32 恒定间歇形式下“2vs1”底线横向移动轮换对打练习的运动员负荷强度测试结果

负荷强度	第一节	第二节	第三节	第四节	第五节
60%~69%强度比	13.53±3.76	12.44±4.72	11.36±5.27	12.83±4.08	9.43±4.75
70%~79%强度比	22.12±9.87	21.16±8.09	20.53±10.12	19.57±8.81	17.50±7.58□
80%~89%强度比	39.52±11.32	42.69±17.96	41.40±15.33	43.55±12.90	45.43±11.47
90%~100%强度比	24.83±10.88	23.71±11.23	26.71±9.15	24.05±8.85	27.64±9.67
平均心率（bpm）	168.27±10.07	169.51±10.75	167.48±11.67	165.86±9.51	170.48±13.22
强度区间比（%）	84.98±6.84	85.60±7.41	84.56±6.53	83.76±6.94	86.10±5.66
最高心率（bpm）	181.34±9.50	183.06±7.89	183.61±9.60	182.37±5.87	185.14±9.04

注：□表示 $P<0.05$，与第一节比较。

针对以上研究结果其可能的原因为：在恒定间歇形式的“2vs1”对打练习中，虽然运动员在练习中的击球频次减少，且击球的落点也只要求以中路为主，表现出运动员的击球负荷和要求不高的特征，但是由于要求运动员在每次击球后需快速移动还原至中点再准备下一拍击球，使运动员持续处于急起、急停的高强度折返运动状态中，由此对运动员负荷强度刺激较大，又因采用每分轮换角色和位置的规则，使运动员处于高负荷和低负荷变换刺激的情景中，从而表现出中强度和高强度比例较高的总负荷特征。因此，采用恒定间歇形式下“2vs1”底线横向移动轮换对打练习的设计符合网球运动员有氧高强度训练设计的要求。

B. 节间递减间歇形式下的运动员负荷强度结果

测试结果显示，在递减间歇形式下“2vs1”底线横向移动轮换对打练习中

60%以上的负荷强度集中于80%～100%强度区间，且每个强度区间在不同的练习节之间也存在差异；在60%～69%强度区间中，第四节和第五节的强度百分比分别为9.76%和7.94%，均低于第一节至第三节，其中第四节的百分比与第一节相比存在显著性差异（$P<0.05$），第五节与第一节相比存在非常显著性差异（$P<0.01$）；在70%～79%强度区间上，第五节的强度百分比最低为18.74%，与第一节相比存在显著性差异（$P<0.05$）；在90%～100%强度区间中，第五节的强度百分比最高为29.53%，且分别与第一节和第二节均存在显著性差异（$P<0.05$）；在平均心率方面，仅第五节的平均心率与第一节相比存在显著性差异以外（$P<0.05$），其他均无差异性，80%～89%强度区间百分比和最高心率等在不同节间均无显著性差异；由此反映出，递减间歇形式下的“2vs1”底线横向移动轮换对打练习使运动员处在80%～89%强度区间的比例较高，且负荷变化较为稳定，在90%～100%强度区间的负荷比例出现递增的趋势，而在80%强度以下的负荷比例存在逐渐递减的变化特点，如表5.33所示。

表5.33　在递减间歇形式下“2vs1”底线横向移动轮换对打练习的运动员负荷强度测试结果

负荷强度	第一节	第二节	第三节	第四节	第五节
60%～69%强度比	15.24±5.76	13.64±6.06	10.34±5.22	9.76±4.23□	7.94±3.11□□
70%～79%强度比	22.52±10.17	21.90±9.86	22.28±6.93	21.71±6.03	18.74±8.92□
80%～89%强度比	40.60±13.09	41.85±12.92	42.62±9.50	44.05±11.52	43.79±10.08
90%～100%强度比	21.64±11.52	22.61±9.06	24.76±8.76	24.48±10.71	29.53±9.71□△
平均心率（bpm）	165.58±13.54	167.93±11.82	169.74±10.08	170.25±10.62	172.56±12.84□
强度区间比（%）	81.62±6.65	83.81±7.43	85.73±6.88	85.98±6.83	87.15±8.07□
最高心率（bpm）	180.14±8.06	181.53±5.34	183.51±8.12	182.38±7.32	184.55±6.26

注：□表示$P<0.05$，□□表示$P<0.01$，与第一节比较；△表示$P<0.05$，与第二节比较。

此练习方法采用折返跑动且轮换击球的形式在专项对抗形式中融入一定比例的高强度移动负荷刺激，使运动员在有氧负荷强度中适应无氧强度的适度刺激，以实现练习形式或负荷强度跟专项比赛形式更为接近的目标，并在此目标基础上，有针对性地加强对运动员有氧高强度代谢能力的发展；此练习表明在高强度有氧能力训练中采用间歇训练法对间歇形式的改变也会导致负荷强度变化，使运动员在疲劳适度积累的状态下进行重复大强度练习，将对机体的刺激强度更大。总体而言，采用递减间歇形式的“2vs1”底线横向移动轮换对打练习设计可以满足网球运动员有氧高强度训练设计的负荷要求。

- “1vs2”网前—底线对打练习运动员负荷强度结果

A. 节间恒定间歇形式下的运动员负荷强度结果

研究结果显示，在恒定间歇形式“1v2”网前—底线对打练习中，80%~89%强度区间的负荷比例最高，其次是90%~100%强度区间和70%~79%强度区间，从整体趋势来看在总负荷中较高的强度比例主要集中于80%强度以上；在每个强度区间，除60%~69%强度区间中第五节的强度比例最低为9. 35%，低于第一节的强度比例15. 19%，且两者之间存在显著性差异（$P<0.05$）以外，其他所有强度区间中不同训练节次之间均无显著差异性特征，表现出强度变化的稳定性；平均心率和最高心率在不同节次之间也无差异性特征等，如表5. 34所示。

表5. 34 恒定间歇形式“1vs2”网前—底线对打练习的运动员负荷强度测试结果

负荷强度	第一节	第二节	第三节	第四节	第五节
60%~69%强度比	15. 19±8. 27	13. 63±6. 90	10. 84±5. 89	12. 53±4. 67	9. 35±6. 19□
70%~79%强度比	24. 41±9. 73	23. 57±8. 62	22. 94±10. 33	24. 60±11. 31	22. 52±9. 34
80%~89%强度比	39. 26±12. 51	39. 86±11. 18	42. 06±13. 06	40. 49±10. 65	43. 76±14. 11
90%~100%强度比	21. 14±8. 06	22. 94±7. 93	24. 16±9. 61	22. 38±8. 81	24. 37±7. 95
平均心率（bpm）	167. 52±12. 78	168. 75±11. 52	168. 97±10. 32	167. 51±10. 97	169. 50±8. 58
强度区间比（%）	84. 60±6. 45	85. 22±9. 53	85. 33±6. 97	84. 60±7. 44	85. 60±8. 02
最高心率（bpm）	180. 43±8. 47	182. 78±9. 01	183. 26±7. 96	183. 38±8. 06	185. 61±7. 96

注：□表示 $P<0.05$，与第一节比较。

由此研究结果反映出采用恒定间歇形式“1vs2”网前—底线对打练习对运动

员的负荷刺激主要集中于有氧高强度区间，因为此练习方法中受试运动员在底线中点位置与位于网前的两名同伴进行的底线与截击对抗性练习中，虽然运动员没有进行大范围移动，但是因击球频率增大并在持续的3min练习中的负荷强度较高，且由于网前运动员采用截击技术回击，使运动员击球点较低且很难借力击球，也使运动员在练习的中高强度负荷比例较大。除此以外，研究结果反映出，随着间歇性练习的持续，对运动员的负荷强度刺激也比较稳定，即采用1min30s的恒定间歇时间并不会引起负荷强度的波动性变化，但采用恒定间歇形式“1vs2”网前—底线对打练习可以充分满足网球运动员有氧高强度能力训练的强度需求。

B. 节间变换间歇形式下的运动员负荷强度结果

研究结果显示，在变换间歇形式“1vs2”网前—底线对打练习中，每节负荷强度比例主要集中于80%～89%强度区间，其次为70%～79%强度区间和90%～100%强度区间；每个强度区间又存在不同节间的差异性，在60%～69%强度区间，第一节的强度百分比最高是14.87%，与第四节9.08%和第五节10.83%的强度比例相比，均存在显著性差异（$P<0.05$），在80%～89%强度区间，第一节的强度比例最低为38.53%，与第四节的强度比例（44.93%）相比，存在显著性差异（$P<0.05$），而与第五节45.73%的强度比例相比却存在非常显著性差异（$P<0.01$），而在90%～100%强度区间，第四节的强度百分比为24.62%，且最高，与第三节20.73%的强度比例相比，也存在显著性差异（$P<0.05$），强度比例变化的特征表现出负荷强度的波动性特点；平均心率和最高心率方面在不同节间均无差异性，如表5.35所示。

表5.35 变换间歇形式“1vs2”网前—底线对打练习的运动员负荷强度测试结果

负荷强度	第一节	第二节	第三节	第四节	第五节
60%～69%强度比	14.87±7.87	11.62±6.95	12.36±5.81	9.08±7.02□	10.83±6.23□
70%～79%强度比	24.36±9.04	22.74±10.06	23.88±9.07	21.37±11.55	22.25±10.87
80%～89%强度比	38.53±13.76	44.03±11.53	43.03±10.66	44.93±8.97□	45.73±13.02□□
90%～100%强度比	22.24±8.50	21.61±7.22	20.73±6.90	24.62±6.01※	21.09±8.81
平均心率（bpm）	168.84±11.88	170.26±10.02	169.28±8.18	172.32±9.25	170.71±8.18

续表

负荷强度	第一节	第二节	第三节	第四节	第五节
强度区间比（%）	85.27±6.63	85.98±5.96	85.49±6.97	87.03±6.85	86.21±5.45
最高心率（bpm）	182.61±7.69	185.74±6.77	183.42±7.01	184.65±8.01	185.04±6.83

注：□表示 $P<0.05$，□□表示 $P<0.01$，与第一节比较；※表示 $P<0.05$，与第三节比较。

以上研究结果表明，在“1vs2”网前—底线对打练习要求等不变的情况下，每节间间歇时间的不固定变化会引起负荷强度比例的不同变化，尤其在第三节练习结束后采用短时间歇的形式，是导致在随后第四节练习中60%~69%强度区间比例下降，而80%~89%和90%~100%强度区间比例上升的主要原因；但随着第四节后间歇时间的延长，运动员机体的疲劳积累得到一定程度的缓解，又表现出低强度比例上升和高强度比例下降的特征。由此，采用变换间歇形式中短时间歇对运动员机体的强度刺激较敏感且较明显，反映出变换间歇形式是调节运动员训练强度变化的有效要素。由此而知，采用变换间歇形式“1vs2”网前—底线对打练习可以作为提高网球运动员有氧高强度能力训练的方法之一。

- 底线半场移动正手击球练习的运动员负荷强度结果

A. 节间递增间歇形式下的运动员负荷强度结果

研究结果显示，在递增间歇形式底线半场移动正手击球练习中，80%~89%强度区间的负荷比例最高，其次为90%~100%强度区间，即总负荷的强度比例主要集中于80%强度以上；每个强度区间在不同训练节间也存在较明显的差异特征，在60%~69%强度区间，第二节的强度比最低为6.34%，与第一节的10.55%相比存在显著性差异（$P<0.05$），而第五节的强度比最高为11.90%，与第二节相比存在非常显著性差异（$P<0.01$），在70%~79%强度区间，第二节的强度比最低为16.38%，与第一节相比也存在显著性差异（$P<0.05$），在80%~89%强度区间，第二节的强度比最高为43.55%，与第一节相比存在显著性差异（$P<0.05$），而第五节的强度比为38.44%，与第二节相比也存在显著性差异（$P<0.05$），其他无差异性；在平均心率和最高心率方面，不同节间均无差异性特征，如表5.36所示。

表 5.36　递增间歇形式底线半场移动正手击球练习的运动员负荷强度测试结果

负荷强度	第一节	第二节	第三节	第四节	第五节
60%～69%强度比	10.55±6.12	6.34±2.09□	8.23±3.42	9.23±3.73	11.90±5.42△△
70%～79%强度比	22.72±10.21	16.38±5.88□	18.34±7.02	19.22±8.27	20.43±9.92
80%～89%强度比	38.12±12.65	43.55±10.06□	42.11±13.65	41.47±12.31	38.44±11.17△
90%～100%强度比	28.61±9.76	33.73±11.27	31.32±9.22	30.08±7.53	29.23±10.52
平均心率（bpm）	170.42±12.03	174.13±10.73	173.54±8.75	171.86±7.72	170.98±13.88
强度区间比（%）	86.07±6.21	87.94±6.35	87.64±6.82	85.79±6.45	85.67±7.33
最高心率（bpm）	184.71±8.41	187.05±6.77	187.12±7.01	185.55±8.44	185.53±6.83

注：□表示 $P < 0.05$，与第一节比较；△表示 $P < 0.05$，△△表示 $P < 0.01$，与第二节比较。

研究结果表明，在底线半场移动正手击球练习中采用递增间歇的形式，使运动员在90%强度以下的强度区间中均出现强度比例波动性的变化特征，表现为低强度比例逐渐递增，而有氧高强度比例逐渐递减的变化趋势特征，总负荷强度相对较高的特点。此训练方法主要通过多球形式加强运动员正手击球变线的稳定性、准确性和高强度有氧能力，练习中运动员的高强度负荷特征主要与运动员反复的折返跑动有关，尤其在此运动形式下，导致运动员在每节的练习后段出现疲劳积累，从而表现出90%强度以上负荷比例占有了一定的比例；而在此练习中，运动员不同强度比例的波动性特征主要与递增节间间歇形式有关，尤其在练习后段采用成倍于运动时间的间歇时间设计，导致有氧低强度负荷比例上升。总体而言，此训练方法可以作为有氧高强度训练的一种练习形式。

B. 节间递减间歇形式下的运动员负荷强度结果

研究结果显示，在节间递减间歇形式底线半场移动正手击球练习中，80%强度区间以上的负荷比例占总负荷的绝大部分，其中，以80%～89%强度区间的比例为主，其次为90%～100%强度区间，而在70%强度以下的负荷比例相对较小；在60%～69%强度区间上第五节的强度比最低为5.12%，与第一节的11.07%相比，存在非常显著性差异（$P<0.01$），第四节的强度比为 7.84%，与第一节强度比之间存在显著性差异（$P<0.05$），在 70%～79%强度区间中，第五节的强度比最低为 13.53%，与第一节的 21.43%相比，存在非常显著性差异（$P<0.01$），此外，在 80%～89%强度区间和 90%～100%强度区间，第五节的强度比均最高，且均与第一节相比存在显著性差异（$P<0.05$），其他均无差异性；平均心率和最高心率的最高值也出现在第五节，分别为 179.34bpm 和 189.61bpm，与第一节相比也均存在显著性差异（$P<0.05$），如表 5.37 所示。

表 5.37　节间递减间歇形式底线半场移动正手击球练习的运动员负荷强度测试结果

负荷强度	第一节	第二节	第三节	第四节	第五节
60%～69%强度比	11.07±5.93	10.65±4.40	9.74±4.93	7.84±3.87□	5.12±2.03□□
70%～79%强度比	21.43±9.28	19.18±8.03	17.28±7.04	16.67±6.88	13.53±5.83□□
80%～89%强度比	38.90±10.55	38.63±9.53	41.44±11.23	42.97±13.12	46.76±11.37□
90%～100%强度比	28.60±8.90	31.54±10.06	31.54±9.11	32.52±10.51	36.97±9.53□
平均心率(bpm)	170.65±10.01	172.27±11.22	175.33±8.01	176.76±7.99	179.34±8.44□
强度区间比(%)	86.18±6.45	87.01±7.72	88.54±7.06	88.98±5.96	89.98±5.83
最高心率(bpm)	181.24±7.86	183.96±4.73	186.96±5.73	187.55±6.53	189.61±5.31□

注：□表示 $P < 0.05$，□□表示 $P < 0.01$，与第一节比较。

上述研究结果表明，在底线半场移动正手击球练习中，采用递减的间歇形式使运动员的整体负荷强度主要集中于 80%强度以上，表现出明显的有氧高强度负荷特征，随着间歇时间的逐渐递减，运动员的负荷强度在低强度的比例逐渐减少和高强度比例逐渐增加，其主要原因是递减间歇时间使运动员的疲劳逐渐累积，导致机体在下一节的练习中负荷强度的起点较高，即使在相同的练习形式中也会出现低强度比例较低和高强度比例较高的情况。总之，运动员在此练习中的负荷强度特征可以满足发展有氧高强度能力训练的要求。

● 底线全场横向移动击球练习的运动员负荷强度结果

A. 节间恒定间歇形式下的运动员负荷强度结果

研究结果显示，在恒定间歇形式底线全场横向移动击球练习中，五节练习的负荷总强度较高，且负荷强度均主要以80%~89%强度区间为主，其次为90%~100%强度区间，而每个强度区间上在五个练习节次之间均无差异性变化，表现出相对稳定的趋势特征，平均心率和最高心率也无差异性变化，如表5.38所示。

表5.38 恒定间歇形式底线全场横向移动击球练习的运动员负荷强度测试结果

负荷强度	第一节	第二节	第三节	第四节	第五节
60%~69%强度比	8.18±4.03	7.54±4.75	7.51±3.98	7.02±4.21	6.67±3.21
70%~79%强度比	19.86±8.91	18.36±8.12	19.72±7.09	21.42±7.02	18.82±6.84
80%~89%强度比	42.48±11.07	43.57±10.60	42.65±13.94	43.42±11.55	41.87±14.01
90%~100%强度比	29.48±8.73	30.53±9.91	30.12±10.06	28.14±8.03	32.64±11.25
平均心率(bpm)	174.61±10.73	175.26±9.25	175.76±10.21	172.23±8.43	176.73±8.75
强度区间比(%)	88.18±5.04	88.51±6.32	88.76±7.62	86.98±6.45	89.25±6.09
最高心率(bpm)	187.25±8.41	187.66±7.98	186.94±8.52	185.06±7.98	189.77±8.10

上述研究结果表明，采用恒定间歇形式下的底线全场横向移动击球练习对运动员产生的整体负荷强度较高，且主要以无氧高强度为主。虽然采用1min30s的恒定间歇形式，却并没有表现出练习末节负荷强度比例出现升高或降低的现象，但是反映出网球运动员在1min30s的运动时间与相同时间的间歇形式中可以及时快速地消除疲劳，为下一节训练做好充分的准备。此练习中采用了横向折返移动的练习形式，是保持运动员处于有氧高强度负荷刺激的重要因素，在此基础上通过每次折返后安排两次击球的形式，有益于运动员进行短暂的跑动缓冲，又较好地控制了对此强度的持续保持。总之，恒定间歇形式的底线全场横向移动击球练习完全满足男子网球运动员有氧高强度训练的强度要求。

B. 节间变换间歇形式下的运动员负荷强度结果

研究结果显示，在变换间歇形式底线全场横向移动击球练习中，80%～89%强度区间的负荷比例最高，其次为90%～100%强度区间，而70%强度以下的负荷强度比例相对较少；在各强度区间的节间变化趋势中，仅在60%～69%强度区间的第五节的强度比例与第一节相比存在显著性差异（$P<0.05$），其他强度区间上的节间强度比例均无显著性变化特征；平均心率和最高心率在五节练习中也不存在显著性变化，如表5.39所示。

表5.39 变换间歇形式底线全场横向移动击球练习的运动员负荷强度测试结果

负荷强度	第一节	第二节	第三节	第四节	第五节
60%～69%强度比	9.33±4.93	6.74±3.87	7.22±3.76	8.43±5.22	6.62±4.23□
70%～79%强度比	20.01±9.21	17.42±7.55	19.21±6.82	20.19±8.01	21.81±7.42
80%～89%强度比	41.48±10.94	41.93±11.03	42.23±12.63	43.42±13.27	43.10±9.74
90%～100%强度比	29.18±7.10	33.91±9.20	31.33±8.07	27.96±6.78	28.47±8.05
平均心率（bpm）	173.97±9.45	177.48±7.76	175.65±8.11	174.42±5.98	174.53±7.27
强度区间比（%）	87.86±4.52	89.62±6.15	88.71±5.75	88.09±6.28	88.14±5.80
最高心率（bpm）	186.84±7.23	189.46±5.63	186.47±6.28	185.87±5.67	185.77±8.34

注：□表示 $P < 0.05$，与第一节比较。

由此结果得知，在底线全场横向移动击球练习中，采用变换式的间歇形式可以有效地保障网球运动员在专项有氧能力训练中保持高强度负荷的刺激，训练的关键在于间歇时间的把握，在此练习形式中最短的间歇时间为1min30s，与运动持续时间相同，而最高运动间歇时间为2min，使运动员有更充足的恢复时间，由此表现出运动员在不同强度区间上的负荷比例没有产生较大的波动性。因此，在此练习形式中，间歇要素的变化主要体现在间歇时间的长短，如果采用更短的间歇时间，可能会导致运动员的高强度比例在末节练习中逐渐上升，但会违背此练习的负荷目的。总之，采用变换间歇形式的底线横向移动击球练习可以作为有效发展男子网球运动员有氧高强能力的有效训练方法。

- “Point” 比赛练习的运动员负荷强度结果

研究结果显示，在“Point”比赛练习中间歇形式A（每分间歇25s）在60%~69%强度区间的比例最高为35.31%，其次为70%~79%强度区间，而90%~100%强度区间的比例最低，平均心率和最高心率分别为141.97bpm和162.84bpm；间歇形式B（每分间歇20s）中在70%~79%强度区间的比例最高为38.11%，其次为60%~69%强度区间，且90%~100%强度区间最低；间歇形式C（每分间歇10s）中80%~89%强度区间的比例最高为31.91%，其次是70%~79%强度区间的31.65%，90%~100%强度区间的比例最少；三种不同的间歇形式中，间歇形式C的60%~69%强度区间的比例低于间歇形式A，且两者存在非常显著性差异（$P<0.01$），在80%~89%强度区间上，间歇形式C的强度比例均高于间歇形式A和B，且与间歇形式A和B均存在非常显著性差异（$P<0.01$），其他强度区间无差异性特征；在平均心率、强度区间比和最高心率方面，间歇形式C的平均心率最高，与间歇形式A存在非常显著性差异（$P<0.01$），与间歇形式B存在显著性差异（$P<0.05$），且间歇形式C的最高心率也高于间歇形式A和B，且与间歇形式A存在非常显著性差异（$P<0.01$），如表5.40所示。

表5.40 “Point”比赛练习的运动员负荷强度测试结果

负荷强度	间歇形式A（每分间歇25s）	间歇形式B（每分间歇20s）	间歇形式C（每分间歇10s）
60%~69%强度比	35.31±10.22	31.35±9.76	25.53±11.22□□
70%~79%强度比	34.46±8.21	38.11±7.23	31.65±12.09
80%~89%强度比	19.52±7.92	21.01±6.91	31.91±8.13□□△△
90%~100%强度比	10.71±6.03	9.53±5.05	10.91±5.98
平均心率（bpm）	141.97±10.98	149.56±11.56	157.34±9.24□□△
强度区间比（%）	71.70±6.32	75.53±5.54	80.01±5.17□□
最高心率（bpm）	162.84±9.37	175.25±8.23□	181.84±8.65□□

注：□表示$P<0.05$，□□表示$P<0.01$，与第一节比较；△表示$P<0.05$，△△表示$P<0.01$，与第二节比较。

上述研究结果表明，男子网球运动员在“Point”比赛练习中，每分之间的间歇时间调整会产生强度比例不同的变化。在每分之间25s的正常间歇形式中，运动员的负荷强度比例主要集中于有氧低强度水平，与充分的间歇导致运动员及时的恢复有关，而随着每分间歇时间逐渐缩短，对运动员的负荷强度刺激逐渐升高，导致在每分间歇20s的比赛练习中，运动员表现出有氧中强度的负荷特征，而每分间歇10s的形式在比赛练习中，运动员有氧高强度比例逐渐升高，表现出符合有氧高强度专项训练的强度需求。总之，采用“Point”比赛练习可对每分间歇时间的要素进行调整，满足不同强度水平的有氧能力专项训练需求。

5.4.6 分析与讨论

5.4.6.1 男子网球运动员无氧能力的专项训练方法设计结果分析与讨论

本研究基于顶尖男子网球比赛的运动间歇特征与无氧能力代谢等相关理论，构建了针对男子网球运动员无氧能力的专项训练方法设计体系，并相应设计了不同形式和组合的20多种无氧能力专项训练方法，通过对男子网球运动员无氧能力的专项训练方法的实验研究和设计理论的实证，结果表明，采用运动持续时间为5s或10s、运动间歇比为1∶5形式的底线横向移动正反手击球练习和发球上网全场移动击球练习均能符合无氧无乳酸专项训练方法的设计要求，且两种训练方法均因练习时间形式的改变导致运动员心率、血乳酸值及RPE等产生差异性改变；分别采用运动持续时间为20s、运动间歇比为1∶2或1∶4形式的“Z”型全场移动击球练习和运动持续时间为20s、运动间歇比为1∶2或1∶3形式的前场进攻移动击球练习，均符合无氧乳酸生成性专项训练方法的设计要求。“Z”型全场移动击球练习中运动时间与间歇时间要素的调整并不会引起负荷强度的变化，仅在相同1∶4的间歇形式中，击球线路的改变才会引起血乳酸指标的适应性变化，而在前场进攻移动击球练习中，调整运动与间歇时间是导致RPE和血乳酸指标产生变化的重要方式，且在相同1∶2或1∶3的间歇形式中改变移动路线、击球落点和击球方式均是引起血乳酸指标变化的重要调整要素；分别采用运动持续时间为20s、运动间歇比为1∶1或1∶2形式的正手侧身移动击球练习和运动持续时间为40s、运动间歇比为1∶1或1∶1.5形式的“Suicide”底线折返移动击球练习，可以符合无氧乳酸耐受性专项训练方法的设计要求。其中，在正手侧身移动击球练习中，改变间歇时间仅导致血乳酸强度指标的显著性变化，且仅在1∶1的间歇形式中，击球线路的调整也会导致血乳酸指标的相应性变化。而在“Suicide”

底线折返移动击球练习中，改变间歇时间是调整负荷强度的主要手段要素，且在相同的间歇形式中击球线路和击球进攻性等调整手段是运动员血乳酸浓度发生改变的重要原因；此外，运动持续时间为60s、运动间歇比为1∶1或1∶1.5形式的“2vs1”底线横向移动轮换击球练习也是专项无氧乳酸耐受性训练的方法之一，且设置得分要素和规则是调整运动员训练负荷强度的重要因素。

无氧能力是指机体在运动中利用磷酸原和糖原的无氧分解产生的能量以供应肌肉收缩的能力，由于磷酸原供能不产生乳酸，又被称为无氧无乳酸供能，而糖酵解供能产生乳酸，又称为无氧有乳酸供能[1]。通常，运动员的无氧能力水平主要受机体肌肉中肌糖原含量、无氧酵解酶的活性、乳酸缓冲能力和脑细胞对血液中代谢产物堆积的耐受力等因素的综合影响[2-3]。对运动员无氧能力的提高主要通过重复或间歇训练法得以实现，但由于无氧能力代谢特征的不同，以磷酸原供能代谢为主的无氧无乳酸能力训练主要以极限强度的重复训练方法为主，而以糖酵解供能代谢为主的无氧有乳酸能力训练主要以次大强度的间歇训练方法为主，两种训练形式因强度与间歇特征的不同，对机体无氧能力的训练刺激也不同[4-6]。本研究中针对男子网球运动员无氧能力的专项训练方法设计主要基于网球运动特征和比赛需求，有针对性地对无氧无乳酸能力和无氧有乳酸能力进行提高训练。其中，无氧无乳酸能力训练设计主要采用运动时间为5s或10s、间歇比为1∶5的间歇形式，并结合有球形式下的大范围高速移动，以满足ATP-CP的代谢特性需求，其训练设计的目的在于充分满足比赛需求的前提下最大化地发挥网球运动员的移动与击球等的极限强度能力，而测试结果也反映出运动员在此练习中表现出来的高移动速度强度和低乳酸等负荷特点。一般而言，采用6s/5组、

---

[1] Jacobs I, Baror O, Karlsson J, et al. Changes in muscle metabolites in females with 30s exhaustive exercise [J]. Med Sci Sports Exerc 1982, 14 (6): 457-460.

[2] Hermansen L. Muscular fatigue during maximal exercise of short duration [J]. Med Sport Sci, 1981, 13 (6): 45-52.

[3] 黎涌明. 不同运动方式的能量代谢——共性与区别 [J]. 体育科学, 2013, 33 (12): 81-86.

[4] Laursen PB. Training for intense exercise performance: High intensity or high volume training? [J]. Scand J Med Sci Sports, 2010, 20 (2): 1-10.

[5] Bishop D, Girard O, Mendez-Villanueva A. Repeated-sprint ability—Part II: Recommendations for training [J]. Sports Med, 2011, 41 (5): 741-756.

[6] Gastin PB. Energy system interaction and relative contribution during maximal exercise [J]. Sports Medicine, 2001, 31 (10): 725-741.

25s 充分间歇的极限强度运动可有效地刺激运动员的 ATP-CP 储备及供能能力[1]。在此练习中运动员的速度降幅指标得以反映[2]。此外，也可通过完成定距冲刺的时间降幅指数来评价运动员重复高强度无氧无乳酸能力[3]。网球运动员在比赛中每分回合为 8s 以内的对抗时间较多，尤其在较短回合中，发球运动员的进攻性优势和接发球运动员被动的大范围跑动防守性劣势表现出明显的专项运动特点[4]，而 ATP-CP 代谢供能在此情景中就发挥了非常重要的作用，且每分回合中 25s 的有限间歇时间对磷酸肌酸的恢复效率具有较高的要求[5-6]，因此，针对 ATP-CP 代谢能力的专项训练设计，既要注重比赛中运动间歇特征，又要注重无氧代谢能力训练的强度与间歇特点，这也是本研究采用 5s 或 10s 的底线横向移动正反手击球练习和发球上网击球练习对运动员无氧无乳酸能力进行专项训练设计的原因。极限强度的重复训练对机体无氧能力的刺激效应主要与提高相关酶的活性程度有关。Mac-Dougall JD 等[7]的研究表明采用运动间歇比为 1∶4 的最大冲刺重复性训练导致运动员的无氧峰值输出功率、肌酸激酶、磷酸果糖激酶、柠檬酸合成酶、琥珀酸脱氢酶和苹果酸脱氢酶的最大酶活性在训练后均有显著性的增加（$P<0.05$）等；Burgomaster KA 等[8]的研究也发现采用运动间歇比为 1：4 的最大冲刺重复性训练后，在运动员静息肌肉活检样本中测量的柠檬酸合成酶（CS）的最大活性增加了 38%，肌肉糖原浓度增加了 26%；Burgomaster KA 等[9]

[1] Mc-Gawley K, Taylor D. The effect of short-term sprint-interval training on repeated-sprint ability [J]. J Sci Med Sport, 2010, 13 (6): 52-60.

[2] Mujika I, Santisteban J, Castagna C. In-season effect of short-term sprint and power training programs on elite junior soccer players [J]. J Strength Cond Res, 2009, 23 (9): 2581-2587.

[3] Nikbakht H, Keshavarz S, Ebrahim K, et al. The effect of tapering on repeated sprint ability (RSA) and maximal aerobic power in male soccer players [J]. Am J Sci Research, 2011, 30 (2): 125-133.

[4] Kovacs MS. Tennis physiology: Training the competitive athlete [J]. Sports Medicine, 2007, 37 (3): 189-198.

[5] Botton F, Hautier C, Eclache JP. Energy Expenditure during Tennis Play: A Preliminary Video Analysis and Metabolic Model Approach [J]. Journal of Strength and Conditioning Research, 2011, 25 (11): 3022-3028.

[6] Kovacs M. A comparision of work/rest intervals in men's professional tennis [J]. Medicine and Science in Tennis, 2004, 3: 10-11.

[7] Mac-Dougall JD, Hicks AL, Mac-Donald JR, et al. Muscle performance and enzymatic adaptations to sprint interval training [J]. Journal of Applied Physiology, 1998, 84 (6): 2138-2142.

[8] Burgomaster KA, Hughes SC, et al. Six sessions of sprint interval training increases muscle oxidative potential and cycle endurance capacity in humans [J]. Journal of Applied Physiology, 2005, 98 (6): 1985-1990.

[9] Burgomaster KA, Howarth KR, Phillips SM, et al. Similar metabolic adaptations during exercise after low volume sprint interval and traditional endurance training in humans [J]. The Journal of Physiology, 2008, 586 (1): 151-160.

的研究还发现极限强度的重复训练方案诱导骨骼肌 CHO（丙酮酸脱氢酶 E1a 蛋白含量）和脂质氧化（3-羟基酰基辅酶 A 脱氢酶最大活性）和过氧化物酶的线粒体标记物的显著性增加。又因网球运动员在比赛中每分的持续时间和强度总是处于不断变换的形式中，采用不同强度的变换式重复训练也是有效促进运动员无氧能力的方式之一。Meckel Y 等[1]的研究发现采用递增或递减强度的冲刺重复训练都会导致睾酮等激素水平的应激性提高。此外，速度能力是网球专项无氧能力训练设计的重要因素，也是准确刺激 ATP-CP 代谢水平的重要途径，采用冲刺形式的重复或间歇训练，不仅有助于运动员速度表现的提高，还有助于运动员反复冲刺表现的加强。Buchheit M 等的[2]研究表明除力量训练以外，采用速度重复训练有助于运动员 10m 冲刺速度、反复冲刺能力测试的最好成绩与平均成绩的显著性提高。

糖酵解代谢能力，即无氧有乳酸能力也是网球运动员在比赛中的重要代谢能力形式。尽管网球运动员在比赛中大于 9s 的回合时间较少，但是在比赛中运动员反复进行的高强度运动在有限的间歇时间内必然导致糖酵解供能比例的逐步升高，且磷酸肌酸在 20s 左右的时间内只能恢复至一半水平，致使运动员在比赛的局末、盘末等对抗中出现疲劳累积，表现出无氧糖酵解代谢供能参与比例的增加[3]。本研究针对比赛中男子网球运动员每分回合在 9s 以上的运动间歇特征进行了专项训练方法设计，并根据无氧训练的特点与要求，分别设计了无氧乳酸生成性训练和无氧乳酸耐受性专项训练形式，并通过血乳酸指标对该训练方法负荷强度效果进行判别，发现采用间歇训练方法结合不同的击球方式、击球落点、移动线路、练习规则的专项训练方法设计具有有效性。相关研究也证实了在网球专项训练中，采用不同运动间歇比的高强度间歇训练对运动员无氧能力的训练效果，并表明在训练强度和间歇时间相对固定的情况下，运动持续时间越长或运动持续时间大于间歇时间，即完全不充分恢复状态下的网球专项高强度间

---

[1] Meckel Y, Nemet D, Sela SB, et al. Hormonal and Inflammatory Responses to Different Types of Sprint Interval Training [J]. Journal of Strength and Conditioning Research, 2011, 25 (8): 2161-2169.

[2] Buchheit M, Villanueva AM, Quod M, et al. Improving Acceleration and Repeated Sprint Ability in Well-Trained Adolescent Handball Players: Speed Versus Sprint Interval Training [J]. International Journal of Sports Physiology and Performance, 2010, 5 (2): 152-164.

[3] Botton F, Hautier C, Eclache JP. Energy Expenditure During Tennis Play: A Preliminary Video Analysis and Metabolic Model Approach [J]. Journal of Strength and Conditioning Research, 2011, 25 (11): 3022-3028.

歇训练对运动员无氧有乳酸能力的刺激具有显著的效果[1-3]。间歇训练法是诸多运动项目中进行专项无氧有乳酸训练的主要方法之一，高强度间歇训练有助于提高机体骨骼肌氧化能力，增强柠檬酸合成酶和线粒体酶活性，减少糖原消耗和乳酸堆积[4-6]，有助于无氧运动能力的提高[7]。间歇训练中的运动强度、运动与间歇时间等负荷结构是设计间歇训练最重要的因素，也是导致运动训练效果差异的关键要素。较多研究证实在高强度间歇训练中极限或次极限强度、15s 或 30s 的运动时间、1∶4~1∶2 等的运动间歇比是最主要的形式特征，并能产生良好的训练效应[8-10]。针对间歇训练法对运动员无氧能力产生刺激效应的原因，主要涉及骨骼肌代谢酶活性、糖原的转运与代谢、乳酸缓冲耐受能力、线粒体合成、心血管呼吸系统的适应性和运动能力的综合影响[11-12]。骨骼肌对训练刺激

---

[1] Reid M，Duffield R，Dawson B，et al. Quantification of the physiological and performance characteristics of on-court tennis drills [J]. British Journal of Sports Medicine，2008，42 (2)：146-151.

[2] Ferrauti A，Pluim BM，Weber K. The effect of recovery duration on running speed and stroke quality during intermittent training drills in elite tennis players [J]. Journal of sports Sciences，2001，19 (4)：235-242.

[3] Fernandez JF，Sanz-Rivas D，Sanchez-Munoz C，et al. Physiological responses to on-court vs running interval training in competitive tennis players [J]. Journal of Sports Science & Medicine，2011，10 (3)：540-545.

[4] Fernandez JF，Zimek R，Wiewelhove T，et al. High-intensity interval training vs repeated-sprint training in tennis [J]. Journal of Strength & Conditioning Research，2012，26 (1)：53-59.

[5] Fernandez JF，Rivas DS，Villanueva MA. A review of the activity profile and physiological demands of tennis match play [J]. Strength and Conditioning Journal，2009，31 (4)：15-26.

[6] Burgomaster KA，Hughes SC，Heigenhauser GJ，et al. Six sessions of sprint interval training increases muscle oxidative potential and cycle endurance capacity in humans [J]. J Appl Physiol，2005，98 (6)：1985-1990.

[7] Creer AR，Ricard MD，Conlee RK，et al. Neural，Metabolic，and Performance Adaptations to Four Weeks of High Intensity Sprint-Interval Training in Trained Cyclists [J]. International Journal of Sports Medicine，2004，25 (2)：92-98

[8] Hazell TJ，Macpherson RE，Gravelle BM，et al. 10 or 30s sprint interval training bouts enhance both aerobic and anaerobic performance [J]. European Journal of Applied Physiology，2010，110 (1)：153-160.

[9] 马国强 . 不同专项速度能力训练方法对优秀自行车运动员运动能力的影响 [D]. 上海：上海体育学院，2014.

[10] Helgerud J，Hoydal K，Wang E，et al. Aerobic high-intensity intervals improve VO_2max more than moderate training [J]. Med Sci Sports Exerc，2007，39 (4)：665-671.

[11] Cocks M，Shaw CS，Shepherd SO，et al. Sprint interval and enducance training are equally effective in increasing muscle microvasular density and ENOS content in sedatry males [J]. The Jounal of physiology，2014，59 (3)：641-656.

[12] Scalzo RL，Peltonen GL，Binns SE，et al. Greater muscle protein synthesis and mitochondrial biogenesis in males compared with females duining sprint interval training [J]. The FASEB Journal，2014，591 (3)：641-656.

进行应答并产生适应改变主要基于4条基本的信号通道（骨骼肌牵张收缩、氧气进行呼吸通道时活性氧水平的增加、收缩—舒张耦联所需要的肌钙水平的增加和骨骼肌能源状态的改变）对提高不同形式运动训练后骨骼肌线粒体质量和糖原运输能力[1]。在间歇训练中，机体血液中的离子浓度是造成疲劳的重要因素之一，一次极限强度运动后，外周血钾离子浓度会升高，运动性高血钾被认为与代谢通路受阻、骨骼肌力降低和运动能力下降等有关，运动诱导的肌细胞外液钾离子和氢离子变化是诱导疲劳的机制之一，细胞外液钾离子累积程度取决于骨骼肌活动的强度和持续时间，而T管内的浓度也可能会升高，细胞外液钾离子达到一定水平后会影响骨骼肌纤维兴奋性下降，进而导致和表现出疲劳的发生[2-3]，有效的运动训练活动可以带来细胞膜离子转运的适应性变化，以降低运动带来的钾离子外流，从而保持或提高机体的持续运动能力[4]。此外，在对酶、激素及糖原含量等水平的影响方面，Burgomaster KA等[5]的研究发现采用极限强度的间歇训练使骨骼肌的细胞色素C氧化酶亚型4（COX4）的含量在间歇训练1周后显著增加了35%，并维持到停止训练6周后；葡萄糖转运蛋白4（GLUT4）在1周间歇训练后有所增加，停止训练后仍然维持在高于训练前20%的水平上；单羧酸转运蛋白4（MCT4）含量在间歇训练1周和6周后均有所增加，而单羧酸转运蛋白1（MCT1）仅在6周后升高，并维持到停止训练1周后，表现出较高的肌肉代谢氧化能力。睾酮和皮质醇是体内重要的合成和分解代谢类激素，在机体疲劳恢复和对运动训练生理适应方面发挥着重要的作用，Hough J等[6]的研究表明一节大强度训练课后，体内激素水平会发生变化，其中唾液中的分泌型睾酮、

[1] Coffey VG, Hawley JA. The molecular bases of training adaptation [J]. Sports Med, 2007, 37 (9): 737-743.

[2] Juel C. Changes in interstitial K+ and pH during exercise: Implications for blood flow regulation [J]. Applied Physiology, 2007, 32 (5): 846-851.

[3] Juel C, Olsen S, Rentsch RL, et al. K+ as a vasodilator in resting human muscle: Implications for exercise hyperaemia [J]. Acta Physiologica, 2007, 190 (4): 311-318.

[4] Nielsen JJ, Mohr M, Klarskov C, et al. Effects of high-intensity intermittent training on potassium kinetics and performance in human skeletal muscle [J]. The Journal of Physiology, 2004, 554 (3): 857-870.

[5] Burgomaster KA, Cermak NM, Phillips SM, et al. Divergent response of metabolite transport proteins in human skeletal muscle after sprint interval training and detraining [J]. American Journal of Physiology, 2007, 292 (5): 1970-1976.

[6] Hough J, Corney R, Kouris A, et al. Salivary cortisol and testosterone responses to high-intensity cycling before and after an 11-day intensified training period [J]. Journal of Sports Sciences, 2013, 31 (14): 1614-1623.

皮质醇和睾酮皮质醇比值会在两组 30min 高强度功率车骑行后显著下降，Farzad 等的研究表明，伴随有氧和无氧运动成绩的提高，4 周极限强度的速度间歇训练显著提高了摔跤运动员的总睾酮、睾酮皮质醇比值；Gibala MJ 等[1]的研究也发现在采用短时长间歇的极限强度训练后，获得的活组织检查样本显示骨骼肌相关氧化酶活性、肌肉缓冲能力和糖原含量等均显著性提高，证实高强度间歇训练方法是促进骨骼肌产生快速适应性变化的有效训练方法。乳酸在无氧运动过程中和运动后，通过各种途径再利用对机体反复进行高强度运动具有重要的意义。相关研究认为，乳酸在工作肌中被氧化分解主要有在工作肌和血管中的两种穿梭形式，前者指乳酸的重新分配和代谢，即Ⅱb 型肌纤维收缩产生的乳酸不断“穿梭”进入Ⅱa 型或Ⅰ型中被氧化利用；后者指肌肉产生乳酸散入毛细血管，通过血液循环运输到体内其他器官进行代谢，主要是在骨骼肌、心肌中氧化为丙酮酸，少量进入肝脏生成葡萄糖或糖原，和血液补充血糖的消耗或扩散到肌细胞再合成肌糖原。因此，通过运动训练的方式提高机体乳酸转运的速率，可减少肌肉 pH 值的下降幅度，延缓疲劳的产生，对保持糖酵解供能能力有重要作用[2]。

5.4.6.2　男子网球运动员有氧能力的专项训练方法设计结果分析与讨论

本研究基于顶尖男子网球比赛的运动间歇特征与有氧能力代谢等相关理论，构建了针对男子网球运动员有氧能力的专项训练方法设计体系，并相应设计了不同形式和组合的 20 多种有氧能力专项训练方法，通过对男子网球运动员有氧能力的专项训练方法的实验研究和设计理论的实证，结果表明，采用运动持续时间为 6min、设置得分要素或不设置得分要素形式的“1vs1”底线计数对打练习符合有氧低强度专项训练方法的设计要求，设置得分要素和规则是提高或调整此训练方法负荷强度的主要形式；运动持续时间为 6min、设置得分要素形式的“1vs1”正手或反手底线对角对打练习也符合有氧低强度专项训练方法的设计要求，且在设置相同得分规则的形势下，通过改变击球方式并不会引起整体负荷强度的相应性变化；采用运动持续时间为 3min、恒定间歇（1.5∶1）或递减间歇形

[1] Gibala MJ, Little JP, Essen MV, et al. Short－term sprint interval versus traditional endurance training: Similar initial adaptations in human skeletal muscle and exercise performance [J]. The Journal of Physiology, 2006, 575 (3): 901-911.

[2] 郭黎，陈文鹤，段子才．运动后乳酸清除率与运动能力的关系［J］. 上海体育学院学报，2005，29 (2): 44-47.

式的“1vs2”底线移动对打练习符合有氧中强度训练方法的设计要求；采用运动持续时间为3min、恒定间歇（2:1）或递减间歇形式的“2vs1”底线横向移动轮换对打练习符合有氧高强度训练方法的设计要求，且递减间歇形式是改变或提高运动员在练习末节负荷强度的重要手段；分别采用运动持续时间为3min、恒定间歇（2:1）或递减间歇形式的“1vs2”网前—底线对打练习，运动持续时间为1min30s、递增间歇或递减间歇形式的底线半场移动正手击球练习和运动持续时间为1min30s、恒定间歇或变换间歇形式的底线全场横向移动击球练习均符合有氧高强度训练方法的设计要求；而每分间歇25s、20s和10s的抢十“Point”比赛练习可以分别符合有氧低强度、中强度和高强度专项训练方法设计的负荷要求。

男子网球运动员在比赛中的基本生理特征和有氧能力需求是反映网球运动员有氧能力水平的基本途径，结合网球比赛的专项运动特征和形式是男子网球运动员有氧能力专项训练方法设计的重要前提，比赛中运动员的有氧能力对疲劳积累的及时清除与恢复对网球运动员有氧能力的训练表现出更高的需求。因此，如何有效提高网球运动员的专项有氧能力水平成为网球运动员技战术稳定发挥的重要基础和比赛中持续保持高强度对抗的保证[1]。本研究根据男子网球比赛中的基本运动间歇特征，结合有氧能力的训练特点，分别进行了有氧低强度、中强度和高强度的专项训练方法设计，并通过心率强度等指标对该训练方法负荷强度效果进行判别，结果表明采用持续或间歇训练方法，结合不同的击球方式、击球落点、移动线路、练习规则等有氧能力专项训练方法设计具有有效性，证实了根据专项特征与比赛需求所设计的专项训练方法对低强度、中强度和高强度有氧能力刺激的负荷要求，检验了男子网球运动员有氧能力专项训练方法设计的可行性。相关研究也证实了结合网球运动专项特征采用间歇训练法，结合单一或组合形式的有球或无球和比赛形式的有氧能力专项训练，对促进男子网球运动员有氧能力有积极效应[2-4]。有氧能力是机体通过有氧氧化供能系统产生能量并维持机体

[1] Kovacs MS. Tennis physiology: Training the competitive athlete [J]. Sports Medicine, 2007, 37 (3): 189-198.

[2] Fernandez JF, Zimek R, Wiewelhove T, et al. High-intensity interval training vs repeated-sprint training in tennis [J]. Journal of Strength & Conditioning Research, 2012, 26 (1): 53-62.

[3] Tabata I, Nishimura K, Kouzaki M, et al. Effects of moderate-intensity endurance and high-intensity intermittent training on anaerobic capacity and VO_2max [J]. Medicine & Science in Sports & Exercise, 1996, 28 (10): 1327-1331.

[4] Fernandez JF, Sanz D, Sarabia JM, et al. The Effects of Sport Specific Drills Training or High-Intensity Interval Training in Young Tennis Players [J]. International Journal of Sports Physiology and Performance, 2016, 12 (1): 90-98.

长时间运动的能力。运动员具备较强的有氧能力是其在比赛中持续长时间运动的基础和保障，通常，最大摄氧量、乳酸阈及运动经济性与运动员的有氧代谢能力有更密切的关系[1-2]。最大摄氧量对于长时间从事运动项目的运动员较为重要，运动员最大摄氧量水平的高低主要取决于氧运输系统、心脏泵血功能和组织肌肉利用氧的能力[3]，在运动中的心排血量、肌纤维中线粒体数量、酶的活性、肌肉利用氧的能力，都对改善运动员最大摄氧量具有重要的影响[4]；乳酸阈作为提高运动员有氧能力的重要指标，在实践操作中具有较高的可塑性和操作性，乳酸阈水平越高的运动员具备的有氧能力也越高，其与外周的代谢因素（如肌肉的血流量、肌纤维类型的百分组成和酶的活性）的关系更密切[5]；最大摄氧量作为评价运动员有氧能力的重要指标，其受遗传因素的影响较大，与乳酸阈相比，运动训练活动对最大摄氧量的提高幅度明显较低；跑步经济性也是反映提高运动员有氧能力水平的重要指标之一，其表示运动员运动功率输出与氧气消耗的比值大小，比值越大则反映运动员的跑步经济性越好。在针对运动员有氧能力的训练中间歇训练法和持续训练法是最常用且有效的训练方法。Helgerud J 等[6]的研究发现采用高强度间歇训练法有助于运动员最大摄氧量水平的积极改善，Krustrup P 等[7]的研究表明高强度间歇训练比低强度间歇训练对提高运动员最大摄氧量的积极作用更加显著；Burke J 等[8]的研究表明中强度或高强度的间歇训练对运

[1] 刘保华，阎琳琳，付辉．网球运动训练内容体系研究［J］．哈尔滨体育学院学报，2009，27（3）：85-89.

[2] Greenhaff PL，Bodin K，Soderlund K，et al. Effect of oral creatine supplementation on skeletal muscle phosphocreatine resynthesis［J］. American Journal of Physiology Endocrinology and Metabolism，1994，266（5）：725-730.

[3] Fernandez JF，Rivas DS，Villanueva MA. A review of the activity profile and physiological demands of tennis match play［J］. Strength and Conditioning Journal，2009，31（4）：15-26.

[4] Pate RP，Kriska A. Physiological Basis of the Sex Difference in Cardiorespiratory Endurance［J］. Sports Medicine，1984，1（2）：87-89.

[5] Richardson RS. What governs skeletal muscle VO_2max? New evidence［J］. Medicine and Science in Sports and Exercise，2000，32（1）：100-107.

[6] Helgerud J. Maximal oxygen uptake，anaerobic threshold and running economy in women and men with similar performances level in marathons［J］. European Journal of Applied Physiology and Occupational Physiology，1994，68（2）：155-161.

[7] Krustrup P，Hellsten Y，Bangsbo J. Intense interval training enhances human skeletal muscle oxygen uptake in the initial phase of dynamic exercise at high but not at low intensities［J］. The Journal of Physiology，2004，59（1）：335-345.

[8] Burke J，Thayer R，Belcamino M. Comparison of effects of two intervaltraining programmes on lactate and ventilatory thresholds［J］. British Journal of sports medicine，1994，28（1）：18-21.

动员乳酸阈水平的刺激作用均有效，Acevedo EO 等[1]指出，虽然间歇训练可以提高运动员的最大摄氧量和乳酸阈水平，但更高强度的间歇训练更有助于改善机体的有氧代谢能力和更大幅度提高运动员的乳酸阈值水平；相关研究表明，运动员跑步经济性每提高 5%，在比赛中可提高 1km 的跑动距离，采用高强度间歇训练可以有效促进运动员跑步经济性的改善[2-3]；Talanian JL[4]等的研究还发现间歇训练法对普通人群骨骼肌能源物质、线粒体酶活性、脂肪酸转运蛋白以及心血管系统反应等的积极影响。此外，相关研究也证实高强度间歇训练对提高骨骼肌血液流动速度和血管传导性[5]、骨骼肌转运乳酸和释放氢离子的能力与速度[6]、离子调节能力和肌浆网的功能[7]。间歇训练诱导骨骼肌氧化能力的快速改变与间歇训练中骨骼肌纤维募集程度较高和Ⅱ型肌纤维的特异性应激有关，骨骼肌收缩诱导的代谢变化会激活信号传导通路中几种重要激酶和磷酸化酶的活性，特别是腺苷酸活化蛋白激酶、CAMP 依赖性蛋白激酶（CAPK）和丝裂原活化蛋白激酶在促进线粒体生物合成和代谢特异性共激活因子中发挥的重要作用[8-9]，Terada S 等[10]的研究也表明高强度间歇训练是提高线粒体生物合成的有效训练方法，是通过增加骨骼肌 PGC-1a 的表达而实现的。相关研

[1] Acevedo E O，Goldfarb A H. Incroased training intersity effects on plasma lactate，ventilatory threhold，and erduiare [J]. Medicire and Sciene in Sports and Exerise，1989，21（5）：523-527.

[2] Ivy JL，Withers RT，Handel PJ，et al. Muscle respiratory capacity and fiber type as determinants of the lactate threshold [J]. Journal of Applied Physiology，1980，48（3）：523-527.

[3] Acevedo EO，Goldfarb AH. Increased training intensity effects on plasma lactate，ventilatory threshold，and endurance [J]. Medicine and Science in Sports and Exercise，1989，21（5）：563-568.

[4] Talanian JL，Galloway SD，Heigenhauser GJ，et al. Two weeks of high-intensity aerobic interval training increases the capacity for fat oxidation during exercise in women [J]. J Appl Physiol，2007，102（4）：1439-1447.

[5] Krustrup P，Hellsten Y，Bangsbo J. Intense interval training enhances human skeletal muscle oxygen uptake in the initial phase of dynamic exercise at high but not at low intensities [J]. J Physiol，2004，559（1）：335-345.

[6] Juel C，Klarskov C，Nielsen JJ，et al. Effect of high-intensity intermittent training on lactate and H+ release from human skeletal muscle [J]. Am J Physiol Endocrinol Metab，2004，286（2）：245-251.

[7] Ortenblad N，Lunde PK，Levin K，et al. Enhanced sarcoplasmic reticulum Ca^{2+} release following intermittent sprint training [J]. Am J Physiol Regul Integr Comp Physiol，2000，279（1）：152-160.

[8] Hawley JA，Tipton KD，Millard-Stafford ML. Promoting training adaptations through nutritional interventions [J]. J Sports Sci，2006，24（7）：709-721.

[9] Hood DA. Invited Review：Contractile activity-induced mitochondrial biogenesis in skeletal muscle [J]. J Appl Physiol，2001，90（3）：1137-1157.

[10] Terada S，Kawanaka K，Goto M，et al. Effects of high-intensity intermittent swimming on PGC-1a protein expression in rat skeletal muscle [J]. Acta Physiol Scand，2005，184（1）：59-65.

究还表明，采用间歇训练主要是通过激活腺苷酸活化蛋白激酶引起 PGC-1a 表达的增高，从而引起改善机体有氧代谢能力的适应性变化，包括骨骼肌有氧分型、线粒体生物合成功能、脂肪氧化能力、糖原含量和转运能力的改善[1-2]。此外，网球比赛中运动员每分回合的不固定性在 25s 的有限间歇时间会导致机体厌氧状态的产生，而采用间歇训练法既为了符合这样的专项特点，也是有针对性地促进专项有氧能力的发展，Hazell TJ 等[3]的研究发现采用运动时间为 10s 或 30s 的短时高强度间歇训练都有助于提高运动员的厌氧和有氧氧化能力，Puype J 等[4]也指出间歇训练在非厌氧状态下的肌肉磷酸果糖激酶活性和无氧阈值表现等均优于厌氧状态下的表现。

---

[1] Richards JC，Johnson TK，Kuzma JN，et al. Short-term sprint interval training increases insulin sensitivity in healthy adults but does not affect the thermogenic response to beta-adrenergic stimulation [J]. J Physiol，2010，588 (15)：2961-2972.

[2] Gibala MJ，Mc-Gee SL，Garnham AP，et al. Brief intense interval exercise activates AMPK and p38 MAPK signaling and increases the expression of PGC-1alpha in human skeletal muscle [J]. J Appl Physiol，2009，106 (3)：929-934.

[3] Hazell TJ，MacPherson REK，Gravelle BMR，et al. 10 or 30-s sprint interval training bouts enhance both aerobic and anaerobic performance [J]. European Journal of Applied Physiology，2010，110 (1)：153-160.

[4] Puype J，Proeyen K，Raymackers J，et al. Sprint Interval Training in Hypoxia Stimulates Glycolytic Enzyme Activity [J]. Medicine & Science in Sports & Exercise，2013，45 (11)：2166-2174.

6 研究结论与建议

6.1 研究结论

6.1.1 结论一

顶尖男子网球比赛中无氧能力需求的运动与间歇特征表现出发球、正手、反手等技术应用频次的高比例特征和急起、急停、变向等爆发性动作的高频次特点，且在发球分与接发球分之间存在较大的差异性，而专项有氧能力需求的运动与间歇特征则表现为持续运动时间较长、实际运动时间较短、大部分时间处于间歇状态的专项特征；运动员跑动特征对专项能力训练需求表现出比赛中运动员以中速和中低速区间的跑动比例相对较高，反映出有氧低强度跑动比例高于有氧中强度和无氧高强度比例的特点。

6.1.2 结论二

顶尖男子网球比赛中无氧和有氧能力需求的运动间歇特征可作为男子网球运动员无氧和有氧能力专项训练方法设计理论的重要参考依据，其设计理论主要由训练目标、训练内容、训练方法与手段和训练负荷控制等构成。男子网球运动员无氧能力的专项训练方法设计是以提高运动员爆发性动作表现、高强度专项表现、短时高强度运动能力和耐疲劳运动能力等为主要目标，以无氧无乳酸能力训练和无氧有乳酸能力训练为主要内容，以不同练习形式、移动路线和时间间歇比的重复训练或间歇训练为方法手段，以外部、内部负荷为训练负荷控制过程的结构体系；男子网球运动员有氧能力的专项训练方法设计是以提高运动员长时间运动能力、大强度反复运动能力和短时间恢复能力为目标，以有氧低强度训练、有氧中强度训练和有氧高强度训练为主要内容，以不同练习形式、移动路线和时间间歇比等的持续训练或间歇训练等为方法手段，以外部、内部负荷为训练负荷控制过程的结构体系。

6.1.3 结论三

本研究首次采用 MT-Sports 训练监控系统对男子网球运动员无氧和有氧能力的专项训练方法进行实证研究。经相应的测试，该研究手段具有较高的信度和效度水平，MT-Sports 训练监控系统可以满足对网球训练与比赛监控研究的需要。

6.1.4 结论四

男子网球运动员在模拟比赛与专项训练中的心率强度、跑动强度均存在较大的差异性。

6.1.5 结论五

实证研究证实男子网球运动员无氧和有氧能力的专项训练方法设计理论具有可行性，其无氧和有氧能力的专项训练方法具有有效性。

6.2 研究建议

6.2.1 建议一

男子网球运动员无氧和有氧能力专项训练设计理论的可行性与训练方法的有效性，在一定程度上反映了网球运动的普适性规律。在训练实践中，网球教练员可根据运动员在比赛中的跑动强度、心率强度、间歇特征以及无氧和有氧比例负荷特征，结合运动员实际需要与特点，有针对性地选择和设计相应的网球专项训练方法。

6.2.2 建议二

具备条件的男子网球运动队或运动员在专项训练实践中，可采用先进的可穿戴监控设备来控制训练负荷和评价训练质量，并通过不同形式的负荷要素组合与调整，有针对性地发展男子网球运动员无氧和有氧代谢能力，以提高专项训练的准确性与科学性。

6.2.3 建议三

在训练设备的科技创新领域，可充分依据网球运动的专项特征，创新研发出将心率指标、跑动指标、击球指标、技战术指标、专项测试和视频采集回放等集为一体的多方位网球智能监控系统，更全面、更专项化地应用于竞技网球运动实践。

6.2.4 建议四

男子网球运动员专项训练的负荷强度安排应该从比赛需求出发、以实际比赛强度特征为参考依据。

6.2.5 建议五

教练员和科研人员在后续的训练实践和科学研究中，可将网球运动员的打法类型、性别和年龄等因素纳入考虑范围，以进一步深入探索网球运动员无氧和有氧能力的专项训练规律，进一步拓展网球运动员无氧和有氧能力专项训练的实践应用。

附 录

附录 A 专家访谈提纲

访谈对象：体能训练专家、网球教学科研工作者、网球教练

访谈形式：面谈

访谈提纲：

1. 针对体能训练专家

（1）体能训练的重要构成是什么？

（2）体能训练的最新观念和理论有哪些？

（3）无氧和有氧能力训练应该注意哪些要点？

（4）您认为运动员无氧和有氧能力专项训练研究的基本思路或模式是什么？

2. 针对网球教学科研工作者

（1）您认为我国网球运动发展中存在的主要问题是什么？

（2）您如何看待网球运动员技战术与体能的关系？

（3）您如何理解网球专项训练的定义？

（4）您认为网球比赛的运动间歇特征主要表现在哪些方面？可通过哪些指标进行评价？

（5）您认为男子网球运动员无氧和有氧能力的专项测试应该采用哪些方法？

（6）您认为男子网球运动员无氧和有氧能力专项训练评价的指标应包括哪些？

3. 针对网球教练员

（1）您认为应该如何安排网球运动员的无氧能力专项训练？应采用的方法、

手段、间歇比例和负荷特点分别是什么？

（2）您认为应该如何安排网球运动员的有氧能力专项训练？应采用的方法、手段、间歇比例和负荷特点分别是什么？

（3）您觉得网球运动员是否有必要利用可穿戴设备进行实时训练监控？如果是，应注重哪些监控指标？

（4）您如何看待网球专项无氧和有氧能力训练强度的比例安排？

（5）您认为当前男子网球运动员的训练周期类型和特点是什么？

（6）您对中国网球运动的发展有哪些建议？

附录B　专家调查问卷

尊敬的专家：

您好！我是北京体育大学2016级博士研究生，毕业论文的题目是《男子网球运动员无氧和有氧能力的专项训练方法设计理论与实证》，需要对男子网球运动员无氧和有氧能力的专项训练方法设计体系的理论和实证等相关问题进行调查。您的意见将具有十分重要的价值，希望您在百忙之中抽出时间填写。对您真诚的帮助表示深深的谢意！

您的个人基本情况：

工作单位__________________　研究方向__________________

职　　称__________________　最高学历__________________

请在您认为合理的空格里画“√”

(1) 您认为以下哪些指标是男子网球运动员无氧和有氧能力专项训练方法设计理论体系构建的重要内容？

指标	非常重要 5	重要 4	一般 3	不重要 2	非常不重要 1
能力训练目标					
能力训练内容					
能力训练方法					
能力训练负荷					
能力训练评价					
能力训练周期					
能力训练原则					
能力训练监控					
您认为重要的其他方面：					

（2）您认为以下哪些指标可以反映顶尖男子网球比赛的运动与间歇特征？

指标	非常重要 5	重要 4	一般 3	不重要 2	非常不重要 1
跑动距离					
跑动速度					
移动形式					
回合时间					
间歇时间					
运动—间歇比					
击球频次					
跳跃次数					
变向次数					
急起次数					
急停次数					
您认为重要的其他方面：					

（3）您认为男子网球运动员的专项有氧能力测试应该采用以下哪种方法？

指标	非常重要 5	重要 4	一般 3	不重要 2	非常不重要 1
YO-YO 测试					
HIT-TURN 测试					
多球递增测试					
Weber 测试					
Baiget 测试					
折返跑测试					
您认为重要的其他方面：					

（4）您认为网球专项无氧能力训练评价的指标应包括哪些？

指标	非常重要 5	重要 4	一般 3	不重要 2	非常不重要 1
心率					
摄氧量					
血乳酸值					
RPE					
跑动速度					
跑动距离					
您认为重要的其他方面：					

（5）您认为网球专项有氧能力训练评价的指标应包括哪些？

指标	非常重要 5	重要 4	一般 3	不重要 2	非常不重要 1
心率					
摄氧量					
血乳酸值					
RPE					
跑动速度					
跑动距离					
您认为重要的其他方面：					

问卷的效度检验：

问题1：您认为该问卷的结构设计是否符合本研究的需要？

问题2：您认为该问卷所设计的问题是否全面概括了本研究的内容？

问题	非常满意	比较满意	基本满意	不太满意	不满意
问题1					
问题2					

附录 C 受试运动员基本信息

姓名	出生日期	运动等级	训练年限（年）	身高（cm）	体重（kg）	安静心率（bpm）
于××	1997.12	一级	13	181	78	59
杨××	1997.05	一级	13	182	73	61
邹××	1999.04	一级	11	178	72	62
刘××	1997.08	一级	13	181	74	61
李××	1998.01	一级	10	191	82	65
杨××	1999.07	一级	9	185	80	61
周××	1997.06	一级	8	179	77	58
武××	1998.10	一级	9	176	74	57
张××	1996.07	一级	15	183	76	63
周××	1997.11	一级	11	184	79	62
訾××	1997.07	一级	8	182	76	60
余××	1998.01	一级	12	183	75	57
彭××	1995.11	一级	13	193	88	59
钟××	1997.08	健将	12	182	72	64
李××	1998.09	健将	13	184	78	56
蔡××	1994.07	健将	13	176	72	61

附录 D 比赛录像分析与记录表

	A	B	C	D	E	F	G	H	I	J	K	L	M	N	O	P	Q	R	S	T	U	V	W	X	Y	Z	AA	AB
1		发外	发中	发内	正斜	正中	正直	侧斜	侧中	侧直	反斜	反中	反直	侧反斜	侧反中	侧反直	削正	削反	截正	截反	高压	小球	共计	跳跃	急起	急停	变向	运动时间（s）
2	兹维vs西里奇2:1				2						1												3		4	4	2	10.38
3											1												1		1	1		2.97
4					1		2				2												5	1	5	5	3	13.55
5					1													1					2		2	2	1	15.72
6											1												1		1	1		4.02
7							1																1		1	1		3.65
8					3		3				5		2					1					14	1	13	13	7	29.76
9	1:0				1		1				4		1					1		1			9		9	9	2	21.65
10				1	1																		2	1	1	1	1	13.4
11		1									3												4	1	3	3	1	19.13
12				1	3						1												5	1	5	5	3	22.01
13	2:0			1																			1	1	1	1		7.21
14													1										1		2	2	1	4.56
15																							0		1	1		0.86
16					2		2																4		4	4		6.12
17											1												1		1	1		3.51
18					2						3												6		6	6	3	10.56
19	2:1						2						1										3		3	3	1	5.74
20				1	1																		2	1	1	1		4.02
21		1																					1	1	1	1	1	3.28
22		1									1												2	1	1	1	1	3.98
23			1		2		2				1												6	1	5	5		10.66
24			1				1						1										3	1	2	2		5.03
25				1																			1	1				0.78

Sheet1 Sheet2 Sheet3 Sheet4 Sheet5 Sheet6 Sheet7 Sheet8 Sheet9 Sheet10 Sheet11 Sheet12

附录E　主观感觉疲劳表（RPE）

等级（分值）	主观感觉程度
1	Very Easy 非常轻松
2	Easy 轻松
3	Moderate 中等轻松
4	Somewhat Hard 有点吃力
5	Hard 吃力
6	
7	Very Hard 非常吃力
8	
9	Extremely Hard 非常、非常吃力
10	Maximal 筋疲力尽

参考文献

[1] 蒋宏伟．试论中国网球从“专业化”向职业化的转变［J］. 南京体育学院学报（社会科学版），2011，25（3）：1-6.

[2] 孙晋芳．中国竞技网球发展的战略思考［J］. 北京体育大学学报，2010，33（5）：1-4.

[3] 蒋宏伟．理顺脉络　打通节点　突破瓶颈——关于建立网球训练新模式的思考［J］. 北京体育大学学报，2011，34（6）：1-8.

[4] 陈小平．当代运动训练热点问题研究——理论与实践亟待解决的问题［M］. 北京：北京体育大学出版社，2005：16.

[5] 孙晋芳．锐意改革　不断进取　努力实现中国网球更大突破［J］. 北京体育大学学报，2009，32（2）：1-7.

[6] 胡杨．体能训练新理念新方法［M］. 北京：北京体育大学出版社，2011：26.

[7] 方新普．体育理论与体育实践相互作用的再认识［J］. 天津体育学院学报，2007，22（2）：146-148.

[8] 蒋宏伟．国家女子网球队训练若干问题的探索与实践［J］. 北京体育大学学报，2009，32（7）：101-104.

[9] 列・巴・马特维也夫．体育理论与方法［M］. 姚颂平，译．北京：北京体育大学出版社，1994：42-43.

[10] 田麦久．运动训练学［M］. 北京：人民体育出版社，2000：97.

[11] 过家兴．运动训练学［M］. 山东：山东教育出版社，1986.

[12] Harris RC，Hultman E，Nordesjo LO. Glycogen，Glycolytic Intermediates，and High-Energy Phosphates Determined in Biopsy Samples of Musculus Quadriceps Femoris of Man at Rest. Methods and Variance of Values［J］. Scandinavian Journal of Clinical and Laboratory Investigation ，1974，33（2）：109-120.

[13] 黎涌明．不同运动方式的能量代谢——共性与区别［J］. 体育科学，2013，33（12）：81-86.

[14] Green S, Dawson BT, Goodman C, et al. Anaerobic ATP production and accumulated O_2 deficit in cyclists [J]. Med Sci Sports Exerc, 1996, 28 (3): 315-321.

[15] 陈小平. 有氧和无氧能力训练的动态关系及其对当前我国能力训练的启示 [J]. 体育科学, 2010, 30 (4): 63-68.

[16] Buchheit M, Laursen PB. High-Intensity Interval Training, Solutions to the Programming Puzzle [J]. Sports Med, 2013, 43 (5): 313-318.

[17] Laursen PB. Training for intense exercise performance: High intensity or high volume training? [J]. Scand J Med Sci Sports, 2010, 20 (2): 1-10.

[18] Laursen PB, Jenkins DG. The scientific basis for high-intensity interval training: Optimising training programmes and maxi- mising performance in highly trained endurance athletes [J]. Sports Med, 2002, 32 (5): 53-73.

[19] Gastin PB. Energy system interaction and relative contribution during maximal exercise [J]. Sports Medicine, 2001, 31 (10): 725-741.

[20] 陈小平. 论专项特征——当前我国运动训练存在的主要问题及对策 [J]. 体育科学, 2007, 27 (2): 72-74.

[21] 陈小平. 竞技运动训练实践发展的理论思考 [M]. 北京: 北京体育大学出版社, 2008: 17.

[22] 刘大庆. 运动训练学研究进展与理论探蹊 [M]. 北京: 北京体育大学出版社, 2013: 125.

[23] 孙有平. 运动训练实践问题探索 [M]. 上海: 华东师范大学出版社, 2013: 41.

[24] Donoghue PO, Ingram B. A notational analysis of elite tennis strategy [J]. Journal of Sports Science & Medicine, 2001, 19 (2): 107-115.

[25] 何如春. 德约科维奇与纳达尔2013年中网比赛跑动特征的研究 [D]. 北京: 北京体育大学, 2013.

[26] 邓运龙. 运动训练的思维与设计 [M]. 北京: 中国教育文化出版社, 2007: 252.

[27] 杨世勇. 体能训练学 [M]. 北京: 人民体育出版社, 2012: 11.

[28] 水祎舟. 足球运动专项体能训练设计理论与实证 [D]. 北京: 北京体育大学, 2016: 57.

[29] 田麦久. 运动训练学（第二版）[M]. 北京: 高等教育出版社, 2017: 214-221.

[30] 王卫星. 体能训练理论与实践 [M]. 北京: 高等教育出版社, 2012.